호주장로교 한국 선교 역사 1889-1941

The Australian Presbyterian Mission in Korea 1889–1941

호주장로교 한국선교역사
1889–1941

◆

에디스 커, 조지 앤더슨 **지음** | 양명득 **편역**

동연

추천의 글

초기 호주 선교사들의 숨결

존 브라운*
(전 한국 선교사)

올해는 한국교회와 호주교회가 선교 관계를 맺은 지 128년 되는 해이다.

1889년 헨리 데이비스가 한국에 도착한 이후 약 130명의 호주 선교 동역자가 한국교회의 선교를 협력하였다. 일제하의 한국교회가 압제 속에서 투쟁할 때, 함께한 호주 선교사들의 사역 이야기는 우리에게 커다란 영감을 주어 왔다. 1899년부터 1942년 사이의 어려웠던 시기와 증가하는 일본 제국의 핍박 속에서 호주 선교사들은 젊은 한국교회를 지원하였다. 초기 호주 선교사들의 증언은 그리고 성장하는 한국교회의 신실한 증언은 호주에 있는 교회들에게 지금까지도 도전을 주고 있는데, 이 역사에서 우리는 무엇을 배울 수 있을까? 선교의 증언은 어떤 이유에서 복음에 신실한 증언일까? 더 성찰하여 보면 호주선교부가 선교의 우선을 정하는

---

* John P. Brown, 1960-1972년 호주교회 파송 한국 선교사, 호주장로교회와 호주연합교회 총회 선교부 총무 역임

데 조정되었어야 할 관점은 있지 않았을까?

이러한 질문들에 대한 대답의 기준은 선교가 성공하였느냐 혹은 실패하였느냐가 아니라, 선교가 예수 그리스도의 복음 증거에 신실하였느냐 그리고 성경이 전하는 대로 하나님의 본성을 잘 증언하였느냐 일 것이다. 한 세기 후 우리의 선교가 얼마나 적절한지를 평가하는데도, 아마도 이 자료가 우리에게 올바른 질문을 하도록 도와줄 수 있을 것이다.

한국교회는 현재 해외의 어떤 다른 나라 교회들보다 선교사를 더 많이 파송하고 있다. 우리는 우리들보다 앞서 간 선교사들의 성취와 실패들로부터 무엇을 배울 수 있을까? 호주 선교사들은 백여 년 전 당시 어떤 안건들을 어떤 이유로 선택하여 어떻게 접근하였을까? 그리고 그 일들은 그리스도의 복음과 하나님의 선교에 어떻게 합당하였고, 혹은 포함되어야 하는데 생략된 것은 무엇이 있을까?

이 책은 한국교회가 읽어야 한다. 초기 선교사들은 당시 한국에서 어떻게 우선을 정하였을까? 꼭 되어져야 했었는데 이루어지지 않은 일은 무엇일까? 혹은 하지 말아야 했던 일을 한 것은 없을까? 지금 한국교회는 어떤 방법으로 선교의 우선을 정하고 있는가? 지금 실행하고 있지만 하지 않아도 되고, 무관심하지만 지금 꼭 해야 하는 일은 무엇일까? 예전 선교사들에 의하여 주어진 우선과 이해를 질문 없이 그대로 답습하고 있지는 않은가?

호주 선교사들은 그들이 처한 상황에 믿음으로 대응하였는데 이것은 그들의 복음과 성경에 대한 이해와 경험이 그들을 인도하였던 것이고, 또 다른 면은 그들이 처한 당시의 상황을 알고 분석하는 것에서 비롯되었다.

우리가 선택하는 선교의 우선은 우리가 처한 상황을 분석하여, 우리에게 주어진 재능, 은사 그리고 영감을 그 상황에 가져 오는 것이다. 그리고 이 분석 위에 우리에게 주어진 여러 자산의 현실적인 평가로 우선을 설정하여, 하나님의 인도하심을 받으며 최선을 다하는 것이다.

나는 본 도서가 한국에서 출판되는 것을 환영한다. 이 책이 드디어 한국말로 번역이 되었는데 그 수고를 맡아 준 양명득 목사님께 감사드리며, 우리는 그에게 빚을 지게 되었다.

초기 호주 선교사들의 숨결이 이 책 속에 기억되어 있다. 또한 경상남도 지역의 신실한 기독교인들에 의하여 마산에 세워진 선교사들의 묘역에도 그 기억이 남아있다. 초기 호주 선교사들의 숭고한 사역과 한국의 기독교인들로 인하여 하나님께 감사드린다. 또한 한국의 교회들과 친구들에게 감사드린다. 당신들은 우리에게 많은 은혜를 주었다.

호주 캔버라에서
2017

추천의 글

공식적인 한국 선교 보고서

이상규
(고신대학교 교수)

　호주장로교회의 한국 선교 역사를 개관한 에디스 커(Edith Kerr)와 조지 앤더슨(George Anderson)이 공동 집필한『호주장로교 한국 선교 역사 1889-1941』이 이번에 번역되어 우리말로 읽게 된 것을 기쁘게 생각합니다. 호주장로교회는 1889년 10월 헨리 데이비스(J. H. Davies)를 한국에 파송한 이래 1941년 와킨스(Rene F. Watkins)를 파송하기까지 50여 년 간 78명의 선교사를 한국에 파송하여 부산과 경남 지방의 5개 선교지부, 곧 부산 진주 마산 거창 그리고 통영에서 전도, 교육, 의료, 구제 및 자선 분야에서 봉사하게 했는데, 이들의 한국에서의 선교활동을 정리한 것이 이 책의 내용입니다. 이런 점에서 이 책은 호주빅토리아 장로교회의 공식적인 한국 선교 보고서라고 할 수 있습니다.

　호주장로교회는 한국 외에도 현재 바누아투라고 불리는 뉴헤브리디스나 호주 원주민 그리고 호주에 거주하는 중국인들을 위한 선교사역을 수행해 왔는데, 가장 성공적인 선교지가 한국이었습니다. 1920년대 호주(빅토리아)장로교회 해외선교비 총액의 70% 정도가 한국 선교를 위해 사용될 정도였습니다. 호주장로교회는 여전도회연합회(PWMU)나 청년연합회(YFU) 등과 같은 선교사 파송 단체만이 아니라 지역 교회 그리고 주일학생에서부터 성인에 이르기까지 한국 선교를 위해 기도하고 후원하는 등 최선의 노력을 경주하였고, 그 결과 상당한 성공을 거두었습니다. 그 결실이 지금의 부산·경남 지역 교회라고 할 수 있습니다. 그럼에도 불구하고 호주장로교회의 한국 선교 역사가 정리되지 못한 점을 아쉬워하여 호주장로교 해외선교부는 한국 선교 역사를 편찬하기로 하고, 한국 선교사 출신인 에디스 커와 조지 앤더슨 두 분에게 집필을 위임하였고, 그 결과 1970년 이 보고서가 출판된 것입니다.

이 책을 집필한 에디스 커 선교사는 1921년부터 1941년까지 진주·마산·통영·부산에서 일했던 유능한 선교사였고, 호주에서 신학사 학위(B.D.)를 받은 첫 여성이었습니다. 여러 가지 저술을 남긴 문필가이자 여권운동가였습니다. 그리고 조지 앤더슨은 1922년부터 1937년까지 그리고 해방 후 다시 내한하여 2년간 선교사로 일했고, 후에는 호주장로교 선교부 총무를 역임했던 선교사이자 선교 정책가였습니다. 이렇게 볼 때 이 보고서를 집필할 수 있는 가장 적절한 인물이라고 할 수 있습니다.

이 보고서를 번역한 양명득 목사님은 호주에서 신학을 공부하고 호주연합교회에서 목회자로 활동하는 등 호주교회의 신학과 역사에 깊은 식견을 가진 목사입니다. 이런 점에서 그는 어느 누구보다 더 적절한 번역자라고 생각합니다. 그의 수고의 값으로 이 보고서가 번역되어 한권의 책으로 출판된 것을 축하하며 환영합니다. 이 책을 통해 호주장로교회의 한국 선교 역사, 한국의 잃어버린 영혼을 향한 호주교회 성도들의 뜨거운 사랑과 헌신을 이해하고 감사하는 기회가 되기를 바라면서 이 책을 추천합니다.

2017년 6월 25일
부산

발간사

초기 한국 선교 역사의 소중한 기록물

이종삼
(데이비스선교회 회장)

　1889년 한국에 온 첫 호주 선교사는 헨리 데이비스 목사였습니다. 그러나 그는 한국에서 활동한지 불과 6개월 만에 풍토병으로 부산에서 소천하였습니다. 호주교회는 그의 죽음을 애도하며 "그는 맡은 사역에 대한 열정적인 헌신과 학자로서의 능력 또한 언행일치의 아름다운 인품으로 조선에서의 선교사역을 성공적으로 이끌었다"고 기록하고 있습니다. 데이비스 선교사의 죽음에도 호주교회는 한국 선교를 포기하지 않고 더욱 용기를 내어 선교사들을 파송하였는바 현재까지 약 130명에 이릅니다.
　이번에 우리 데이비스선교회는 호주교회와 깊은 관계가 있는 영등포산업선교회와 공동으로 본 도서를 출판하게 되어 기쁘게 생각합니다. 본 도서는 한국에서 활동을 하였던 호주 선교사 두 분이 직접 쓴 일차적 자료가 담긴 초기 한국 선교 역사이며, 호주 선교사들이 어떤 신앙과 정신을 가지고 한국에서 살며 활동을 하였는지 잘 보여주는 기록물입니다.

첫 호주 선교사가 한 알의 밀알이 된 이후 이제 130년이 되어 갑니다. 부산·경남 지역의 교회들은 그들의 복음의 열정을 이어받아 하나님 나라를 선포하며 교회를 세워왔습니다. 이제 이 책을 통하여 그들의 수고와 희생을 다시 한 번 기억하고, 그들이 선포한 예수 그리스도의 구원을 다시 한 번 묵상하며, 우리 한국교회들도 아시아와 세계 선교를 위해 함께 복음 증거에 매진하여, 복음의 볼모지인 북한 땅에도 선교의 꽃을 피우기 위하여 온 힘을 다하는 기회가 되기를 바랍니다.

2017년 여름
거제에서

발간사

아시아 태평양 선교를 향한 새로운 동역 관계를 꿈꾸며

진방주
(영등포산업선교회 총무)

대한예수교장로회 총회가 1957년 4월 12일 산업전도위원회를 조직함으로써 시작된 산업 전도는 1958년 3월 영등포 지구의 대동모방, 대한모직, 동아염직 공장의 전도와 공장 예배를 위하여 전도사를 파송하였고, 경기노회는 1958년 4월 19일 영등포 지구 산업전도위원회를 조직함으로 영등포산업선교회가 시작되었다.

지난 60년 동안 한국 사회와 노동 현장의 변화 발전에 발맞추어 영등포산업선교회는 노동자들의 소리를 듣고, 노동 현장의 인간화를 위하여 선교 목표와 방법을 변화시키며 오늘에 이르게 되었다.

초창기에는 미국장로회와 협력하며 총회 차원의 산업 전도를 전개하였는데, 1965년부터 영등포산업선교회는 호주장로교 선교부에서 파송한 우택인 목사와 선교 동역을 하게 되었다.

1965년 50회기 총회 회의록 '산업전도사업' 부분에 다음과 같은 기록이 있다.

"호주선교부에서 산업전도 전임선교사로 파송한 우택인(리차드 우튼) 목사를 5년간 영등포지국에서 시무토록 협동사업부에 청원하다."

이때부터 시작된 영등포산업선교회와 호주교회와의 선교 동역 관계는 50년이 넘었고, 2017년 현재까지 그 관계가 지속되고 있다.
가난한 자에게 복음을 전하신 예수 그리스도의 말씀을 따라 포로된 자, 눈 먼자, 눌린 자를 중심에 두고 주님의 은혜를 나누는 거룩한 동역이었다.
1945년 이전까지 호주교회의 한국 선교는 부산·경남 지역을 중심으로 전도와 교육 및 의료선교를 하였는데, 특별히 부녀자와 아동교육을 강조하였다. 실업학교를 설립하고 버림받은 자, 장애인, 혹은 불우한 여인들의 생계를 위한 교육을 실시하였다.
1960년대부터는 한국 사회와 교회의 변화에 따라 부산 중심의 의료선교와 서울 중심의 산업선교의 동역으로 발전하여왔고, 호주한인교회와의 협력관계를 발전시켜 왔다.

1988년부터 필자가 동역 관계에서 함께 일하였던 호주선교동역자는 임경란, 데비 카슨, 엘렌 그린버그 그리고 현재 양명득 목사이다.
임경란은 1986년 호주연합교회 세계선교위원회에서 파송되어 부임하였다. 호주 동포로써 처음으로 선교 동역자로 온 것이다. 전두환 군사독재 정권의 노동자 탄압이 극심할 때였고, 1987년 노동자 대투쟁을 통해 노동운동의 새로운 장이 열리던 시기였는데, 영등포산업선교회의 활동과 한국의 노동운동 상황을 해외의 교회들과 공유하며 연대하였다.

데비 카슨은 1990년에 파송되어 노동자들과 함께 동거하면서 한국어를 빠른 속도로 습득하였고, 노동자들의 울부짖음과 눈물의 현장을 함께하며, 노동자들의 실생활과 노동조합운동의 투쟁 상황을 영어 회보로 발간하여 해외의 교회 및 노동, 인권단체들과 함께 나누었다. 특별히 다국적 기업과 외자 기업들의 철수에 따른 노동자들의 해외 원정 투쟁과 해외 교회들과의 협력과 연대를 위해 적극적인 지원 활동을 하였다. 또한 아시아교회협의회 도시농어촌선교 차원의 협력과 연대를 통한 다국적 기업들과 외자 기업의 문제를 다루기도 하였다. 특별히 산업별 노동조합을 추구하던 한국 노동조합 운동 지도자들을 호주교회가 초청하여 호주 노동조합을 방문하고 산업별 노동조합의 운영 및 실천 사업에 대해 배우는 기회도 가지게 되었었다. 임기를 마치고 호주에 돌아가서는 아시아 여성 노동자들을 지원하는 일을 하고 있다니 참으로 대견하기도 하다.

엘렌 그린버그는 1994년 한국에 와서 데비 카슨이 하던 일을 이어서 하였다. 한국 노동자들의 상황과 영등포산업선교회의 선교 사업을 해외 교회 및 관심 있는 노동 단체들과 개인들에게 영어 회보를 주기적으로 발송하여 연대 사업을 하였으며, 해외에서 한국교회를 방문하는 선교 동역자들에게 선교 활동을 소개하였다. 특별히 교육에 관심이 많았던 엘렌은 현재 영어 대안학교를 정읍에서 운영하고 있다.

양명득 목사는 2010년 총회에 파송되어 총회와 제10차 세계교회협의회 부산총회 한국준비위원회에서의 임기를 마치고, 현재는 영등포산업선교회 국제연대국에서 책임자로 사역을 하고 있다. 아시아 생명 살림 업무는 물론 영등포노회의 다문화선교위원회와 협력하여 영등포노회 지역의 여러 다문화 선교 사업을 진행하고 있다.

1970년대 영등포산업 선교회의 총무였던 인명진 목사는 그의 글에 다음과 같이 적고 있다.

"한국의 현대사와 한국교회 속에서 영등포산업선교회의 공헌이 있었다고 한다면 그 공헌은 마땅히 호주교회와 함께 나누어야 할 것이다"(『한국교회와 호주교회 이야기』, 2012, 194).

호주교회 선교 동역자들의 헌신과 수고는 한국교회 발전의 거룩한 씨앗들이 되었고, 그들의 선교 동역 정신은 한국교회의 해외 선교 동역에도 귀감이 되었다.

영등포산업선교회 60주년 기념도서로 발간되는 『호주장로교 한국 선교 역사 1889-1941』 출판을 계기로 호주연합교회와 영등포산업선교회의 동역이 기초가 되어 하나님 나라의 임재를 갈망하는 아시아, 태평양 선교 및 복음의 불모지인 북한 선교를 실천해 나가는 새로운 전환점이 되기를 소망한다.

지난 60년을 인도하신 하나님의 은총에 감사하면서, 예수 그리스도의 은총을 나누며 협력한 호주장로교회와 호주연합교회 총회와 선교 동역자들에게 이 지면을 빌어 고마운 마음을 전한다. 특별히 본 도서를 번역하고 편집하는데 수고한 양명득 목사께 감사를 드리고, 발간에 협력하신 데이비스선교회 회장 이종삼 목사께 감사드린다.

2017년 8월
영등포산업선교회에서

편역자의 글

현재와 미래의 뿌리를 찾아서

양명득
(영등포산업선교회 국제연대국 국장)

호주 선교사와 영등포산업선교회는 어떤 관계에 있을까. 초기 호주 선교사들의 부산·경남 지역 선교사역 기록이 담긴 본 도서를 서울에 있는 영등포산업선교회가 출판을 하는 데에는 그 이유가 있을 것이다.

한국에 있던 해외 선교사들 대부분은 1940년대 초 2차 세계대전 발발 전에 자의 반 타의 반으로 본국으로 철수하였고, 해방 후 돌아오기 시작하다가 한국전쟁이 이어서 일어나 다시 흩어지게 된다. 이 과정에 선교지역 분할정책은 더 이상 실효가 없게 되고, 해외 선교사들은 자유롭게 전국으로 나아가게 되었다.

당시 호주선교부는 부산의 일신기독병원을 집중적으로 지원하지만, 몇 선교사들은 서울의 장로회신학대학이나 이화여대에서 강의를 하거나 총회에서 협력을 하게 된다. 그러던 중 1964년 멜본의 리처드 우튼 목사가 한국으로 파송되어 언어 연수를 받고 영등포산업선교회로 부임함으로 호주 선교사와 영등포산업선교회와의 협력관계가 시작된다. 이때부터 여덟 명의 호주 선교사들이 50여 년 동안 영등포산업선교회의 역사와 함께 하게 된 것이다.

필자는 본 도서를 번역하면서 전쟁 후 호주 선교사들이 서울의 영등포산업선교회로 오게 되는 것이 우연이 아니었구나 하는 놀라움을 가지게 되었다. 초기 호주 선교사들의 선교 정신과 영등포산업선교회의 선교 정신이 맞닿아 있으며, 그 속에 연속성이 있기 때문이다.

1) 먼저 언급되어야 할 것은 초기 호주 선교사들의 일 중의 한부분이 산업선교였다는 것이다. 당시 한국의 농경사회에서 선교사들은 소년 소녀들에게 기술을 가르쳐 직업을 갖도록 도와주었는바, 통영에서의 산업선교가 그 한 예이다. 여성들에게 수공예를 가르쳐 물건을 만들게 하고, 그 물건을 판매할 수 있는 산업 매점까지 열어 판로를 개척하여 주었다. 당시 한 선교사는 다음과 같이 보고서에 적고 있다. "만약 우리가 노동의 존엄성을 그들이 알도록 도와준다면 한국 사람들에게 우리는 큰 공헌을 하는 것이다"(본 도서, 107쪽) 한국의 산업선교 역사가 호주 선교사들로 인하여 시작되고 있다고 말할 수 있다.

2) 또한 본 도서에서 볼 수 있는 호주 선교사들의 정신은 그 당시 그 사회에서 가장 소외된 성문 밖의 사람들과 함께하며 그들을 위하여 일하였다는 것이다. 초기 호주 선교사들은 부산·경남 지역의 천민, 여성, 어린이, 나환자 등과 함께 한 것이 분명한데, 영등포

산업선교회는 1960년대부터 시작된 공업화로 인하여 서울의 공단지역으로 모여든 노동자, 청년, 여성 등을 위하여 일하여 왔고, 호주 선교사들은 그 일을 전폭적으로 지원하였다.

3) 초기 호주 선교사들은 일본 정부의 신사참배 명령을 끝까지 거부하며 저항하는 선언서까지 발표하였는데, 1970-80년대 노동자 인권과 민주화를 위한 영등포산업선교회의 사역에 호주 선교사들도 온 몸을 바쳐 일하였다. 이 일로 인하여 군사정권의 미움을 사 비자 연장을 거부당한 선교사도 있었다.

4) 초기 선교사들은 그들이 주도하여 고아원, 기술학교, 보통학교, 병원, 교회 등을 세워 운영하였지만, 영등포산업선교회에서는 선교회의 일을 동역자로서 지원하고 협력하게 되는데 이것도 사실 초기 호주 선교사들의 정신이었다. 그들은 한국교회는 한국교회 지도자들이 주체라고 믿었고, 그래서 호주 선교사들이 개척하여 세운 기관이나 교회가 어느 정도 정착되면 한국교회에 기꺼이 넘겼던 것이다.

5) 나아가서 영등포산업선교회에 부임하는 호주 선교사들은 한국 사람이 사는 집에서 살아야 하였고, 사례비도 영산 실무자 기준으로 받았고, 또 영산 실무자들과 똑같은 시간과 조건으로 일을 하였다. 초기 호주 선교사들도 부산·경남 지역에서 한국인들과 함께 살며 추운 기후와 낯선 음식을 극복해야 하였다. 오죽하면 후에

새 건물이 세워지자 이제야 허리를 펴고 방에 들어 갈 수 있게 되었다고 기뻐하였을까.

필자는 그러므로 영등포산업선교회 60주년을 맞아서 에디스 커와 조지 앤더슨 선교사의 책을 번역하게 되어 기쁘다. 사실 이 책을 필자는 몇 번 들었다 놓았다 하였다. 번역을 하자니 타이프로 친 원본의 글씨가 너무 작아 눈이 아팠고, 영어도 번역하기 쉽지 않은 문체였다. 그럼에도 포기하지 못한 것은 앤더슨의 서문이 늘 마음에 걸렸기 때문이다.

앤더슨은 이 책의 출판 목적을 "한국의 새로운 세대에게 현재와 미래의 뿌리를 찾을 수 있는 당시의 이야기를 좀 더 친밀하게 전하기 위함"이라고 밝혔다. 그러나 이 책이 한국어로 번역되어 있지 않음으로 한국의 젊은 세대가 그 내용을 접할 기회가 거의 없었던 것이다.

본 도서를 단순히 번역만하지 않고 편역하게 된 것은 현재 세대가 좀 더 쉽게 접할 수 있도록 하기 위함이다. 저자들의 본문은 그대로 번역을 하였고, 커와 앤더슨의 섞여 있는 본래 글은 1부와 2부로 나누었고, 선교사 연표는 1887년부터 현재까지의 발자취를 덧붙여 3부로 독립시켰고, 주요 문서와 자료는 당시 각 선교부의 분위기를 접할 수 있는 보고서나 편지 원문을 찾아 보충하여 4부로 꾸몄다. 선교사들의 한국어 이름과 그들의 자녀 그리고 원본 뒤에 나오는 사진은 본 도서에서는 생략되었다.

아무쪼록 이 책이 널리 읽혀져 현재와 미래의 뿌리를 볼 수 있을 뿐 아니라, 그 정신 위에 한국교회가 튼튼하게 계속 자라나 좋은 열매 맺기를 희망한다.

2017년 장마철에

차례

추천의 글
    존 브라운   초기 호주 선교사들의 숨결 / 5
    이상규   공식적인 한국 선교 보고서 / 8
발간사
    이종삼   초기 한국 선교 역사의 소중한 기록물 / 11
    진방주   아시아 태평양 선교를 향한 새로운 동역 관계를 꿈꾸며 / 13
편역자의 글
    양명득   현재와 미래의 뿌리를 찾아서 / 18

머리글
    에디스 커   새 한국으로 나가는 새 선교사들   029
    조지 앤더슨   우리는 영원히 잊지 않겠습니다   031

| 제 1 부 | 호 주 선 교 부 와   한 국   선 교   33

1장_ 역사적 배경   035
    1. 은둔의 나라 / 35
    2. 구 한국의 종교 / 38
    3. 첫 선교사들 / 39
    4. 초기 개신교 선교사들의 활동 / 40
2장_ 개신교 선교의 설립   043
    1. 게일과 데이비스 선교사 / 46
    2. 경상남도: 호주와 미국장로교회 선교부 협력의 시기 / 48

3. 부산에서의 미국장로교회 선교 / 50
　　4. 부산에서의 철수 / 51
　　5. 부산에서의 호주 선교 초기 / 53
　　6. 초기 복음 전도 사역 / 56
　　7. 1900년부터 1914년까지 / 58
　　8. 새 선교부 개원: 첫 시대의 마감 / 61

3장_ 교회 선교의 정치적 배경 — 1941년까지　　　　　　064
　　1. 1909년까지 / 64
　　2. 1909년부터 1919년까지 / 66
　　3. 1919년부터 1925년까지 / 68
　　4. 1925년부터 1930년까지 / 71
　　5. 1930년부터 1941년까지 / 71

4장_ 교육 선교　　　　　　075
　　1. 전반적 정책과 실행 / 75
　　2. 호주선교부의 교육정책 / 78
　　3. 교육심의회 / 79
　　4. 호주선교부의 학교들 / 79
　　5. 1915년의 딜레마 / 81
　　6. 호주선교부의 초등학교 / 84
　　7. 호주선교부의 중등학교 / 89
　　8. 신사참배 문제 / 95
　　9. 미션 스쿨의 폐교 / 97

5장_ 직업 교육　　　　　　101
　　1. 남학생: 복음농업학교 / 101
　　2. 여학생: 실업학교와 동래농업학교 / 106

6장_ 구호사역　　　　　　112

7장_ 유치원과 교사 훈련　　　　　　　　　　　　116
　　1. 유치원 교사 훈련 / 117
　　2. 주일학교, 마을학교, 직업학교 / 119
　　3. 어린이 성경학교 혹은 마을학교 / 122
　　4. 여름방학 성경학교 / 123

8장_ 의료 선교　　　　　　　　　　　　　　　　125
　　1. 부산과 진주 병원의 시작 / 125
　　2. 세브란스 / 137
　　3. 호주선교부의 협력 / 139
　　4. 통영과 테일러 박사 / 140
　　5. 나병환자 의료사역 / 142
　　6. 건강한 아이들의 집 / 144
　　7. 치료 / 145
　　8. 유아양육 사역과 건강진료소 / 147

9장_ 신사참배와 호주선교회　　　　　　　　　　150
　　1. 신사참배에 관한 질문 / 156
　　2. 선교사들의 철수, 1940-1942 / 158

10장_ 호주선교회　　　　　　　　　　　　　　　160
　　1. 부산선교부 / 160
　　2. 진주선교부 / 172
　　3. 마산선교부 / 181
　　4. 통영선교부 / 187
　　5. 거창선교부 / 192

11장_ 선교기관과의 협력　　　　　　　　　　　　197
　　1. 세브란스 병원 / 197
　　2. 성서공회와 성서 번역 / 197

3. 기독교서회 / 200

　　4. 신학 훈련 / 202

　　5. 평양의 유니온기독신학교 / 203

　　6. 이화여자대학교 / 204

　　7. 구호사역 / 205

　　8. 기독교여자청년회 / 205

12장_ 중간기 1941-1951　　　　　　　　　　　　　　　　207

　　1. 정치적 배경 / 207

　　2. 국내 정치상황 / 210

　　3. 교회의 상황 1941-1951 / 214

　　4. 북한의 교회 상황 / 216

　　5. 항거의 대가 / 217

　　6. 선교사들의 귀환 1941-1951 / 220

부록　　　　　　　　　　　　　　　　　　　　　　　　　226

　　호주교회의 특별한 대표와 손님들 / 226

　　1941년 이전 호주를 방문한 한국인 / 228

　　한국의 호주 선교사 묘지 / 229

　　참고자료 / 230

| 제 2 부 |　호 주 선 교 부 와　한 국 교 회　　　　　233

1장_ 한국 장로교회의 시작과 발전　　　　　　　　　　235

2장_ 호주선교부의 시작과 발전　　　　　　　　　　　242

3장_ 순회 선교 — 그 이유와 발전　　　　　　　　　　251

4장_ 성경학원의 시작과 발전　　　　　　　　　　　　257

5장_ 졸업생들　　　　　　　　　　　　　　　　　　268

| **제 3 부** | 호주 선교사 연표　　　　　　　　　　271

| **제 4 부** | 주요 문서 및 자료 모음　　　　　　　303

 1. 데이비스 선교사의 죽음을 여동생에게 알리는 편지 / 305
 2. 호주빅토리아장로교 총회 한국 선교 전진정책 / 309
 3. 김호열의 첫 호주 유학 / 313
 4. 양한나의 첫 여성 호주 유학 / 315
 5. 양한나의 호주 빅토리아장로교회 방문기 / 316
 6. 거창의 매카그 양으로부터 온 편지 / 321
 7. 통영의 수공예반은 가치가 있는가? / 324
 8. 진주에서의 교육의 어려움 / 327
 9. 부산진의 선교사역 편지 / 332
 10. 마산의 선교사로부터 온 편지 / 335
 11. 호주선교회의 신사참배 거부 선언문 / 339
 12. 진주교회가 보내는 선언문 / 340
 13. 호주선교회의 신사참배 거부와 학교폐쇄 정책에 경남노회가 낸 성명서
   / 342
 14. 호주선교회의 신사참배 거부를 비난하는 통지문 / 343

머리글

새 한국으로 나가는 새 선교사들

에디스 커

1889년부터 1941년까지 한국의 호주장로교 선교회의 사역 기록은 1945년 이후 '새 한국'으로 선교를 나가는 '새 선교사들'에 의하여 요청되었다.

총회 선교부는 이 작업을 멜본의 '한국친교회'에 위임하였는바, 이 친교회는 1941년 이전에 고요한 아침의 땅에서 봉사한 특권을 가진 사람들로 구성이 된 모임이다.

그러나 첫 20년 동안의 사역은 아쉽게도 두 사람을 제외하고는 당사자들로 부터 직접 들을 수 없었는데, 오래전 그들은 이미 이 세상을 떠났기 때문이다.

한국친교회는 이 과제를 1921년과 1922년 각각 한국에 갔었던 에디스 커 선교사와 조지 앤더슨 목사에게 위임하였다. 1934년 한국에서 돌아온 후 앤더슨 목사는 총회 해외선교위원회 총무에 임명되었다. 그는 1939년부터 1951년까지 교회를 위하여 중요한 직책을 감당하였고, 1939년에는 해외선교위원회와 장로교여선교연합회 대표들을 인도하여 한국을 방문하였고, 전쟁이 끝났을 시 호주선교부 자산을 확인하기 위하여 또다시 방문을 하였다. 그는 크게 타격받은 한국교회의 재건을 돕기 위하여 1952년부터 1954년까지 한국으로 다시 돌아가기 위하여 총회 선교부 총무 자리를 사임하기도 하였다.

이 책의 한 부분이 그에 의하여 쓰였다. 커 선교사는 이 책의 집필과 편집 그리고 정리를 하였다.

이 책이 준비되면서 한국친교회는 다양한 내용을 듣고 토론하기 위하여 수시로 모였다. 그러나 시드니의 선교부 사무실에서 타자를 치기 전 완성된 원고를 친교회가 읽어 보고 확인할 수 없어서 못내 아쉬웠다.

각 장을 읽기도하고 들어주며, 사진도 제공하여 준 선교회 회원들에게 감사를 드린다. 특별히 감사한 것은 도로시 레게트 선교사가 원고 타자를 돕는데 많은 시간을 할애하였고, 던 선교사도 수시로 도와주었다.

머리글

우리는 영원히 잊지 않겠습니다

조지 앤더슨

한국은 마치 아시아의 아픈 손가락과 같고, 아직도 붕대를 감고 있으며, 휴전선, 1953년 7월27일 이후 북의 공산주의와 남의 비공산주의 사이에 불편한 평화가 감돌고 있다.
-내셔널지오그래픽, 1960년 12월

1950년과 1951에 있었던 한국전쟁으로 인하여 파괴된 한국의 도시들을 재건하는데 미국의 자본이 2천 3백만 명의 한국인을 도와왔다. 두 번 파괴되고, 두 번 재건된 수도 서울은 아름다운 도시가 되었고, 전에 보다도 더 번영하고 있다. 기찻길도 들어섰고, 새 발전소 그리고 새로운 공업이 발전하고 있다. 그러나 인구의 증가는 여전히 숙제로 남아있다.

공산주의자들의 어두운 그림자는 새 호흡을 위하여 몸부림치는 분열된 작은 한반도에 여전히 위협의 가능성을 드리우고 있다.

1941년은 약 60년 전에 고요한 아침의 나라에서 탄생된 놀라운 선교사들의 사역과 기독교 교회의 성장이 막을 내리는 해였다.

그리고 1945년까지의 중간 기간은 세계 전쟁의 구름이 기독교 공동체의 운명을 완전히 뒤 덮었다. 뒤 이어 해방의 종소리가 새 시대를 열었고, 새로운 세대의 선교사 '동역자'들이 위대한 재건의 사역 목적을 가지고 대부분 지하에서 운영되던 교회를 도우러 한국에 들어갔다.

선교지의 교회와 선교부의 공식 기록을 대부분 근거로 한 이 작은 책의 출판 목적은 현재 한국의 새로운 세대에게 현재와 미래의 뿌리를 찾을 수 있는 당시의 이야기를 좀 더 친밀하게 전하기 위함이다. 그리고 우리 세대에 여전히 남겨진 것은 그 뿌리의 최소한 어떤 부분들은 다시 자라나 귀한 추수를 할 수 있도록 기도하는 것이다.

내가 진정으로 진정으로 너희에게 말한다. 밀알 하나가 땅에 떨어져서 죽지 않으면 한 알 그대로 있고, 죽으면 많은 열매를 맺는다 (요 12:24).

| 제1부 |

호주선교부와 한국 선교

1장_ 역사적 배경
2장_ 개신교 선교의 설립
3장_ 교회 선교의 정치적 배경 – 1941년까지
4장_ 교육 선교
5장_ 직업 교육
6장_ 구호사역
7장_ 유치원과 교사 훈련
8장_ 의료 선교
9장_ 신사참배와 호주선교회
10장_ 호주선교회
11장_ 선교기관과의 협력
12장_ 중간기 1941-1951

1장
역사적 배경

1. 은둔의 나라

한국이라는 나라를 처음 세운 이는 단군이라는 반 신화적인 인물이다. 이것은 기원전 2333년으로 거슬러 올라간다. 그는 그의 나라를 조선 즉 상쾌한 아침의 땅으로 명명하고, 도시를 평양에 세웠다.

그 후 기원전 1122년 기자가 중국에서 쫓겨 나와 도착한 천년동안 아무런 기록이 없다. 그는 5천명의 예술가와 학자들을 데리고 왔으며 그로 인하여 중국의 예술과 문화가 한국에 소개되었다. 그의 왕조는 중국의 영주들로 인하여 나라가 분열되는 기원전 196년까지 계속되었다. 기원후 57년 정도에 세 개의 강력한 국가가 등장하였는데 고구려, 백제 그리고 신라이다.

그러다가 680년 경주에 도읍을 정한 신라가 삼국을 통일한다. 그 후 고려라는 나라가 등장하였고, 도읍을 송도로 옮겼다. 이것으로 인하여 한반도는 고려 혹은 코리아라는 이름을 가지게 되었으며, 918년부터 1392년까지 지속하게 된다(게일, 『한국인의 역사』, 1장).

조선은 수도를 서울로 하여 1392년 등장하였으며 이 왕조는 1910년 일본에 합병되기까지 계속되었다. 권력에 있던 민비는 1896년 살해되었으며, 왕은 1907년 폐위되어 감옥에 수감되었다. 1919년 그의 사망은 세계 역사에도 유일한 저항을 촉발하였다.

고도의 한국 문화와 학술은 조선왕조에서 성취되었다. 이 왕조의 예술, 공예 그리고 청동 문화는 이미 잘 알려져 있었다. 1446년에는 세종대왕이 한글을 창제함으로 모든 계층의 백성이 글을 배울 수 있는 성과를 가져왔다(게일, 앞의 책). 비록 당시에는 학자들이 한글에 대하여 소극적이었고 널리 사용되지는 않았지만, 후에 글을 모르는 대부분 백성들이 복음을 쉽게 읽을 수 있는 매우 가치 있는 도구가 되었고, 그것은 하나님의 섭리였다.

주철활자는 최소 1232년에 발명되었고, 가동 금속활자는 1403년 사용되어 책을 인쇄할 수 있어 널리 퍼졌다. 이 기간 동안 음악과 문학이 융성하였으며, 의술이 발전하였고, 천문학이 연구되었으며, 망원경이 발명되었다. 한국의 '거북선'은 전쟁을 위하여 금속으로 만든 첫 함대로, 일본의 히데요시의 침략 이후 1599년 일본을 물리쳤지만, 한국은 일본의 잔인한 침략에서 완전히 회복되지 못하였다.

일본 원정군의 우두머리는 고니시와 가토 대장이었다. 고니시는 기독교인이었고, 그의 휘하에 1,800명의 기독교인 군인이 있었던 것으로 알려졌으며, 예수회 신부가 그들을 목회하였다(백낙준,

『한국 개신교 선교사』, 15, 24-25; 헐버트, 『한국의 역사』, 376). 그러나 한국에 지속적인 영향은 끼치지 못한 것으로 보인다. 이 임진왜란의 아픈 경험이 한국을 '은둔의 나라'로 변하게 하였다. 모든 외국인은 한국 입국이 불허되었으며, 한국 백성들이 출국하는 것도 금지되었다. 조선은 어떤 외세와의 조약도 거절하였는데 1593년부터 1874년까지 276년이나 계속되었다.

조선의 쇄국정책은 1874년까지 계속되었고, 일본이 수번의 노력을 통하여 마침내 부산과의 교역을 허락 받았지만 일본인들의 거주는 제한적이었다. 정식 조약은 1876년 마침내 강화에서 체결되었는데 한국의 독립을 인정받은 것이다. 제물포와 원산항도 교역을 위하여 열려졌지만, 조약에 모든 서양 국가는 배제한다는 단서가 있었다. 그럼에도 불구하고 서양 열강들은 동등한 교역과 친선관계를 위하여 협상을 즉시 시작하였다.

미국이 1882년에 가서야 처음으로 개항된 항구에서 무역을 할 수 있는 조약을 체결할 수 있었다. 영국과 독일에도 1883년 문호가 개방되었고, 곧 다른 나라들도 그 뒤를 이었다. 모든 조약에 한국의 독립을 보장하였다(이 시기의 더 자세한 역사는 로데스의 『미국장로교회의 한국선교 역사』, 2-11쪽을 보라).

1876년부터 1886년 10여 년 동안 은둔의 왕국은 갑자기 쇄국정책을 버리고 국제사회 속으로 나아갔다. 그러나 아직 정치적으로, 경제적으로, 군사적으로 그리고 심리적으로 준비가 안 되어 있는 상태였다. 조선왕조는 부패하였고, 퇴화하였으며 그리고 새로운 상황에 적응할 능력을 갖추지 못하고 있었다.

서양 국가들은 무역과 기독교 선교의 기회가 주된 관심이었지만, 이웃 강국인 중국, 러시아 그리고 일본은 강력한 영향력을 가지며 국가 안전의 위협이 되었다.

이 상황은 결국 두 개의 주요 전쟁으로 이어졌는데 1895년의 청일전쟁과 1904년의 러일전쟁이었다. 이 전쟁에서 일본이 각각 승리함으로 국제 사회에 일본은 강국의 위치를 점하게 된다. 일본이 한국을 강점하는 것이 1905년 인정되었고 그리고 1910년 한반도는 완전히 일본에 합병되게 된다.

2. 구 한국의 종교

기독교가 소개되기 전 한국의 종교는 정령신앙, 혹은 샤머니즘, 혹은 유교, 혹은 불교였다. 샤머니즘은 아마 북쪽으로부터 이주해 온 최초의 거주자들과 함께 왔을 것이다. 다른 두 종교도 중국으로부터 백성들을 문명화시키는 일환으로 들어왔다. 유교는 종교라기보다 윤리 체계이다. 불교는 대승불교의 한 갈래로 주로 음식 등으로 달래는 여러 정령과 악귀 숭배의 미신으로 인하여 약화되었다. 그럼에도 불구하고 말할 수 있는 것은 한국인들은 예전에 그리고 지금도 "극동에 사는 본질적으로 가장 종교적인 사람들이다" (오스굿, 『한국인 그리고 그들의 문화』, 330; 또한 자세한 연구는 클라크가 쓴 "구한국의 종교"를 참고하라).

3. 첫 선교사들

"하나님의 말씀은 양날의 어떤 검보다 예리하다"

1777년 중국에 유학한 한국학생들이 기독교를 접한 흔적이 있다. 그 결과로 이 학생들은 한 친구를 설득하여 북경에 가 그곳에 있던 포르투갈 주교를 만나 좀 더 배우도록 하였다. 이 친구는 신자가 되었고, 복음을 전하기 위하여 한국으로 돌아갔다. 그는 성공적으로 복음을 전하였는데 그로 인하여 박해가 시작되었다. 결국 1784년 기독교를 금한다는 칙령이 선포되었다. 1791년부터 기독교 순교자가 나타나기 시작하였고, 첫 선교사였던 중국인 신부도 포함되었다. 그러나 회심은 계속 되었다.

처음으로 은둔의 나라로 입국한 서양 선교사는 프랑스 신부 피에르 필레버트 마우반트 였다. 그는 1836년 한국 문상객으로 위장하여 들어왔고, 다른 두 신부도 곧 이어 입국하였다. 그들이 발각되자 더 큰 박해가 이어졌다. 개종시킨 신자들을 구하기 위하여 그 신부들은 스스로 자백을 하였고, 130명의 한국인 기도교인들과 함께 죽음에 처하게 된다.

그러나 용맹한 기독교인들은 다시 상하이로 가 프랑스 주교와 한국인으로 첫 안수를 받게 될 앤드류 김을 한국으로 데리고 왔다. 1861년에 최소 18,000명의 기독교인들이 있었던 것으로 추정되었지만, 1866년에는 쇄국정책이 약화되는 듯하자 또 한 번의 맹렬한 반 외국인 보복이 있었다.

같은 해에 1864년부터 1873년까지 조선을 통치한 대원군의 명령으로 서울 중심가에 돌 판이 세워졌다. 그곳에 다음과 같이 선포되었다. "외국 야만인들이 나라를 침략을 하고 있다. 우리는 그들과 전쟁을 하던지 평화를 만들어야 한다. 그들과 평화를 체결하는 것은 나라를 배반한다는 의미이다. 우리는 수만 년의 우리 후세들에게 경고한다."

1886년의 대 박해 시에는 아홉 명의 프랑스 신부와 알려진 기독교인들이 모두 죽임을 당하였으며, 한국 땅에서 기독교는 완전히 궤멸된 것처럼 보였다(게일, 앞의 책, 172-173).

"그러나 그것이 죽으면 많은 열매를 가져올 것이다."

4. 초기 개신교 선교사들의 활동

한국에서 복음을 선포한 첫 개신교인은 중국과 시암에서 사역하던 네덜란드 선교사 칼 구츨라프 목사였다. 그는 1832년 통역사로 영국 배 '암허스트경'를 타고 왔다. 그들은 구츨라프 목사가 지역민을 만나며 설교하고 전도하는 동안 전라도 남쪽 해안지역에서 한 달을 거하였다. 그는 또한 감자를 나누어주며 경작하는 방법을 알려주기도 하였다.

다음으로 입국한 사람은 스코트랜드성서공회의 로버트 토마스 목사로 1864년 두 명의 천주교 피난민들과 한국에 온 것이다. 그들은 중국 체푸에서 출발하여 1865년 9월 황해도에 도착하였다. 토마스는 한국에서 3개월 정도 머물렀으며 다시 북경으로 돌아갔다. 대 박해가 있었던 다음해 8월, 그는 런던선교회에 의하여 미국 상선 '제너럴 샤먼'호를 타고 대동강을 거쳐 평양으로 향하였다. 그러나 그 배는 썰물 때 모래사장에 좌초되었으며 배 선원들은 어리석게도 지역민을 자극하여, 두려움에 처하였던 한국인 군중들이 배에 불을 질렀다. 그리고 배 위의 모든 사람들도 죽임을 당하였다. 토마스는 살해되기 전에 가까스로 해안가에 다다라 구경꾼들에게 복음서를 던져 주었다. 그를 죽이려는 사람에게 성경을 주었으며, 무릎을 꿇고 기도하였다(로데스, 앞의 책, 66-69, 71-73). 토마스를 죽인 사람의 조카는 나중에 유니온기독교대학을 졸업하고 활발한 전도활동을 하게 된다.

1927년 자신의 목숨을 내어 순교한 토마스를 기념하기 위하여 수천 명의 한국인 기독교인들이 그의 무덤에 모였는데, 6년 후에는 그가 죽은 자리에 아름다운 기념교회가 세워졌다.

1874년에 만주에 있었던 스코틀랜드교회의 존 로스 목사와 그의 처남 그리고 존 맥킨타이어 목사는 그곳에 사는 한국인들과 접촉하여 복음을 전할 기회가 있었다. 2년 후에 첫 회심자가 생겼는데 유응찬, 김진기가 세례를 받았다. 그리고 그들의 도움으로 존 로스는 신약성서를 번역하기 시작하였다. 이 작업은 1887년 완성되어 번역 출판되었고, 동시에 많은 쪽 복음이 한국 북쪽 지역에 들어가고 있었다.

초기 만주에서 회심한 사람들 중에 소래의 서상륜은 한국의 개척적인 개신교 복음 전도자가 되었다. 그는 북쪽 지역에서 서울 근교까지 복음을 전하며 쪽 복음을 나누어 주었고, 그 결과 첫 미국

선교사들이 1885년 서울에 도착하였을 때 소수의 믿는 자들이 이미 있었던 것이다.

한국 땅에서 가장 오래된 교회는 서상륜이 살던 마을인 소래에 세워졌다.

1883년 또 다른 입국이 있었는데 중국내지선교회의 도우쓰와이트 박사였다. 스코틀랜드성서공회의 요청에 의하여 그는 서해안 항구에 도착하여 쪽 복음을 나누어 주었다.

1884년에는 동경의 감리교선교회의 로버트 맥클레이 목사가 서울을 방문하여 한국 정부로부터 병원을 개원할 것과 교육을 허락받았으나, 당시에 실행되지는 못하였다. 그 전 해에 맥클레이 목사는 미국성서공회의 헨리 루미스와 녹스와 함께 동경에서 한국 학생들을 만났었다. 그 중에 두 학생이 세례를 받았으며 이수정은 루미스의 도움을 받아 마가복음을 번역하였고, 그것은 1885년 출판되었다. 그 해 언더우드와 아펜젤러가 한국에 도착하였을 때, 그들은 이수정의 마가복음 번역본을 가지고 있었다.

부산에서는 스코틀랜드성서공회가 복음을 전하려는 첫 시도가 있었는데 일본 전도인 나가사키를 1883년 부산에 보냈었다. 다음 해 톰슨은 직접 부산을 방문하여 일본인 전도인 두 명을 그곳에 정착시키었다. 그 중에 한명은 해고되었고, 나머지 한명 수가노는 1889년 부산에서 사망하였다.

한국인들처럼 복음의 부름에 속히 응답한 선교지가 아마 없을 것이며, 선교 초기 중국과 일본에서 온 신실한 한국인 신도들의 준비와 첫 씨를 뿌린 역사가 잊혀서는 안 될 것이다.

2 장
개신교 선교의 설립

　조선의 일정한 항구 개방과 일정한 권리가 서양 강국에게 허락된 1882년 후부터 아직 어둠에 있던 백성들에게 복음의 빛을 전하려는 선교사들이 전 세계에 생겨났다.

　미국장로교회가 그 선교지에 처음으로 도착하였다. 중국에 거주하던 의사인 미국장로교회 알렌 박사는 미국공사관의 의사로 임명되었으며, 그는 후에 영국과 일본의 공사관에서도 근무하게 된다.

　의료선교사로서의 그의 사역은 아주 큰 사건이 발단이 되었다. 당시 조선 왕의 조카였던 민영익이 정치적인 정변 속에 중상을 입었다. 알렌 박사가 초청되어 민영익을 치료하여 생명을 구하게 되는데, 이것이 계기가 되어 왕실의 의사가 되었고, 1885년 2월 왕립병원이 설립되어 원장으로 임명 된다. 후에 이 병원은 여러 가지 단계와 변화를 거쳐 선교사들이 운영하는 세브란스병원이 된다.

　1885년 4월, 미국에서 온 첫 장로교 목사 언더우드 선교사가 한국에 입국하여 정식으로 선교 사업을 시작하게 된다. 그리고 곧 이어 스크랜톤 박사가 5월에, 미국감리교회의 아펜젤러 목사는 6월에 각각 입국하였다.

첫 회심자는 1886년 세례를 받았다. 선교사들이 도착하였을 때 이미 기독교인이 되어 세례를 받기 원하는 신자들이 서울, 소래, 의주 등에 있었다. 이들은 만주에서 온 한국인 조사들의 전도로 이미 기독교 신앙인이 되어 있었던 것이다.

첫 성공회 선교사도 1885년 11월 한국에 도착하였다. 영국교회선교협의회의 울프 감독은 영국과 호주의 지원 속에 두 명의 중국인 조사과 푸저우에서 출발하여 부산에 도착하였다. 그 다음해 마틴 목사는 기독교에 관심을 가지고 있는 약 50명의 사람들을 발견했다고 보고하였다. 1890년까지 영국교회선교협의회의 사역은 계속되었지만, 코페 주교가 도착하여 영국교회의 선교는 서울과 제물포에 설립되어야 한다는 결정을 함으로 재정이 감소되었고, 부산에서 철수하게 된다(스토크, 『영국교회선교협의회의 역사』, 565; 트롤로페, 『한국개신교선교』).

영국교회의 부산 선교에 관한 이 결정은 호주 빅토리아장로교회에 중요한 내용이 되었다. 메리 데이비스 양이 1921년 '코리아 미션 필드'에 쓰기를 "울프 감독이 영국교회선교협의회로부터 재정적인 지원을 받지 못하게 되자 호주에 웅변의 편지를 보냈다. 이 서신이 호주 빅토리아의 메카트니 목사에 의하여 발행되었던 선교 신문에 보도되었고, 이에 대한 응답으로 데이비스 목사와 그의 누이 메리 양이 1889년 10월 한국으로 간 것이다"(백낙청, 『한국 개신교 선교사』).

데이비스는 인도에서 활동하던 선교사였다. 그는 악화된 건강으로 인하여 호주로 돌아올 수밖에 없었는데, 귀국 후 그는 멜본에서 코필드그래머학교를 창립한다. 한국에서 온 그 편지 내용이 그에게도 전달되었지만 당시 빅토리아교회는 한국에 선교사를 보낼 생각이 없었다.

그러나 그의 교회 장로교 친교회는 다른 청년 친교회들과 더불어 그 부름에 동요하기 시작하였고, 결국 한국의 첫 호주 선교사로 데이비스를 파송하기로 마음을 함께 하였다.

데이비스 목사는 서울에 5개월간 머무르다 남쪽 지방으로 내려가기로 하였는데 아마도 부산에 그의 선교 기지를 구축하려고 하였던 것이다. 그는 긴 여행 끝에 부산에 도착하여 그의 목적을 달성하였지만, 당시 부산에 있던 게일 목사에게 도움을 청할 수밖에 없었다. 데이비스는 게일 목사 집에 머무르게 되고, 1890년 4월 5일 그는 그곳에서 천연두와 폐렴으로 사망하게 된다.

다음의 내용은 1890년 5월 7일 해외선교위원회 회의록에서 발췌한 것이다:

해외선교위원회는 첫 한국 선교사 데이비스 목사의 이른 죽음으로 큰 재원을 잃었음을 기록하기 원한다. 데이비스의 선교에 대한 깊은 헌신, 학자로서의 확실한 능력, 일치된 신앙생활 그리고 타인에 대한 자석과 같은 관계는 새로운 선교에 대한 성공의 희망을 가져왔다… 우리 주님은 데이비스를 스데반과 같이 일찍 부르셔서 쉬게 하고 상급을 주셨으며 그리고 우리는 희망을 표현하기를… 다른 많은 이들도 이 사건으로 인하여 마음이 동요되어 성령을 체험하고, 그의 노력을 본 받아, 먼저 떠난 형제에게 주어진 같은 영광의 관을 얻기를 소망한다.

그러나 그의 뒤를 잇는 새로운 선교사들은 1891년 10월에 가서야 파송되었으며, 경상도 남쪽 지방에 호주선교부를 세울 수 있었다.

1. 게일과 데이비스 선교사

게일 목사는 토론토대학의 청년기독협회에 의하여 1889년 독립된 선교사로 한국에 파송되었다. 그해 말 그는 '냉대'를 받았던 대구를 통과하여 부산까지 여행할 수 있었다. 그는 1890년 4월까지 그곳에 머물렀는데, 이웃 마을에 있던 데이비스 목사로부터 "즉시 와 달라"는 통보를 받았던 것이다. 게일은 데이비스를 세심하게 돌보았고, 서울에서 기다리고 있는 메리 데이비스 양에게 죽음을 앞둔 데이비스의 마지막 시간을 가장 감동적인 편지로 써서 보냈다. 이 책의 마지막 부분에 그의 편지를 첨부하였다.

게일의 사역은 원산에도 자리를 하고 있던 미북장로교회의 선교에 동참하기 전까지 서울에 근거를 두었다. 1891년 초에 그는 마펫과 함께 한국인 조사 세 명을 동행하여 '압록과 그 넘어'까지 1400마일을 여행하였다. 마펫 박사는 기록하기를 "그러므로 1891년 5월에는 장로회 선교사들이 한국 전역에 복음을 선포하였고, 부산에서부터 선천까지 선교지를 형성하는 계획을 가지고 있었다." 게일 박사는 위대한 학자였고, 그의 문학 작업으로 잘 알려져 있었는데 특히 그의 영한사전이 그 세기 초부터 한국 땅의 모든 선교사들에게 혜택을 주었다. 첫 선교사인 헨리 데이비스의 임종 시 보여 준 게일의 친절함과 연민으로 인하여 호주교회는 항상 감사한 기억을 가지고 있을 것이다.

미국장로교회와 감리교선교회는 처음에 전체 한국의 복음화에 대한 책임감을 가지고 있었다. 그러나 호주에서 선교사들이 들어와 부산에 정착하고, 경상도의 남쪽 부분을 책임지기 시작하였다.

1892년에는 미남장로교회가 도착하였고, 처음에는 충청도와 전라도를 분할 받았다. 이것이 나중에 바뀌어 두 전라도만 그들의 선교지로 된 것이다. 감리교남선교회는 1896년 서울, 송도 그리고 원산에서의 사역으로 시작되었다.

독립적인 캐나다 선교사 팬윅 목사는 1889년 도착하여 서울, 소래 그리고 원산에서 사역하였는데, 캐나다선교부는 북동 해안 지방의 함경도를 분할 받는 1898년까지 시작되지 못하였다.

1899년에는 러시아교회가 서울에 도착하여 정교회의 사역을 시작하였다.

당시 초기에 선교사들은 조심스럽게 일을 할 수 밖에 없었다. 기독교금지령이 중지되기는 하였지만 아직 폐기되지 않고 있었다. 여기저기서 냉대를 받는 사건들이 있었다. 1888년에 조선의 외무사무소는 "선교사들은 조선인에게 기독교 종교교육을 하거나 예식을 거행하거나 안수를 주는 일을 삼가라"고 지침을 내렸다. 그해 5월부터 9월까지 공적인 종교집회는 열리지 못하였다.

데이비스 목사가 서울에 도착한지 두어 달 후에 호주선교부와의 협력을 위한 토론이 시작되었고, 그것은 연합선교회를 구성할 것으로 결정되었다. 그러나 당시 이 토론은 데이비스의 이른 죽음으로 성취되지는 못하였지만, 후에 네 개의 해외 장로교선교부가 참여하는 장로회공의회가 생겨나게 하였고, 장로교를 하나로 연합하였다.

1905년 개신교 복음선교 총회가 탄생되었는데 선교협력의 목적과 후에 하나의 토착적인 복음 교회를 한국에 조직하기 위함이었다. 그러나 칠년 후 이 총회는 공의회로 바뀌었고, 하나의 교회로 만드는 목적은 포기하게 된다. 이 전국공의회는 1940년까지 매년 계속되었다. 각 선교부에서 한 명씩의 대표를 임원회로 보냈고, 공의회는 각 선교부 회원 다섯 명 중 한 명씩의 비율로 대표하여 구성되었다. 공의회는 자문의 역할만 하였고, "분열된 것보다 연합되어 선교되어야 좋다"라고 생각하고 있었다. 공의회의 주요 위원회는 출판위원회, 연합찬송가위원회, 정부관계위원회, 언어교육위원회, 사회봉사위원회, 기독교절제운동위원회, 한국선교책자 그리고 '한국선교지' 위원회 등이었다.

2. 경상남도: 호주와 미국장로교회 선교부 협력의 시기

호주 빅토리아교회에 1890년 4월 5일 데이비스 선교사의 비극적인 죽음은 큰 충격이었다. 그리스도를 위하여 순교한 유능한 젊은이의 소식에 교회의 사람들은 자극을 받았다. 그러나 당시에는 아무 움직임이 없다가, 1891년에 가서야 남청년친교연합회에서 발라렛의 매케이 목사가 선교사 후보생으로 지원했다는 소식을 해외선교위원회에 알려왔다.

새롭게 형성된 장로교여선교연합회의 첫 대표로 매케이 부부와 맨지스 양(로버트 맨지스 경의 이모), 포세트 양, 페리 양이 1891년 10월 부산에 도착하였다.

이미 언급한대로 데이비스 선교사가 서울에 도착한지 얼마 안 되어 그를 서기로 하는 장로교선교공의회 결성 계획이 있었다. 공의회의 목적은 다음과 같다. "한국에서의 선교 조직을 하나로 통일하고, 개혁적 신앙을 갖는 토착 교회를 지향하고, 장로교 정치를 행한다." 데이비스의 죽음으로 이 계획은 1893년까지 진행되지 못하였다. 데이비스가 부산에 갈 때 그곳 남쪽에 호주선교부를 설립하는 것을 염두에 두고 있었다. 그가 그곳에서 사망하자 호주의 빅토리아교회는 자연적으로 그를 기억하는 도시이자, 또 호주교회의 선교 중심지로 부산을 생각하게 되었다.

미국장로교회는 호주에서 새 선교사가 도착하기까지 그 공백 기간에 부산에서 선교를 시작하는 것이 매우 중요하다고 생각하고 있었다. 한국의 중요한 항구이자, 남쪽의 주요 관문 그리고 일본과 가장 가까운 지역이자, 서양과 극동 지역을 오가는 배가 정기적으로 운항되는 곳이었기 때문이다. 그러므로 1891년 3월 베어드 목사는 언더우드 목사와 함께 새로운 기지의 장소를 물색하기 위하여 부산에 내려간다. 그러나 한국인들이 땅을 팔지 않으려고 하므로 서울로 되돌아 갈 수밖에 없었다. 6개월 후 베어드 목사는 한국 정부의 미국 공사로부터 "외국인 거주지" 목적으로 세 필지의 땅을 살 수 있다는 명령서를 가지고 다시 부산으로 돌아온다.

1891년 당시 부산에 있던 외국인은 영국 세관원 헌트 가족과 세관 직원들을 돌보기 위하여 한 해 먼저 온 하디 의사였다. 하디 박사는 그가 1898년 감리교선교회에 가입하기 전까지 독립된 선교사였다. 하디는 부산 사슴섬 즉 영도의 작은 집에서 살았는데, 이 외진 곳은 부산에 외국인이 들어와 세관의 절차가 필요한 사람들을 위한 것이었다. 그들은 베어드에게 그곳을 함께 사용하도록 하였고, 후에 일본인들의 거주지에 집을 확보하였으며, 그들은 자신들의 집을 마련할 때까지 그곳에 거하였다.

이것이 1891년 10월 12일 호주 선교사들이 예고도 없이 부산에 도착하였을 때의 상황이었다. 당시 부산은 한국의 두 번째로 큰 도시의 중요성을 가졌음에도, 집들은 진흙 벽과 밀집 초가가 대부분이었고, 군데군데 타일 지붕이 있었다. 12월은 매우 추운 날씨였는데 호주 팀이 머무를 수 있었던 곳은 큰길가에 있던 일본인의 주택에 딸린 외풍이 심한 빈 창고뿐이었다. 매케이 양은 곧 아프기 시작하였고, 3개월 후에 사망하였다. 매케이 목사 또한 아프기 시작하였다. 성탄절 후 베어드 가족은 이사 갔고, 하디 가족은 너그럽게도 맨지스 양과 페리 양을 본인들의 집에 함께 머무르게 하였다.

3. 부산에서의 미국장로교회 선교

두 번째 미국인 휴 브라운 박사 가족의 부산 정착은 1891년 12월에 있었다. 브라운 박사는 결핵에 감염되었고, 2년 후에 사직하였다. 어바인 박사가 그 뒤를 이어 1911년 사직하였지만 그는 부산에 남아 개인적인 의술활동을 수년 동안 계속하였다. 밀스 박사, 비거 박사 그리고 다른 이들도 짧은 기간 동안 의술활동에 도움을 주었다. 그 미국인들은 부산, 영도 그리고 초량에 교회를 개척하기도 하였다. 베어드 박사는 동시에 경상남북도와 전라 지역을 광범위하게 다녔다. 그는 거점을 마련할 최적의 장소로 대구를 생각하고 1895년 그곳에서 일을 시작하였다. 첫 번째 기독교인 단체가 조직된 곳은 김해로 그곳에는 미국인들이 얼마동안 선교회 지부를 운영하고 있었다(본 도서 앤더슨 목사의 글을 참고하시오).

1891년부터 1914년까지 23년 동안 미국인들이 경상남도 지역에서 일하였고, 21명의 선교회원들이 부산에 파송을 받아 잠깐씩 짧은 기간 섬겼다. 선교사들이 자주 바뀐 주된 원인은 병이나 사망, 아니면 사표를 내기 때문이었고, 또 한 가지의 원인은 대구에 선교부를 개원하였기 때문이었다.

복음 전도와 의료 사업과 더불어 청소년 교육도 시작하였고, 남녀를 위하여 성경공부반도 개강하였다.

4. 부산에서의 철수

로데스 박사는 그의 책 『한국선교역사』 132쪽에 다음과 같이 언급하였다. "최소 1902년부터 부산에서 선교부를 철수하도록 선교부에 자문을 하였다." 선교부의 많은 사역들은 경상북도에 있었으며, 이것은 대구에서 접근하기가 더 편리하였기 때문이다. 경상남도에서의 선교는 호주에서 온 아홉 명의 선교사들이 충분히 감당할 것으로 보았다. 그러므로 1908년 미국인들은 그 지역을 호주인들과 분할할 것을 제안하였고, 그들이 그 지역에서 완전히 철수할 수 있다는 의사를 표시하였다.

흥미로운 것은 1898년 한국에 있던 여 선교사들이 많은 어려움에 처하자, 호주 장로교여선교연합회 임원들은 해외선교위원회에 "한국에서 여 선교사들을 철수시켜 다른 곳에 파송할 것"이라는 의견을 피력하기도 하였다.

해외선교위원회는 당시에 장로교여선교연합회와 남청년친교연합회와 상의하여 "호주 한국선교부는 미국선교부에 속하도록 자문"할 것을 고려하였었다. 이 생각을 미국선교부와 나누었지만 거절되었다.

그러다 1901년 12월 뉴욕의 장로교회 서기가 편지를 보내었는데 만약 호주교회가 부산에서 철수하면 호주선교부의 소유지를 본인들이 살 것을 제안하였다. 이것에 대하여 호주해외선교부는 다음과 같이 대답하였다: "우리는 부산에서 철수하는 것을 고려하고 있지 않다"(해외선교위원회 회의록, 1898, 1902). 미국인들은 1909년 밀양에 선교회 지부를 개설하였지만, 1912년 그들의 일꾼들을 다시 부산으로 철수시켰다.

선교지 분할은 1910년 동의되었는데, 엥겔 목사와 라이얼 목사가 1913년 호주선교부를 대신해서 제안하기를 그 지역 미국선교부의 모든 사역을 넘겨줄 것을 정식 요청을 하였고, 미국인들은 40대 6으로 동의하였다. 부산과 밀양에 있던 미국선교회의 재산을 처분하는데 있어서 손실이 없을 것을 호주선교부는 보증하였고, 그대로 처리하였다. 호주선교부는 1914년 밀양의 재산을 5,259엔에 샀지만, 부산의 재산은 1919년까지 팔리지 않았는데 결국 한 일본인에게 44,717.37엔에 팔았다.

선교 분할을 받을 당시 그 지역에 101개의 교회와 모임이 있었으며, 1,887명의 성인 세례자와 3,816명의 신자들이 있었다. 로데스 박사는 보고하기를 비록 미국선교부에 많은 어려움이 있었고, 선교부를 닫거나 장소를 옮기자는 제안이 여러 번 있었지만 그 와중에도 사역은 안정적으로 성장하고 있었다고 한다(로데스, 125-135).

로데스 박사는 미국선교부의 부산 철수에 관하여 다음과 같이 쓰고 있다. "23년의 사역을 뒤로하고 부산에서의 철수는 후회스러운 감정이었다. 그러나 선교사 간의 예의와 다른 지역에서의 더 많은 일들을 생각하면, 그것은 지혜로운 결단인 듯하다"(로데스, 125-135).

5. 부산에서의 호주 선교 초기

초기 호주 선교사들은 예고도 없이, 환영도 없이 부산에 도착하자마자 접하게 된 것이 한국의 추운 겨울이었는데, 이로 인하여 큰 고통을 받았을 것이다.

다행스럽게도 그곳에 이미 정착하고 있던 따뜻한 마음을 지닌 하디와 베어드 가족은 그들에게 머무를 곳을 찾아줄 수 있었지만,

그것은 한 일본인의 빈집에 딸린 추운 임시창고였다. 한국인은 아무도 그들을 받아주지 않았는데 외국인들의 '악마의 눈'을 그들은 무척 두려워하였다.

선교사들은 많은 짐이 있었지만 한국 사람들과 그들의 언어를 몰랐다. 캠벨 양이 나중에 기술하기를 "이것은 정말 신앙의 모험이었고 그리고 그 신앙은 계속하여 입증되었다"("오십 년 후에", 캠벨).

당시 부산에는 1876년 조약이 맺어진 대로 안전한 '외국인 거주지'에 일본인 오천 명이 살고 있었다. 거주지는 부산이라는 이름을 낳은 가파른 언덕에 있었는데, 주전자 혹은 가마의 물이 끓어올라 넘친다는 의미의 '가마 언덕'이었다.

매케이 부인은 도착한지 3개월 만에 사망하였고, 매케이 목사도 아픈 중이었다. 하디 가족은 그해 초 이미 만원이 된 그들의 집에 여성 선교사들을 환영하였지만, 장차 그들이 한국인들 사이에서 살 것이 염려되었는데, 바로 한국인들을 목회하기 위하여 왔기 때문이었다.

첫 번째 해 말 1892년, 그들은 매케이의 너그러운 도움으로 인하여 부산진 한국인들의 지역에 조그만 집을 살 수 있었다. 구 부산에는 흙벽돌과 밀짚으로 된 초가집들이 마치 버섯처럼 옹기종기 모여 있었다. 대부분의 거리는 진흙길이었고, 도랑에는 온갖 종류의 부유물이 넘쳤으며, 발가벗은 아이들은 여기저기서 진흙 속에 놀고 있었다.

1894년과 1897년 한국을 방문한 이사벨라 비숍이라는 용맹한 여행자는 한국에 들어 와 호주 선교사들을 방문한 일이 있었다. 그녀의 책 '한국과 그 이웃들'에 호주 선교사들에 관한 기록이 나온다. "굉장히 열악한 환경에서 살고 있었으며… 그러나 그들은 잘 지내고 행복하였고, 그들의 한국인 이웃들에게 사랑을 받고 있었다"(『한국과 그 이웃들』, 1897, 23-24). 그녀는 계속하여 설명하기를 그곳에서 사적인 생활은 불가능한데 "아침부터 밤까지 여인네들과 어린이들이 그들의 집을 시도 때도 없이 드나들고 있었다. 만약 그들이 큰집에 살았으면 그들의 일은 아마 아무런 결과가 없었을 것이다. 그러나 그들은 불평 없이 선교사들의 가장 큰 어려움을 조용하게 해결하고 있었다"(비숍, 23-24).

두 해 정도가 지나면서 호주 선교사들은 자신감을 가지게 되었고 좋은 관계를 형성하기 시작하였는데 원래 있던 집 위에 방갈로를 건축하였고, 그곳을 작은 고아원으로 사용하였다.

1892년 포세트 양이 장로교여선교연합회를 사임하였는데 매케이 목사와 결혼하기 위함이었다. 그리고 불행하게도 매케이의 병환으로 인하여 그들은 얼마 지나지 않아 은퇴하게 되었다. 매케이 선교사는 1893년 8월 선교지를 떠났다. 그러므로 부산진에 새로 연 선교부의 모든 사역을 맨지스 양과 페리 양이 도맡아 운영하게 되었고, 1892년에는 직원을 보충하기도 하였다. 그러나 1894년 페리 양이 서울의 독립된 고아원 일을 맡아 사직함에 따라 직원은 다시 2명이 되었다. 그녀는 그녀의 이야기 "회색의 남자"에 이에 대한 흥미 있는 내용을 쓰고 있다.

그 해에 매케이를 대신할 선교사들이 입국하게 된다. 1894년 아담슨 목사 부부가 들어 왔는데, 감사하게도 그들의 살집을 기존

선교사들이 이미 마련하고 있었다. 그 집은 초량에 있었다. 호주교회의 해외선교위원회는 당시 한국에 선교사를 파송하는 책임을 갖고 있지 않았는데도, 부산에 '선교관' 건축을 위하여 기금을 지원하였다. 호주 선교사들은 당시 남청년친교연합회와 장로교여선교연합회에 의하여 파송되었다. 해외선교위원회는 그들의 자문과 도움을 주었고, 함께 모여 축복해 주었는데, 1909년에 가서야 재정적인 책임을 감당하기 시작하였다. 이것은 특별한 상황이었으나 선교지의 행정을 어렵게 하였는데, 해외선교위원회가 친교연합회의 도움을 여전히 받지만 그들의 일을 맡게 될 때까지 행정적인 어려움은 계속되었다(캠벨, 앞의 책, 24).

1895년 장로교여선교연합회는 앤지스 브라운 양(후에 엥겔 부인)이 한국에 합류하게 되어 기뻤지만, 아담슨 부인이 부산에 도착한지 얼마 안 되어 사망하게 되어 큰 슬픔에 빠졌다.

6. 초기 복음 전도 사역

한국인들 주거지역에 한국식 집에서 여선교사들이 거주하게 되자 곧 그들은 이웃들과 친해지게 되어 자신감을 가지게 되었다. 그 지역의 많은 여성들이 선교사들에게 의료품이나 간단한 치료를 받으면서 더 좋은 관계로 발전하게 되었다. 선교사들은 위생에 대하여 가르치거나 모범을 보였고, 매일 예배와 세례자를 위한 교리 교실 그리고 어린이와 어른들을 위한 주일학교를 진행하였다. 선교사들은 주민들을 방문하기도 하였고, 이웃 마을에도 여러 가지 가르침을 주었다.

선교사들의 첫 개종자는 맨지스 양의 어학 선생이었으나, 그가 1893년 사망하자 크게 슬퍼하였다. 부산의 첫 세례 예배는 미장로교선교부의 베어드 선교사가 1894년 4월 호주 여선교사들에게 고용된 두 명의 여성과 한 명의 남성에게 세례를 준 것이다.

아담슨 선교사가 부산에 도착하였을 때 24명의 후보자가 교회 회원이 되기 위하여 기다리고 있었다. 1899년 정도에는 기독교에 대한 관심이 광범위한 지역에 있던 것이 관찰되어 보고될 수 있었다. 당시에 한국인 신자들은 매서인, 순회전도원 그리고 성경부인이 되기 위하여 지원을 생각하고 있었고, 이들은 각각 선교사들의 감독 아래 마을을 순회하고 있었다. 예배와 공부를 위한 회관 건축 제안이 당시에 있었고, 약 60명 정도가 정기적으로 모이고 있었다. 예배와 공부를 위하여 외곽 마을 여성들도 참석하였고, 이들은 종종 심한 박해 속에서 오는 것이었다. 지금까지 신자들과 호기심 있는 사람들은 한 기독교인의 집에 모여 예배를 드리고 있었고, 때로는 몇 개의 방에 나누어 모이기도 하고, 또는 마당까지 차기도 하였다.

초기에는 그 지역에 당연히 교회당이 없었다. 남성들은 장터나 개인집의 손님을 위한 '사랑방'에서 설교를 듣기도 하였다. 전도여행은 걸어 다니거나 당나귀를 타고 다녔는데 이것이 개인 전도를 할 좋은 방법이었고, 이것이 사실 초기 한국교회 힘의 비결이었다. 이 방법은 또한 좁은 시골길에서 만나는 많은 사람들에게 기독교 서적을 전할 좋은 기회를 제공하기도 하였다. 여성 선교사들은 그들의 성경부인과 동행하였는데, 전도 여행에서 가르치는 방법을 나누었다. 그들은 마을에 있는 기독교에 관심이 있는 자의 집에서 여성과 어린이들을 초청하여 좀 더 집중적으로 복음을 가르치기도 하였다.

1889년 1월 클라크 박사 부부가 부산을 방문하였는데, 그곳에서 한국에서는 처음으로 기독교면려회를 창립하였다. 이것은 '룩아웃'위원회와 그리고 전반적인 복음 전도 격려를 통하여 더 많은 학생들을 주일학교에 참석하도록 촉진하였다.

7. 1900년부터 1914년까지

세기 말까지 호주선교부 사역의 미래 모습은 아직 확실하지 않았다. 적은 직원 수와 서로간의 책임 범위로 인한 충돌은 분위기를 더욱 어렵게 하였다. 호주의 장로교여선교연합회는 이 상황을 돕기 위하여 1900년 엥겔 목사를 파송하기로 결의하였는데, 그들의 책임이었던 부산 사역을 돌보기 위함이었다. 여성 선교사들은 엥겔 목사 부부를 위하여 편한 방갈로를 양보하고, 고아원의 숙소로 되돌아갔다. 그러나 미국 선교사들과의 선교지 분할 문제로 사역의 발전에 어려움이 있었지만, 1902년 원칙적으로 그것이 해결되자 장로교여선교연합회는 주거지가 확보 되는대로 여성 선교사들을 위한 안전한 사택을 제공하도록 결정하였다. 그들은 악화된 건강으로 고통을 받고 있었는데, 그것은 살고 있는 한국 집의 비위생적이고 불편함으로 인함이었다.

새 집은 엥겔 목사의 집 옆의 아래쪽에 지어졌는데, 한 여성 선교사는 "마침내 허리를 펴고 설 수 있는 집에 살게 되어" 감사하다고 쓰고 있다.

그 집은 후에 해외선교위원회의 윗집과 바꾸었는데 그것은 맥켄지 목사의 가족이 그 옆에 새로 지은 집으로 이주해 나갈 때 이루어졌다. 아래에 있던 사택은 1930년 허물어졌는데 정부의 공공도로를 내기 위함이었다.

1910년 여 선교사들의 집 옆에 새 고아원이 설립되었다. 이곳은 '미우라고아원'으로 알려졌는데, 이 이름은 장로교여선교연합회의 첫 회장 로버트 하퍼 부인의 집 명을 따라 지어졌고, 그녀는 너그럽게도 그녀의 집을 장로교여선교연합회와 한국선교부가 처음 시작되었을 때 사용하도록 하였기 때문이다. 호주선교부의 직원 보충에 대한 요청으로 마침내 1905년에 가서 디커니스인 메리 켈리와 앨리스 니븐이 파송되었다. 그들은 첫 사회봉사목회자였고 선교사훈련원, 지금의 홀란드하우스를 졸업한 선교사들이었다.

또 한 번의 사별이 선교부에 찾아왔다. 엥겔 부인이 1906년 4월 치료를 받기 위하여 집으로 가던 중 시드니에서 사망하였다.

이 세기 초기에는 여성 선교사들이 전도 여행과 성경공부반 운영만이 아니라 소년과 소녀들을 위한 의료적인 도움과 교육도 병행하였다. 뿐만 아니라 새로 부임하거나 선교지를 옮기는 대구, 밀양 그리고 부산에 있던 동료 미국 선교사들의 여러 가지 도움 요청에도 응하였다.

미국 선교사들은 부산에서의 사역 외에도 지방의 중심 마을에서도 일하고 있었다. 아담슨 선교사는 서쪽 지역으로 전도순회를 다녔고, 엥겔 선교사는 경상남도 동쪽 지역에 집중하였다.

1904년에는 정치적으로 불확실한 상황으로 인하여 한국인들이 하와이로 이주하는 붐이 일었는데, 엥겔 선교사는 그로 인하여 교인이 줄었다고 보고하고 있다. 1884년 한국에 도착한 첫 선교사를 기념하는 행사가 서울에 계획되었는데 러일전쟁이 발발하자 취소되었다. 첫 선교사가 도착하고 20년 후, 한국에는 200여 명의 선교사가 있었고, 교인의 수는 여섯 자리 숫자가 되었다.

한국이 1905년 일본에 의해 보호국이 되고 후에 일본에 합병되는 부분은 이 글 후반 "교회 생활의 정치적인 배경"에서 다룬다. 그러나 여기에서 언급되어져야 할 부분은 사생활과 정치적인 생활에 대변동이 일어나자 한국인들은 큰 혼란과 비탄에 빠졌지만, 1907년과 1908년 한국을 휩쓴 대부흥운동의 발발은 이 상황이 밑받침 되었다.

1902년 호주 남청년친교연합회에 의하여 파송 받은 휴 커를 의사는 3년 후 진주에 병원을 개원하였고, 1909년 호주로 휴가 갔을 때 성령의 역사하심에 관한 그의 사역을 소개하여 빅토리아의 교회에서 큰 호응을 얻었다.

1910년 첫 세계선교사대회에서 평신도선교사 운동에 불이 붙어 전 세계에 선교운동을 불러 일으켰다. 해외선교위원회 서기 페톤 목사와 그 운동의 회원들이 선교 현장을 조심스럽게 평가하기 위하여 아시아 동부를 방문하였다. 방문이 끝날 때 그들은 일주간 기도회를 열어 한국의 직원들과 회의를 가지고, 앞으로의 선교 정책에 관하여 토론하였다. 그 결과 그들은 남 선교사 숫자를 7명에서 17명으로, 여 선교사는 10명에서 16명으로 충원할 것을 강력 제안하였다. 호주 빅토리아의 교회에서 선교의 열정이 끓어올랐고, 캠벨 양의 말에 의하면 "(선교의 부름에 대한) 응답의 이야기는 마치 로맨스 같이 읽혀졌다."

세계대전이 발발했음에도 불구하고 그리고 또한 태평양을 건너는 위험을 감수하면서 1910년부터 1914년 사이에 8명의 남성과 9명의 여성이 선교사 직원으로 보충되었다. 그 중에 교육가인 데이비스 양, 전도순회자 알렉산더 양, 나병원의 원장 맥켄지 목사, 매크레이 목사, 라이트 목사, 커닝햄 목사, 맥라렌 의사 부부 등은 한국에서 30년 혹은 그 이상 복무하게 된다.

1912년 2월에는 맥켄지 목사가 장로교여선교연합회를 사직하는 켈리 양과 결혼하는데, 그녀는 그럼에도 1939년 은퇴할 때까지 34년간 활동적인 선교사로 사역하였다. 그녀는 나환자의 건강한 자녀들을 책임 맡았고, 성경학교에서 가르쳤고, 목회자 아내들을 위한 훈련코스를 시작하였으며, 따뜻하게 사람들을 환영하였으며, 바쁜 부산 항구를 오가는 선교사들에게 지혜로운 자문을 제공하기도 하였다.

8. 새 선교부 개원: 첫 시대의 마감

새로운 직원들의 합류와 그 지방의 모든 업무를 미국선교부로부터 이관 받아, 호주선교부는 그 지역 전략적인 중심지에 새 선교부를 개설할 수 있었다. 커를 박사 부부는 1905년 진주에 이미 의료와 복음 사역을 시작하고 있었다. 초량에 살고 있던 아담슨 목사 부부는 1911년 마산에 세 번째 선교부를 개원하였다. 1913년에는 두 개의 선교부가 더 시작되었는데, 통영에서는 왓슨 목사 부부에 의하여, 거창에서는 매크레이 목사에 의하여 개원된 것이다.

1911년 호주 선교사는 부인들을 포함하여 모두 19명이었다 ("호주장로교선교의 기록 – 회원 명부", 1911년, 9월). 1907년부터 1915년 사이에는 27명의 새로운 선교사들이 부산을 다녀갔는데, 그곳이나 다른 지역의 선교부에서 일하였다. 그 기간에 아담슨과 커를 가족이 은퇴하였고, 3명의 장로교여선교연합회 선교사들이 결혼하였는데 켈리 양은 앞에서 언급하였고, 브라운 양은 엥겔 목사와 니븐 양은 라이트 목사와 결혼하였다. 세 명의 여성들 모두 초기 어려웠던 당시 상황에서도 매우 탁월한 업적을 남기었다. 그들은 한국인들에 의하여 사랑을 받았고, 계속하여 활동적인 선교의 일을 감당하였다.

이와 함께 다른 두 명도 언급되어야 하는데 개척적인 선교사인 맨지스 양(1891-1924)과 무어 양(1892-1919)이다. 이들 다섯 명은 기차와 자동차기 있기 전, 심한 고생을 하며 순회 전도를 다녔으며, 그들의 희생적인 생활을 통하여 증언하였으며, 그들의 신앙적인 가르침을 통하여 복음과 기독교인의 삶의 방법을 부산과 그 주변 사람들에게 전하였는바 어떤 칭송도 모자랄 정도이다.

1914년 초 미국장로교선교부의 철수로 인하여 호주선교부는 경상남도에서 새로운 시기를 열게 되었다. 선교 정책과 사역의 조직을 다시 구상할 필요가 있는 것이 명백해진 것이다. 그리고 이미 이것은 선교협의회와 해외선교위원회 서기가 고려하고 있었다. 한 가지 동의된 것은 의료선교는 진주를 중심으로 하는 것이었고, 교육과 전도 사역은 모든 선교부에서 발전시키도록 하였다. 전체 선교를 위한 연례 선교협의회와 그 임원회에서는 선교부의 요구사항을 고려하여 다루었고, 각 선교부에서는 할당된 그 지역의 사역 발전을 위하여 책임을 졌다. 1909년 한국 호주선교부들의 첫 선교협의회 모임이 있었고, 그때 인쇄된 "보고서의 초본"이 지금도 남아있다.

두 번째 시기의 관심은 다섯 개 선교부의 발전과 선교를 확장하면서 통일적으로 서로 협력하는 것이었다. 이 간단한 역사의 내용은 이 글 후반부에서 더 읽을 수 있으며, 각 선교부의 발전 상황은 관계된 장에 언급되어 있다.

3장
교회 선교의 정치적 배경
— 1941년까지

1. 1909년까지

한국이 은둔에서부터 깨어나면서 한국을 극동의 전략적 핵심으로 보는 강대국들과 국내 권력 사이에 흥미로운 관계가 형성되기 시작하였으며, 국가의 정책을 주도하기 위한 노력들이 여러 방향에서 꾀하여져 왔다. 1894년에 와서 일본은 이미 한국에 많은 군대를 주둔시키고 있었고, 수도인 서울 점령을 위협하고 있었다. 왕의 힘은 미약하였으며, 그의 정부는 부패하여 있었다. 그는 사지에 몰려 중국에 도움을 청하였다. 일본은 이것을 도전으로 보았고, 한국 땅에 전쟁이 일어난다. 1895년 중국은 패하였고, 한국은 독립적인 왕국으로 선포되었다. 그러나 현실은 일본의 영향력이 점차로 커지고 있었고, 그들의 위치는 확고부동하였다. 일본은 우위를 점령하고자 러시아와도 줄다리기를 하였고, 러시아는 해상에서나

육지에서 모두 패하므로 세계를 놀라게 하였다. 그러므로 어느 누구도 일본의 종주권을 질문하지 않았고, 한국의 독립을 담보한 조약도 '종잇조각'에 불과했다.

1905년 11월 17일 한국 황제는 그의 모든 권위를 한국주재 이토 일본 장군에게 위임하도록 강요받았고, 1907년 7월 19일에 그는 그의 아들을 위하여 퇴위하게 되었다. 약한 심성의 그의 아들은 1910년 8월 29일 일본의 합병을 '승인'하도록 강요당하였다.

1905년부터 1909년까지의 보호기간에 한국은 이중으로 통제되고 있었다. 이때는 무법의 기간이었고, 경보의 시간이었고, 치욕의 기간이었다. 많은 사람들이 안정적인 생활과 재산의 안전을 희망하며 기독교 교회로 들어 왔다. 교회의 가르침을 통하여 그들은 현실 상황의 변화를 강하게 욕망하였다. 이것은 민족주의를 재기하는 결과를 낳게 되었다. 어려운 시기에 교회가 안식처를 제공하므로 많은 남녀가 교회를 찾았고, 교회는 자기주장과 지도력 그리고 세계적인 단체 소속의 기회를 제공하였다. 이것이 성령의 인도 아래 교회 안의 놀라운 부흥을 일으켰고, 북쪽에서 시작되어 한국 전체와 만주로까지 확장되었다(로데스, 앞의 책, 280-289). 백낙준 박사는 "대부흥 운동은 한국교회의 영적인 재탄생을 표시한다."라고 말하고 있다(백낙준, 앞의 책, 361). 이 운동은 합병 이후 한국인 신자들의 고통과 원한을 어느 정도 극복할 수 있는 도움이 되었다. 기도와 성경공부 그리고 개인적인 전도에 강조점을 두었고, 교회 안의 교인 수가 빠르게 증가하였다.

2. 1909년부터 1919년까지

1909년과 1910년 합병의 해에 '그리스도를 위한 백만인 구령운동'으로 알려진 두 번째 부흥운동이 일어난다. 이것은 첫 번 부흥운동의 연장으로 영적 부흥을 위한 소그룹 모임과 매일의 기도로 시작되었다. 1909년 10월 선교공의회도 표어를 정하고, 그 목적을 위하여 기도의 날을 계획하였다. 놀라운 열정의 표출로 부흥성회, 전도운동 그리고 복음서와 소책자 배포 등의 프로그램이 진행되었다.

챕만 박사와 알렉산더 박사는 부흥단과 함께 이 운동을 지원하기 위하여 온 나라를 여행하였다. 전국이 말씀으로 민족적 연대를 느끼며 동요하였다.

부산에서는 400명의 남성들이 연례 성경반에서 그해 300일 동안의 전도활동을 약속하였고, 마가복음 만부를 구입하여 배부하였다. 성경반 열흘 동안에 200명의 남성들이 매일 무리지어 나가 3마일 반경의 모든 마을에서 설교하였다.

1911년 해외선교위원회 총무 페톤 목사가 한국에 안내한 대표단에 의하여 '전진하라'라는 도전이 빅토리아교회에 들어 왔다. 이것은 영적인 도전으로 호주에서도 많은 심령들을 움직였다. "우리는 하나님의 놀라운 섭리의 능력 앞에 경외 속에 서있다. 기도의 응답으로 우리는 불가능한 일들이 이루어지는 것을 목도하였다"라고 장로교여선교연합회 대표는 공식적인 보고서에 기술하고 있다.

그러나 교회에는 당장 큰 이득이었지만, 그 운동이 이루고자하는 목적은 달성하지는 못하였는데 이것은 "일본의 탄압을 만나면서, 앞으로 9년 동안 숫자적인 성장이 가로막히게 되었다." 1911년 6월 30일 진주선교부의 보고서에 의하면 각 장소에서의 부흥운동 후에 경찰들이 각 집을 방문하며 기독교로 개종한 사람이 있는지 탐문하고 다녔다. 사람들은 그 위협이 두려워 개종 후에 신앙생활을 계속하지 못하였다. 어떤 경우에는 어린이들이 교회에 참석하는 것을 강제적으로 막기도 하였다. 8월 후에는 일본이 한국을 합병하였다고 선포하였고, 모든 모임은 정치적인 동기가 있다고 의심받게 되었다.

1911년 이 해에 호주 선교사는 모두 19명이었는데, 이것은 선교사 부인과 장로교여선교연합회 직원들도 포함된 것이다. 이 때 56명의 한국인 조력자가 있었고, 77개의 교회, 79개의 주일학교, 7개의 초등학교 그리고 150개의 교회 그룹이 보고되었다("장로교선교회의 연례보고서 ― 회원명부" 14쪽 1장, 1911년 6월 30일).

1910년에 한국은 첫 한국 거주 군국독재자 이토 장군의 아래에 있었다. 1915년에 와서는 정부의 규정이 개혁과 발전이라는 미명 아래 전국적으로 공표되었고, 이것은 사람들의 매일의 생활과 거의 관련되는 내용이었다. 기독교인들은 비기독교인들 보다 더 어려운 처지에 놓이게 되었다. 교회와 선교부가 따르도록 요청되는 많은 시민 규정들이 있었다. 교회당 건립을 사전에 허가 받아야 하였고, 종교적인 행사를 보고하여야 하였고, 모든 교사는 자격증을 받아야 하였다. 또한 모든 인쇄물도 감시되어 검열을 받았고, 일본의 학위를 인정하는 국가의 의사와 간호사 자격증만 인정되었다.

종교교육의 제한과 학교 시간 안의 예배와 소유 건물이 위협을 받았다. 미션스쿨의 학생들이 상급의 교육기관에 등록을 희망할 시 혹독한 불이익이 있었다. 선교부와 교회의 모든 주요 행사는 심각하게 방해 받았으며, 놀라운 성장의 기간은 이제 당분간 끝이 나고 있었다.

기독교 운동에 대한 정부와 경찰의 적개심은 점점 분명하여지고 있었다. 이것은 1912년 9월 악명 높은 '음모사건'으로 증명되는데, 123명의 한국인 동참자 중 98명이 기독교인으로 데라우치 총독을 암살하려 하였다는 죄목이었다. 이 일로 관계기관에 압박이 가하여졌고, 몇 번의 재판으로 6명을 제외하고는 모두 무죄였지만, 교회의 교인이 되면 정치적으로 위험해질 수 있다는 인상을 사회에 내보였고, 교회의 교인 수는 줄어들기 시작하였다.

이 기간 동안 한국인들의 가장 좋은 땅이 일본인 농부들에게 넘어갔고, 일본인들에게 사업 특혜도 주고 그리고 좋은 관직이 그들에게 주어지는 것을 보았다. 또한 언론의 자유도 제한되고 태극기가 일장기로 바뀌는 것을 보면서 한국인들 마음속에 깊은 원한이 쌓여갔다.

3. 1919년부터 1925년까지

1918년 윌슨 대통령은 그의 '14개 조항'을 국가들 간의 평화를 위한 기초로 내어 놓았고, 그 중 하나는 작은 나라들은 누구에 의하여 어떻게 통치를 받기를 원하는지 말할 수 있는 권리였다. 여기에서 한국은 독립을 되찾을 희망을 보았다.

다음 해 3월 이전 황제의 장례식에 맞추어 종교단체 대표들은 한국의 일본정부에 '독립선언서'를 상정하도록 준비하였다. 종교단체를 제외하고 다른 모든 조직은 와해가 되었기에 기독교인, 불교인 그리고 동학을 따르는 사람들은 전체 국가의 열망을 모아 앞장서야 한다고 느끼고 있던 것이다.

3월 1일 33명의 지도자들은 서울 중심의 태화관에 모여 간단한 의식을 치루고, 경찰에 전화하여 그들의 행위를 알게 하였다. 동시에 학생들은 파고다에 집결하여 독립선언서를 낭독하였고 대한민국 만세를 불렀다. 전국에 이와 비슷한 시위가 일어나도록 준비되어 있었다. 학생들은 거리로 행진하였고, 금지된 태극기를 흔들며 만세를 외쳤다.

이 놀라운 항쟁은 악의 없는 고귀한 선언이었고, 폭력을 금하며, 전 세계의 정의감에 호소하는 시위였다. 이 운동은 전국적으로 번졌지만 일본경찰에게는 뜻밖의 일이었다. 그들은 당황하였고 시위를 잔혹하게 억압하였다. 일본인의 통계에 따르면 23,000명의 한국인이 죽거나 다쳤고, 약 47,000명이 구금되었다.

경상남도의 한국인은 다른 지역보다 적게 고통을 받았지만 많은 사람들이 구금되었고, 두 명의 호주 선교사 데이비스 양과 호킹 양도 구금되었다. 그들은 학생들을 선동하였다고 고발되었는데, 단지 학교 기숙사로 돌아가라고 한 것뿐이었다. 이 둘은 경찰서에 몇 시간 구금되어 취조를 받다 풀려났다.

독립선언서에 서명한 사람 중 3분지 1은 기독교인이었고, 이것으로 인하여 교회는 심하게 고난을 받았다. 많은 교회가 목회자를 박탈당하였고, 학교의 많은 교사와 학자가 구금되었다.

그럼에도 사람들은 이 고난의 경험을 통하여 새로운 용기를 얻었다. 그들은 더 이상 공권력 앞에서 위축되지 않았다. 그들은 그들이 성취할 수 있다는 것을 알았다! 이것은 특히 남성들과 마찬가지로 나라를 위하여 항거하고 고통을 받은 여성들에게 더 하였다. 여성들은 이 운동을 통하여 자각하게 되었고, 공동체의 주요한 부분을 차지하게 되었다.

이 독립운동과 선교사들의 호소에서 오는 영향과 전 세계의 반응으로 인하여 일본은 지혜롭게 결정하기를 군국독재를 문민정부로 대체하였고, 사이토를 총독을 임명하였다. 사이토는 일본에서 가장 지혜롭고 관용적인 공직자였고, 그의 통치 기간 한국에 새 행정의 시기가 도래한 것이다. 그는 1931년 일본 황국의 수상이 되기 위하여 은퇴를 하였으나, 1932년 군국주의자들에 의하여 암살되게 된다.

사이토의 새 프로그램 도입으로 희망이 돋아나기 시작하였다. 그는 선교사들과 협의하여 제안을 받아들였고, 교회와 학교에 강요된 규정들을 적지 않게 조정하기도 하였다. 한국인들은 다시 두려움 없이 교회로 들어오기 시작하였고, 사오년 계속되는 성장의 시기가 시작되었다. 이제는 미래의 희망을 위하여 교육에 큰 중점을 두게 되었고, 등록하기 원하는 학생들로 넘쳐났다.

4. 1925년부터 1930년까지

교회의 성장 비율 변화는 경제와 정치의 환경적 요소와의 관계가 크게 작용하는 것 같다. 1924년 이후에 한국은 심각한 경제공황에 접어들게 된다. 사람들은 전에 경험하지 못한 빈곤을 느끼고 있었다.

교회는 경제의 기생충이라는 동의할 수 없는 러시아의 선전이 사람들 사이에 퍼지고 있었다. 교육으로부터 종교를 분리하려는 정부의 노력은 종교를 도외시하고 가치를 감소시키는 효과를 가지고 있었다. 과학에 대한 피상적인 공부는 비판적인 태도를 가지게 하는바 제대로 교육받지 못한 많은 목회자와 교회지도자들은 그 비판을 반박하지 못하고 있었다.

사람들은 언론매체, 필름 그리고 라디오 등을 통하여 세상의 상황을 점차로 알게 되었고, 기독교국가에도 부정의가 있다는 것을 보면서 믿지 않는 자들의 마음에 교회에 대한 불신이 더 하여진 것이다.

1920년에 시작된 왕성한 교회 성장의 시기는 1929년에 보고된 세례자의 숫자를 보면 거의 멈추어 있었다.

5. 1930년부터 1941년까지

1930년부터는 다시 교회의 성장과 발전이 있었다는 증거가 있다. 선교사역은 어린이와 청소년, 성경공부 그리고 새 신자 훈련에 특별히 집중되었다.

성장지표는 한 번 더 위로 향하게 되는바, 경제적인 어려움에 있는 사람들에게 교회는 실제적인 도움의 방법을 줄 수 있는 길을 모색하였다. 농촌 프로그램의 활성화와 농촌 지도자 훈련을 위한 농업세미나 등이 열렸다.

1934년의 연합선교공의회 기도달력에 따르면 269,559명의 세례 받은 교인이 있었다. 이 중에 27,643명은 천주교인이었고, 141,916명이 개신교인이었다. 또한 그 개신교인 중에 7,532명 혹은 전체의 7.3%가 호주장로회선교부에 속하여 있었다(솔타우, "선교설문조사 – 호주장로교선교회 안식년보고서", 1934).

1926년경 군국 확장주의가 일본에 의하여 한국에 들어 왔고, 좀 수그러지는 듯하다가 1930년 이후에 일본의 군국주의자들이 패권을 차지하면서 '대동아공영주의'가 제창되었다. 1931년에 만주가 점령되었고, 중국에 대한 오랜 침략의지 등 일본의 침략적인 행태에 의문이 제기되자 일본은 국제연맹에서 탈퇴하였고, 이 영향이 한국 땅에 미치게 된다.

점차로 제한과 통제가 가중되고 있었던 것이다. 일본 황국에 대한 충성의 시험과 육성의 중심에 신사참배가 있었고, 기독교 교회는 역사 상 가장 심각한 위기에 처하게 되었다. 극단적 군국주의자였던 미나미 장군이 총독이 되고 철권으로 통치하게 된다. 신사참배는 그러므로 한국교회가 직면한 가장 결정적인 도전으로 떠오르게 된다. 이 시기의 중대한 시험은 현재까지 계속되고 있는바, 오늘날 교회의 분열은 그 당시 신사참배에 관하여 어떤 태도를 취하였느냐가 일정 부분 영향을 미치고 있기 때문이다.

　1939년은 호주장로교선교회 한국 선교 50주년을 기념하는 해이다. 이것은 또한 한 시대의 종말이기도 하다. 학교교장들이 그들의 교사들을 신사참배에 참여시키지 않았다는 이유로 미션 스쿨들을 선교부의 통제에서 빼앗아 갔다. 선교사들은 그들의 교회로부터 단절되었고, 심지어 그들의 방문은 교회에 위험이 되기도 하였다. 그러므로 경상남도의 한국교회는 희년을 기념하는 어떤 축하 행사도 할 수 없었고, 1939년 총회로부터 인준 받은 호주교회 대표단이 한국을 방문하여 현장에서의 어려움들을 토론하는 특별한 선교협의회가 열렸다. 해외선교위원회 총무 앤더슨 목사를 인도자로 장로교여선교연합회의 캠벨 양, 스틸 양, 존스 목사 부부가 한 팀이었다.

　1940년 동안에는 모든 5개의 선교부 직원도 감소되었고, 어려운 환경 속에 허락하는 한도에서 효과적으로 선교가 진행되었다. 선교협의회는 가능한 선에서의 사역을 더 확장할 계획을 세웠다. 부산의 의료사역과 사회사역 그리고 실업과 직업사역 그리고 유아복지사역이 일본정부로부터 인정받는 일들이었다. 1940년 12월 한국의 장로교회를 '개혁'하는 모임이 서울에 열리었다. 모임의 목적은 해외선교 요인을 모두 제거하고 순전히 일본식 교회로 만들기 위함이었다. 모든 교회의 자리에서 선교사들을 물러나게 하고, 해외교회의 원조를 단절하는 작업이었다. 10월에 영국과 미국 정부는 그들의 시민권자들에게 한국을 떠날 것을 경고하였고, 그 다음 달 대부분의 미국인과 캐나다인은 한국 땅을 떠났다. 1941년이 시작되자 상황은 더욱 불투명하여졌다. 호주의 교회는 귀국을 종용하지는 않았지만, 각 선교사에게 스스로 결정하도록 하였다. 1940년 대부분의 선교사들과 직원들은 휴가를 떠났고, 혹은 다른 이유로 호주로 돌아갔으므로, 현장에 남은 직원은 거의 없었다.

1941년 4월 1일 한국에 남아있던 선교사들은 체포되게 되는데, 포함된 우리 호주 선교사들은 트루딩거 목사, 알렉산더 양, 테잇 양, 커 양 그리고 에드거 양이었다. 세계기도일 프로그램을 돌렸다는 빈약한 이유였지만, 이것은 선교부의 사택들을 수사하고 사역을 조사할 수 있는 명분을 주었다.

일본의 전쟁 선포가 몇 달 앞으로 다가와 우리 선교사들이 적군이 될 상황이었으므로, 일본의 이러한 행동은 한편 이해가 되기도 하였다.

1941년 4월 16일 호주 해외선교위원회와 장로교여선교연합회는 여자 선교사들은 모두 철수하라는 전보를 보내는 상황이 왔다. 알렉산더 양과 테잇 양만 남게 되었는데 그 둘은 경찰에 구류되어 있었다. 그리고 그들도 두어 달 후 한국을 떠나도록 명령을 받게 된다.

그 해 12월에 전쟁이 선포되었고, 오직 몇 명만 한국에 남았는데 진주의 맥라렌 박사, 통영의 라이트 목사와 레인 부인 그리고 부산의 커닝햄 목사와 라이트 부인이었다. 맥라렌 박사는 11주 동안 진주에 감금되어 있었고, 그 후 부산에 보내져 레인 부부와 라이트 부부와 함께 감금된다.

그들은 1942년 6월 일본으로 철수하였고, 그 후 포르투갈 령 동아프리카의 나라로가 그곳에서 그해 11월 호주로 귀국하였다.

4장
교육 선교

1. 전반적 정책과 실행

1894년까지만 해도 한국의 교육제도는 관공서에서의 일을 위한 목적으로 한 유교의 가르침을 바탕으로 하고 있었다. 그 제도에는 세 개의 단계가 있었는데 서당, 향교 그리고 성균관이었다. 성균관을 졸업한자는 나라의 공무시험을 볼 자격과 공무원이 될 자격이 주어졌다.

여성들에게는 교육을 위한 규정이 없었다. 게일 박사는 "공자는 절대로 여성을 위한 친절한 용어를 가지고 있지 않다."라고 기록하고 있다.

1894년 유교제도는 철폐되었지만, 낮은 계층은 예외였다. 작은 지역과 마을에는 서당이 여전히 존재하였다. 좀 더 현대적인 초등학교와 고등학교가 도입되어질 계획이 있었다. 초기에는 주로 서울에 세워졌으며 자격이 있는 교사가 부족한 관계로 이것은 부분적으로만 성공하였다. 1881년까지는 극히 제한적인 숫자의 학생들만 서양의 교육과 문화를 배울 자격이 주어졌으므로, 전국적으로 현대식 교육프로그램을 시행할 자격과 경험이 있는 자가 극히 드물었다.

장로교 선교의 등장으로 교육이 최우선으로 강조되었는바, 교육으로 개화되지 않으면 말씀으로 인한 복음전도에 큰 장애가 되었기 때문이었다. 그러므로 모든 선교부는 학교를 세우는 것을 최고로 중요하게 생각하였다.

남학생들을 위한 첫 기독교학교는 1886년 서울에서 언더우드 목사에 의하여 개교되었다. 그것은 고아원이었는데 25명까지 등록할 수 있었고, 그들을 모두 먹이고 입혀 유용한 일을 할 수 있도록 훈련하였다. 그 학생들은 또한 약간의 중국어와 영어 그리고 성경을 배웠다. 학교의 목적은 한국인 설교자와 교사를 양성하는데 있었다. 1893년에 기독교 부모를 둔 학생들이 등록을 하였고, 교과과정은 '서양교육 학습'을 포함하였다. 그러나 당시에는 '고등교육'을 원하는 사람들이 드물었고, 4년 후에 미션교부는 그 학교 문을 닫는 결정을 할 수밖에 없었다. 몇 년 후 미션교부는 교육사역의 프로그램을 시작할 것을 결정하여 게일 목사의 지도하에 중등학교가 조직되었고, 후에 제이디 웰스 고등학교로 알려지게 된다.

비슷한 시기에 베어드 목사는 평양에서 교육 사역을 시작하였다. 이것이 숭실아카데미가 되었으며, 후에 호주선교부가 이 기관과 협력하게 된다.

여학생들을 위한 첫 학교는 1886년 스크랜턴 부인에 의하여 한

명의 학생과 더불어 서울에서 시작되었다. 당시 여성들은 진지한 공부를 위한 충분한 재능을 부여받지 못하였다고 생각되었다. 뿐만 아니라 여학생들을 서양인에게 맡기는 것을 큰 위험이라고 생각하여, 6개월 후에도 7명의 학생만 등록하였다. 그러나 1년 후에 한국의 여왕이 이화 즉 '배나무 꽃'이라는 명칭을 하사하는 영광이 있었는데, 그것이 '이화학당'이라는 유명한 이름이 된다.

경상남도에서는 1891년 처음으로 남학생들을 위한 초급단계의 학교가 미선교사 베어드 목사에 의하여 설립되었는데, 그는 후에 평양에 교육사업의 창시자가 된다(로데스, 131).

그 다음해인 1892년, 호주의 개척적인 여성 선교사 맨지스 양과 페리 양은 교육의 씨앗을 심는데, 그것이 나중에 자라나 부산의 첫 여자들을 위한 학교가 된다.

몇 년 후 1897년에는 하루 종일 가사를 해야 하는 많은 여성들을 위하여 미선교부의 어바인 부인은 야간학교를 시작한다. 그녀는 또한 낮에 운영되는 학교도 개강하였고, 1909년에는 '아카데미'로 불릴 만큼 발전되었다.

1909년 미선교부의 보고에 의하면 경상남도에 20개의 초등학교가 있었고, 138명의 소년과 142명의 소녀가 등록하고 있었다. 1914년 그들의 선교부가 철수하게 되자, 일부 학교는 교회에 의하여 계속 운영되었고, 일부는 중단되었다. 부산의 학교 건물들은 일본인들에게 팔렸으며, 시설은 서울의 여학교에 넘겨졌다.

1910년 전까지는 한국의 교회와 미션스쿨은 정부의 학교보다 많았다. 여학생들을 위한 학교로는 미션스쿨 밖에 없었다. 나라에 있던 대학교는 평양의 유니온기독대학교 밖에 없었고, 유일한 의료학교로 서울에 있던 세브란스의과대학이 전부였다. 조오지 백 박사는 이 시기에 관하여 "지역공동체의 가장 영향력 있고 진보적인 인사들을 실제적으로 선교사들이 통제하고 있었다."고 쓰고 있다(백낙준, 393).

2. 호주선교부의 교육정책

처음의 교육프로그램은 호주 선교사들이 거주하는 곳을 중심으로 남학생과 여학생을 위한 초등학교와 중등학교가 준비되었다. 개 교회가 성장하여 지원할 수 있게 되면 그 지역교회에 남학교를 넘겨 주려하였던 것이 선교사들의 의도였고, 여학교는 그대로 유지하고, 그 중심에 남학생과 여학생을 위한 각각의 중등학교 설립을 계획하고 있었다. 나아가 계속하여 대학공부를 하려는 학생들을 위하여 평양의 유니온기독대학교와 서울의 세브란스의과대학교와도 협력할 것을 계획하고 있었다.

미션스쿨은 우선적으로 교회의 아이들을 양육하기 위한 목적이었으므로, 성경공부와 예배는 교과과정의 항상 가장 중심적인 부분이었다. 만약 자리가 있었을 시에는 20퍼센트까지 비기독교인 학생들도 등록할 수 있었다.

1910년 일본에 의하여 한국이 합병되자 새로운 상황이 전개되었다. 교육이 즉각 강조되어 공립학교 숫자가 빠르게 증가하였는데, 이것은 기독교 신조 교육 이외에 교회학교의 일반교육에 대한 필요성을 감소시켰다. 더군다나 가난은 교육에 대한 사람들의 열망을 저하시켰고, 정부의 보다 낳은 학교 건물과 시설에 더 많은 사람이 등록하였다. 뿐만 아니라 학교 운영에 관한 새로운 규정은 어려움을 촉발시켰고, 결국 마산과 진주의 학교만 남게 되고, 한국 교회가 지원하여 왔던 남학교들은 문을 닫게 되었다.

3. 교육심의회

1911년 기독교교육을 하나의 제도로 상호 연관시키기 위하여 '교육심의회'라는 연합회를 창립하였다. 본 심의회의 목적은 정부와 관련된 일과 교육프로그램의 포괄성과 일치성을 위하여 기금을 확보하는 것이었다. 심의회는 교과과정을 표준화하고, 최종시험을 주관하고, 졸업증을 수여하며, 새 학교가 어느 지역에 세워져야 할지를 결정하도록 하는 것이었다. 심의회는 수년 동안 운영이 잘 되었다. 그러다 모든 과정을 규정화하는 정부의 시행령이 1915년 발효되었다. 그 후 심의회의 일은 명목상으로만 유지하게 되었고, 1917년에 가서 문을 닫게 된다.

4. 호주선교부의 학교들

앞에서 언급한대로 부산에서의 첫 학교는 선교사들이 처음 도착하고 얼마 안 되어 생겨났다. 1892년 맨지스 양과 페리 양은 세

명의 고아를 자신들의 집에 데리고 왔는데, "그들이 훈련을 받아 장차 그들의 민족을 위한 선교사가 되기를 희망"하였다.

얼마 안 되어 몇 명의 소녀들이 더 모였고, 낮에 운영되는 학교로 작은 '고아원'을 시작하였다. 보잘 것 없는 이 시작이 일신학교와 무에라고아원으로 발전하게 된다.

맨지스 양도 첫 세례를 받은 회심자의 도움으로 남학생들을 위한 학교를 시작하였다. 이 남학교는 엥겔 목사가 1900년 도착하여 운영하게 된다. 그는 5년 후에 55명의 남학생과 85명의 여학생이 등록한 것으로 보고하였다. 초기의 선교사들은 여학생 교육의 중요성을 강조하였는데, 맨지스 양은 다음과 같이 쓰고 있다. "국가가 발전하기 위해서는 아내와 어머니들이 교육되어야 한다."

1906년에는 남학생과 여학생들을 위한 학교가 진주와 마산에 개교되었다. 1914년 미선교사들이 그 지역에서 철수할 것이라고 알려진 후에, 호주선교부 교육정책의 미래가 다시 고려되었다. 그 전에 결정하였던 진주의 중등학교 설립이 취소되었고, 부산에 여학교 그리고 마산에 남학교를 세울 것으로 대체되었다. 1916년부터 문학 석사와 교육학 디플로마를 가지고 있는 데이비스 양이 일신학교의 책임자로 임명되었으며, 중등학교를 조직하도록 하였다.

마산으로 할당된 남학생들을 위한 중등학교는 '헨리 데이비스 기념학교'로 명명되었고, 호주 멜본의 해외선교부에 의하여 지원되었다. 문학 석사와 과학 석사를 가진 로마스 씨가 교장으로 임명되어, 1913년 부임을 위하여 한국으로 향하는 배에 승선하였다.

또한 모든 선교부는 여학생들을 위한 초등학교를 운영하도록 결정하였고, 일신중등학교에 보내기 위하여 마산에서는 두개의 상급반을 운영하였다. 미선교사들은 밀양과 동래에 있던 남학교를 지원하였다. 밀양에 있던 학교는 지역교회가 넘겨받았고, 동래에 있던 학교는 호주선교부에 의하여 3년 동안 지원받았지만 지출을 감당할 학생 수가 되지 못하여 문을 닫게 된다.

5. 1915년의 딜레마

1915년 새 정부의 규정으로 인하여 교육환경에 큰 변화가 일어나게 되는데 선교정책의 근간을 위협하는 것이었다. 모든 학교는 등록을 요구받았고, 등록 시 요구되는 근본적인 내용은 교육으로부터 종교를 분리하라는 것이었다. 마산에 학교를 건립하려는 계획은 중지되었고, 남학생들을 위한 기독교교육에 미래가 없다고 생각한 로마스 씨는 사표를 내고 선교지를 떠났다. 선교부는 때를 기다리기로 하고 마산의 중등학교와 합병한 남자초등학교의 상급반을 계속 지원하였다.

새로운 정부 규정의 요구는 예배와 종교교육은 과외 과목들이므로 학생들에게 의무적으로 참석하지 않게 하라는 것이었다. 데라우치 총독은 "후에 교육의 원칙을 종교로부터 분리하는 것을 실시하려는 것이었다."고 선포하였는데, 이것이 정부의 의도였다(오스굿, 282).

모든 지침은 승인된 자격증을 가진 교사에 의하여 일본어로 전달되도록 하였다. 이미 설립된 학교에는 10년간의 기간을 주었고, 동시에 요구되는 재정과 시설 그리고 교사들의 일본어 능력은 가능한 속히 이루어지도록 하였다.

미션스쿨이 '인가된 학교'로 등록되지 못하면 심각하게 불리한 상황을 갖게 되어, 학생들이 다른 승인된 학교로 전학하려고 할 것이고, 우리 학교를 졸업하고 대학에 진학하려고 하여도 받아지지 않게 될 것이기 때문이었다.

'인가'는 정부의 교육제도와 상호 연관되어 있는 것으로 졸업생들이 만약 공무원이 되거나 정치나 전문 직종에서 일하기 원할 때 일정한 특권을 가질 수 있도록 한 것이다.

새로 설립되는 학교들은 즉시 새 시행령을 따르도록 하였고, 선교부가 계획하고 있던 몇 학교의 설립은 재고하게 되었다. 이것이 처음으로 마산의 남 중학교에 적용되었고, 몇 년 동안 고심하다 결국 해결에 이르지 못하였다. 또한 통영과 거창에 약속하였던 초등학교 설립에도 영향을 끼쳤다. 이 지역에서 그 문제들은 일단 극복되었는데, 그 이유는 그 지역 기독교 여학생들을 위하여 강습소, 야간학교 그리고 유치원을 대신 설립하여 교육을 진행하였기 때문이다.

1915년 선교협의회 회의록에는 새로운 규정 하에 미션스쿨을 계속 운영하는 것에 대하여 불확실함을 느끼고 있었다. 그 다음해 남자중학교를 인가받는 것이 가능치 않게 생각되자, 특히 장차 목회를 희망하는 학생들에게 평양의 유니온기독대학교나 기독교 중학교에 입학 승인되게 돕고, 장학금도 주도록 하는 것으로 대신하였다.

1918년 마산의 창신학교 위원회는 중학교 대신에 그 학교의 상급반을 선교부가 책임져줄 것을 요청하였고, 선교부는 건물 유지에 대한 의무는 지지 않는다는 양해아래 그것에 동의하였다.

감리교선교부와 캐나다선교부는 정부의 요구에 응하여 그들의 학교를 '인가' 받기 위하여 신청하기로 1916년 동의하였다. 그리고 승인된 후에 이 학교들은 다른 공립학교와 마찬가지로 신사참배를 하게 된다. 세 개의 장로교선교부는 때를 기다려보기로 하였고, 1923년 새로 부임한 사이토 총독의 조정된 규정이 공표되어 시행되자 그들은 그것을 십분 적용할 수 있었다.

1919년 독립운동으로 많은 학생들과 교사들이 체포되어 구금되었다. 엄한 군사정권에서 이제 지혜롭게 문관 행정부가 들어서자 먹구름이 걷히는 듯하였다. 정부는 선교사 지도자들을 초청하여 정부와 협력할 방안을 구하였고, 1915년의 법령은 좀 더 강압적이지 않은 방향으로 수정되었다.

희망의 분위기가 조성이 되기 시작하였는바, 소녀와 소년들을 위한 교육의 열망이 폭발적으로 분출되고 있었기 때문이다. 압도적으로 많은 학생들이 미션스쿨에 등록하기 원하였는데, 이런 인기는 독립운동 시 교회가 보여준 입장과 그로인한 박해로 인함이었다. 입학되지 못한 학생들은 실망감으로 가슴이 무너졌다.

이로 인하여 호주선교부는 경상남도 노회에 그 지방 전역에 초등교육을 발전시키기 위하여 노회교육위원회를 조직할 것을 제안하였다. 그리고 이것은 호주선교부가 이미 진행하고 있는 것에서 독립적으로 운영되도록 한 것이다. 노회는 그 제안을 고려하였지만 그것을 실행하기는 가능치 않다고 하였다.

수정된 정부의 규정은 초등학교 공부 기간을 4년에서 6년으로 늘렸고, 중등학교 기간은 4년에서 5년으로 늘렸다. 이 변경은 한국 학생들이 일본학생들과 같은 수준으로 공부하게 하여 일본학교에 용이하게 진학하도록 한 것이다. 우리 선교부는 이 제도를 따르는 것이 지혜로울 것으로 생각하였고, 즉시 진주, 마산 그리고 부산진의 초등학교들이 시행하도록 하였다.

6. 호주선교부의 초등학교

1) 부산진

부산진에 중등학교를 세워야 한다고 생각하였을 때 그곳의 초등학교를 동래로 옮기려고 하였지만, 지역에서의 지원이 확실치 않은 관계로 계획은 3년 연기되었다. 동시에 정부의 공립학교가 그곳에 세워졌고, 부산진의 수요가 더 커짐에 따라 그곳에 초등학교를 그대로 두기로 결정하였다. 그러므로 학교 운영을 위하여 새 건물이 긴급히 필요하였고, 좀 더 큰 운동장을 제공하기 위하여 학교와 맞다 있는 땅을 매입하여야 했다. 1935년 6월 적당한 장소가 준비되었고 준수한 2층 건물이 신축되었다. 얼마 후 새 기숙사가 옛 건물 자리에 세워졌는데, 옛 건물은 태풍으로 인하여 비극적인 상황 속에 허물어졌기 때문이다.

학교는 4년 동안 어려움 속에 있었지만 자랑스럽게 존재하였다. 그러던 중 1939년 7월 31일 폐교하라는 명령이 내려 왔다. 그해 11월 호주 선교위원회의 대표들이 한국을 방문하였는데, 선교부 본부 뒤편 부산진의 뛰어난 위치에 세워진 아름다운 벽돌건물 앞에 일본 신사 제단이 서 있는 모습을 보고 그들은 슬퍼하였다. 그 벽돌건물은 하나님의 영광과 기독교 교육을 위하여 최근에 지어진 것이기 때문이다(부산선교부 학교 사역 부분을 참고하시오.)

2) 진주

1917년이 되자 진주의 학교는 크게 발전하여 건물의 증축이 필요하게 되었다. 커를 박사는 1906년 그 학교를 창시하였고, 호주 빅토리아에서 스콜스 양을 초청하였는데, 그 전해부터 커를 박사 부부만 있었던 선교부의 교육 사역을 책임 맡게 한 것이다. (진주선교부 부분을 참고하시오.)

1921년에는 250여명의 학생을 수용하기 위해서 충분한 부지에 새 건물이 필요하다는 것이 더 분명해졌다. 이 학교는 1919년 사망한 사랑받던 초대 교장의 이름을 따 '넬리 스콜스 기념학교'(시원학교)로 명명되었다.

1914년부터 캠벨 양이 이 학교를 책임 맡았으나, 질병으로 인하여 1922년 4월 호주로 돌아갈 수밖에 없었고, 2년 후에는 너무 이르게도 선교부에서 은퇴하였다. 1921년 10월 에디스 커 양이 한국에 도착하여 4년 동안 이 학교를 운영하였으며, 1934년 사표를 낼 때까지 클라크 양이 교장으로 봉직하였다. 그 후 미션 스쿨에 처음으로 한국인이 교장으로 임명되었는데, 1921년부터 주임으로 학교 운영을 탁월하게 해 온 정석록 씨가 교장이 되었다. 그는 1939년 초 사임할 때까지 어려운 시기에 학교를 신실하게 잘 운영하였다. 그는 몇 개월 후에 사망하게 된다. 시원학교는 신사참배를 거부한다는 이유로 미션 스쿨로는 처음으로 정부에 의하여 폐교되었다.

3) 진주남학교 (광림학교)

모든 남학교는 한국교회로부터 지원을 받아야 한다는 호주선교부의 정책에도 불구하고 광림학교는 선교부의 전체 예산에 편성되었다. 1924년에 새 학교건물을 건축하기로 결정하였는데, 수년 동안 부족한 시설에서 학생들이 수업을 받아왔기 때문이다. 그리고 학교는 선교부로부터 받아왔던 재정을 매년 오분의 일로 줄이고, 5년 후에는 한국교회가 그 책임을 맡을 것으로 기대하였다. 동시에 학교위원회는 모든 운영을 맡고, 기독교기관으로서의 학교 미래를 담보하기 위하여 충분한 기부금을 내기로 보장하였다.

1928년 2월 선교부에 의하여 '남학교를 위한 정책위원회'가 구성되었는데, 그들의 보고서를 보면 호주교회의 지원 없이 경상남도 교회들이 초등학교를 돕는 것은 불가능한 것으로 언급되었다. 미션스쿨이 기독교교육에 귀중한 공헌을 하고 있는데, 만약 진주학교가 폐교되도록 둔다면 라이얼중학교를 지원하는 전체 교회에 심각하게 동력을 잃게 만드는 것이었다. 정책위원회는 만약 호주의 해외선교위원회가 능력이 되면 광림학교를 위한 선교지원을 계속하도록 추천하였다.

그러나 해외선교위원회의 입장은 계속하여 지원하는 구조는 한국교회의 전적 동의 속에 결정된 정책과 반대된다는 것이었다. 더군다나 심각한 불황속에서 계속하여 지원할 여력도 없다는 상황이었다. 그렇다고 한국교회가 책임을 맡아 운영할 여건도 아니므로, 선교협의회는 슬프게도 1929년 학교를 폐교하기로 결정하였다.

그 이후에 그 학교 건물은 장소를 찾지 못하고 있었던 성경학교가 사용하게 된다.

4) 마산, 의신여학교

수년 동안 여학생 반은 남학교에 등록을 하였었다. 1911년 아담슨 목사는 여학생 28명이 출석하는 것으로 보고하고 있다. 한 교육 선교사가 준비되자마자 그녀를 위한 집이 세워졌고, 학교 건물도 지어져 의신학교가 1913년 개교하게 된다. 맥피 양이 첫 교장이었고, 그녀는 1937년 한국에서 사망할 때까지 그 일을 계속하였다. 이 학교는 1937년까지 점차 노후되는 건물에서 운영되었고, 충분한 땅에 새 건물 건축을 제공하도록 장로교여선교연합회에 요청할 때까지 계속되었다. 라이얼기념학교는 폐교되었고, 의신학교 330명의 여학생이 임시적으로 새 건물의 일부를 사용하도록 하였다. 장로교여선교연합회는 해외선교위원회에 매년 1,200엔의 임대료를 지불하도록 요청받았다. 그리고 후에 여학교가 사용하도록 그 건물을 장로교여선교연합회에 팔도록 추천하였다. 마산선교부는 1938년 9월 학교를 라이얼기념학교 건물로 옮길 것을 요청받았고, 그러나 그 훌륭한 새 건물에서의 학교 운영은 오래가지 못하였는데, 그 다음해 7월 미션스쿨을 폐교하라는 최후통첩을 받았기 때문이었다.

5) 창신남학교

"규모와 상관없이 모든 교회의 건전한 야망은 자체의 초등학교를 소유하는 것이다." 이 말은 1910-1911년 마산선교부의 보고서에 처음으로 언급되는데, 1906년 한명의 관대한 한국인이 한 교회가 운영하는 학교 선생을 지원하면서 시작된 교회 학교에 관한 내용이었다.

1911년 마산의 선교부가 개설되었는데, 28명의 여학생을 포함한 108명의 학생이 출석하고 있었다. 학교는 자비로 운영되었고, 한명의 교사만이 호주 빅토리아의 한 여성으로부터 10엔씩 봉급을 지원받고 있었다.

해가 감에 따라 정부의 요구는 학교의 재정에 부담이 되어 어려움을 주었는데, 학교위원회는 3년간 2,000엔을 지원해 줄 것을 선교협의회에 탄원하고 있다. 호주선교부의 교육위원회는 라이얼중등학교를 지원하기 위하여 학교를 계속 운영할 것을 강조하였다. 그리고 해외선교위원회에 지원하는 기간을 연장할 필요성을 언급하였고 실제로 그랬다. 1935년에 지원금은 2,200엔으로 증액되었으나, 후에 1,500엔으로 감액되다가 1938년을 마지막으로 지원이 끝나게 된다.

매크레이 선교사는 자문관으로 그리고 후원자로 수년 동안 학교와 친밀한 관계를 유지하였다. 1928년 학교위원회는 그가 교장으로 공식적으로 임명되도록 요청하였다.

1938년 비어있던 라이얼중등학교 건물의 넓은 공간으로 여학교가 이사를 하게 될 때, 마산교회는 선교부가 창신학교를 책임질 것과, 의신학교와 협력교육기관으로 합병할 것을 요청하였다. 선교협의회는 응답하기를 그 요청을 추천하지는 못하지만, 대안으로 호주의 국내선교부에 선교기금을 복원해줄 것을 제안하기로 하였다.

창신은 선교 재단이 아니라 한국교회에 속하여 있기에, 그 다음 해 폐교 명령이 하달되자 정부의 교육당국에 의하여 강제로 인계되었다.

7. 호주선교부의 중등학교

1919년 선교협의회는 마산에 남학생들을 위한 중등학교를 설립할 것을 결정하였고, 라이얼 선교사를 교장으로 임명하였다. 궁극적으로 한국인을 교장으로 세울 계획으로, 장래가 촉망되는 김호열 학생을 호주로 보내어 특별한 훈련을 받게 하였다. 그러나 불행하게도 선교부의 슬픔과 희망의 좌절 속에 그는 질병에 걸려 사망하게 된다.

1923년에 사립학교는 '인가'제도를 대신하여 '지정'을 받게 된다. 이 제도는 동등한 지위를 부여하였고, 또한 종교교육을 교과 과목으로 허락하였다. 이것을 근거로 선교협의회는 '기독교교육의 이상'이라는 성명을 작성하는데, '지정'은 한국의 기독교 지도자를 훈련시키는데 가장 잘 된 승인제도라고 기록하고 있다(호주장로교 선교부의 기록, 1923). 이 기록의 4장에 쓰기를 "우리의 기독교교육의 이상을 희생시키지 않는 범위 내에서 정부의 모든 권위를 인정하고, 우리는 '지정'된 학교로 승인을 받기 원한다." 그리고 또한 자격 있는 교사를 확보하기 위하여 선발된 기독교 교사들을 승인된 정규학교에 보내기로 결정하였다.

1) 마산의 라이얼중등학교

1924년 마산선교부는 육천 평의 땅을 중등학교 자리로 살 수 있도록 권한을 부여받았다. 개교행사는 11월 26일 아담 교수에 의하여 열렸고, 본관은 1925년 6월 입주되도록 준비되었다. 비용은 대략 58,500엔이 들었다. 지정을 위한 신청서가 접수되었으나, 기숙사에 대한 계획이 첨부되지 않았으므로 지체되었다. 1926년에는 정부의 요구에 맞는 교사요원 숫자 충당을 위하여 추가적인 재정이 필요하였다.

1926년에는 알렌 목사가 교장으로 임명되었다. 1927년에는 오직 6명의 남학생만 두 개의 상급반에 있으므로, 재정형편상 그들을 서울의 학교에 보내어 과정을 마치도록 하였다.

1928년은 힘든 해였다. 학교가 지정받는 것이 늦추어지자 학생들은 화가 났으며, 자신들의 미래에 대하여 불안하게 생각하여 학기 중간에 공부를 거부하기까지 하면서 학교가 승인을 신청하도록 요구하였다. 선교협의회는 그러나 선교정책에 대하여 외부에서 간섭하는 것을 허락하지 않았다. 그리고 학교가 곧 '지정'이 될 것이라는 '긍정적 희망'을 계속하여 말하였다. 학생들의 소요가 계속되자 교육 관료가 허락을 하면 일시적으로 학교 문을 닫을 것을 결정하였다. 소동의 주모자 학생들이 학교에 다시 돌아오지 않으면 다음해 4월에 다시 개교하도록 되어있었다. 동시에 나머지 참여하지 않은 학생들은 다른 학교로 전학이 되었다.

그러나 선교협의회는 11월 그 문제를 다시 생각할 수밖에 없었다. 만약 학교가 자격을 갖추어 빠르게 '지정'되려면 모든 3개의 반에 가능한 많은 남학생들이 재입학되어 4월에 학교를 개교하여야 하였다. 그러므로 1월에 다시 소집되어 4월에 입학하도록 학생들을 지도할 것으로 제안되었다.

학교 승인을 돕기 위하여 일본인 '자문관'까지 임명되었으나 1930년에도 여전히 승인되지 않았다. 학교가 5개의 학년으로 꽉 차게 운영되고 표준을 만족시키는 졸업생 명부를 증명하지 않는 한 승인이 될 수 없다는 통보를 학교는 받고 있었다. 거의 극복할 수 없는 이 어려운 요구를 충족시키고자 선교협의회는 일 년의 대학원 과정을 추천하였고, 1933년부터 '지정'이 되어 승인받는 그날까지 그 중 선발된 졸업생들이 일본의 고등교육기관에서 학업을 계속하도록 하였다.

1931년 빅토리아교회는 계속되는 호주의 불황으로 인하여 여러 어려움을 경험하고 있었고, 그 결과 선교협의회는 교육정책의 전반을 재고하도록 결정하였다.

"하나님의 빛과 진리를 한국에 전하기" 위해서는 중등교육이 중요한 과제임을 다시 확인하였고, 라이얼중등학교는 이 목표를 달성하기 위한 중요한 공헌자로 기대되고 있었다. 동시에 재정적인 부담이 매우 크다는 것도 인식하고 있었고, 해외선교위원회가 요구하는 감원이 복음사역을 무력하게 만든다면 폐교해야 한다는 의견을 해외선교위원회에 조심스럽게 제안하는 결정을 할 수 밖에 없었다.

1928년부터 한국에는 기술교육에 대한 태도가 달라지고 있었고, 선교협의회는 라이얼중등학교를 대신하는 그런 전문학교를 건립할 가능성에 대하여 흥미를 가지게 되었다. 이 안을 위한 위원회가 임명되었으며, 1932년 2월에는 1933년 4월부터 보충적인 농업반 개설이 제안되었다. 그러나 1932년 12월에 선교협의회에 의하여 결정되기를 적은 수의 입학과 존재하는 다른 상황으로 인하여 학교를 계속하는 것은 정당하지 않았고, 결국 1933년 3월부터 라이얼중등학교와 더불어 문을 닫았다.

라이얼중등학교의 폐교 위에 불사조처럼 일어나 '복음농업학교'를 건립할 계획에 대한 경과보고서가 4월에 보고되었으며, 비록 매우 짧은 운명을 가졌지만 새로운 시대가 시작되었다. (본 도서 복음농업학교 보고서를 참고하시오.)

2) 동래의 하퍼중등학교

1915년의 불확실성에도 불구하고 선교협의회는 다음과 같이 동의하였는데 만약 학교의 과외시간에 종교교육이 허락된다면 여자중등학교를 세우려던 계획을 1916년부터 시행하기로 하였다.

그럼에도 불구하고 만약 정부가 모든 교육이 일본어로 되어야 한다는 새로운 규정을 적용한다면 자격 있는 기독교 교사의 부족으로 학교 문을 닫아야 한다는 두려움이 있었다.

1923년에 가서야 상황은 호전되기 시작하였는데, 선교교육위원회는 여학교를 신설하겠다고 한국교회에 한 약속을 확신을 가지고 시행하도록 촉구하였다.

선교협의회는 이러한 학교가 지역사회에 복음화를 위하여 결정적인 역할을 할 수 있다고 믿고 있었고, 가장 적합한 장소를 물색하기 시작하였다. 부산진, 범래, 동래 그리고 마산이 제안되었으며 그리고 결국 동래의 한 장소가 결정되었다. 동래 시 당국으로부터 적당한 부지가 제공되었으나, 그들은 선교정책과 반대되는 '인가' 학교를 원한다고 하였다. 선교부는 그 땅을 선물로 받지 않기로 하고, 매입할 수 있도록 허락을 추진하기로 하였다.

기증자는 완전 운영권과 행정권한을 선교부에 제공하였고, 미래에 만약 상황이 달라지면 현재의 매입 가격으로 팔 수 있도록 동의하였다. 장소가 좋은 곳이었으므로 제안은 받아들여졌고, 학교를 세우도록 계약서가 요청되었다. 학교 건물은 20,000엔, 기숙사는 10,000엔 그리고 시설은 3,000엔에 임대되었다. 범래에서 쓰이고 있던 건물은 동래로 옮기어 과학단위로 쓰도록 하였고, 학교는 1925년 6월에 들어가 사용할 수 있도록 준비되었다.

1924년에는 종교 자유의 편견이나 과도한 재정적인 압박이 없는 한에서 학교를 '인가'받을 수 있는지 조사해보기로 하였지만, 결론은 원래 결정대로 '지정'을 받도록 신청하는 것이었다. 1932년 6월 학교는 정부의 교육부에 신청할 준비가 되었다. 라이얼기념학교에 적용 되었던 압박이 일신학교에는 가해질 수 없었던 것은, 그것은 1915년 정부규정 전에 세워졌기 때문이다. 그 다음해 학교는 지정이 되어 승인되었고, 동래는 '인가'된 특권과 더불어 학교 커리큘럼에 기독교교육을 시행할 수 있는 권리를 가진 한국에서 두 번째 학교가 되었다. 첫 번째 학교는 서울에 있던 미북장로교선교부의 제이 디 웰스 학교였다.

1934년 6월 학교의 인기가 날로 높아지자 60명의 가외 학생들을 수용할 수 있는 교실 마련을 재고할 정도가 되었다. 학부모위원회가 이 문제에 대하여 협력하여 10,000엔을 지원하도록 제안되었지만, 또 다른 제안은 호주 멜본의 장로교여선교연합회가 비슷한 기금을 지원하도록 하였다. 1939년 6월에 장로교여선교연합회는 11,000엔을 약속할 수 있었다.

그해 학교보고서에 192명의 여학생이 등록한 것으로 나타났고, 그들은 3월에 입학시험을 보았지만 그 중에 57명만 입학되었다. 학교 안에서 기독교 정신과 그 행실은 튼실하였다. 그러나 신사참배에 관한 정부의 압박이 있었으며, 그로인해 능력 있는 교사들이 사표를 제출하여 그 해는 쉽지 않은 시기였다.

학교가 기독교 기관으로 계속되는 것이 그들 모두의 솔직한 욕망이었지만, 선교부의 초등학교들은 정부의 부총독에 의하여 폐교될 것을 이미 고지 받았기에 신사참배는 최고 중요한 이슈로 떠올랐다.

정부는 데이비스 선교사의 사표 제출을 지시하였으며, 학교의 통제권한은 선교부의 손에서 벗어났다. 데이비스 양은 후에 1940년 3월까지 교장 직을 계속하도록 요청받았는데, 그때는 학교의 마지막 폐교 절차가 완성된 시기였다. (본 도서 '미션 스쿨의 폐교' 내용을 참고하시오.)

8. 신사참배 문제

신사참배 이슈는 한국교회가 당면한 가장 큰 도전으로 떠올랐다. 그리고 학교는 그 공격을 정면으로 받는 첫 기관이었다.

신사참배는 일본의 '거룩한' 황국의 '거룩한' 창시자를 경배하는 것으로, 최소 1910년부터 애국의 행위로 가장되어 소개되었다. 1889년 헌법에 의하여 종교의식의 자유는 보장되었었다(홀탐, '일본의 국가적 신앙').

미션 스쿨들이 신사참배에 참석하도록 요청받았을 때 보통은 학교에서 애국적인 행사로 대신하여 그 요청을 피할 수 있었다. 그러나 '군국주의자'들이 일본을 통치하게 되었을 때, 일본은 전쟁을 지향하게 되었고 신사참배는 의무화 되었다.

그 첫 번째 타격은 1935년 평양에서 일어났는데 신사참배 명령을 거부한 캐나다연합교회 총회장 맥큔 박사에게 가해졌다. 그는 정부에 의하여 면직되었으며 한국에서 강제 출국 당하였다. 그 다음해 모든 중등학교의 교직원들과 학생들은 신사 앞에서의 의식에 참석하도록 요구되었다.

한국 기독교인과 마찬가지로 선교사들 간에도 이 문제로 분열이 일어났다. 어떤 이들은 한국 청년들의 교육을 위하여 종교적인 의식이 아니라 애국적인 행위로 여기어 도전하지 말고 그대로 받아들일 것을 공식적으로 선포하였다.

미장로교회 학교들은 즉각 학교를 폐쇄하였고, 감리교와 캐나다 학교들은 벌써 신사참배에 참여하고 있었는데, 대부분 국가가 임명한 교장이 있는 학교들이었다. 호주선교부는 기독교 증언이 타협되지 않는 선에서 정부의 요구를 가능한 받아주기를 원하였다. 만약에 양심이 허락하여 교사나 학생이 시민의 한 사람으로 개별적으로 신사참배에 참석하기를 원할 경우 그것은 도전받지 않았다. 1936년 2월 선교협의회는 이 문제에 관하여 선교정책을 확립하기 위하여 모임을 가졌다. 협의회는 다음과 같은 선언을 피력하였다. "호주선교부는 황제폐하를 향한 존경과 충성을 느끼며… 모든 국가적 행사에 참여하기를 원하고… 복종과 충성의 덕목을 진흥하기 위한 의무를 인식하며… 그러나 우리는 유일한 하나님만 예배하므로… 신사나 다른 영령들에게 참배하라는 요구는 종종 예배의식을 포함하고 있고, 그것은 하나님의 명령에 위반되므로, 우리는 그러므로 우리 자신이 신사참배를 할 수 없고, 혹은 참배를 하라고 우리 학교를 지도할 수도 없다."

그러나 압박은 계속 되었다. 1939년 1월 또 다른 특별한 선교협의회 회의에서 결의안이 채택되었다.

"1936년의 선교정책 발전에 의하여 우리는 이제 재 결의하기를 신사참배로부터 우리 자신을 분리할 것이다. 이것은 우리 신앙의 신념으로 기독교인으로서 증인 되라는 우리의 우선적 의무와 배치되는 것이고, 신사 앞에서 절을 하는 것은 하나님의 진리와 반대되는 것이다. 우리는 교육을 통하여 우리의 기독교 증거를 계속하기를 원하며, 일본과의 호의와 도움의 노력으로 학교를 계속하기 원한다."

9. 미션 스쿨의 폐교

1939년은 모든 미션 스쿨이 폐교되는 해였다. 교장의 승낙 없이 계속되는 학자들의 신사참배는 학교의 대표들이 참석하는 것처럼 보였지만, 선교협의회 결정에 반대되는 것이라고 임원회는 선포하였다.

진주학교의 폐교 명령은 그 해 초에 내려졌고, 학교는 정부가 내건 조건으로 인하여 폐교가 불가피하게 되었다는 항의서신을 보내었다.

호주선교부가 6월에 서면으로 지시를 받기를 7월 31일 학교가 폐교되는 것을 염두에 두고 모든 교장들의 사표를 미리 보내라는 요구였다. 새 학교를 이미 승인받은 거창선교부는 그것을 거절하였고, 학교를 지역교회로 이관하였는데 '땅과 건물 그리고 시설은

1941년 3월까지 2년 동안 빌려주는 것'으로 하였다.

통영은 1940년 3월까지 운영되도록 허락을 받아 제일 마지막에 문을 닫게 되었다. 실업 사역은 계속하도록 허락되었다.

1939년 6월 총독에게 보내진 선교협의회의 탄원은 거절되었다. 정부는 신사참배 요구에 순종하는 것에 단호하였다. 신사참배의 핵심은 전 국가의 민족성을 동원하는 것이었고, 그들의 입장에서 교회와 학교가 그것에 참여하는 것은 사회에 본보기로 보여주는 꼭 필요한 경우로 여겼던 것이다.

6월 회의에서 선교협의회는 결정하기를 하퍼기념학교 위원회는 법인체를 형성하여 학교를 인수하도록 하였고, '지정'의 위치를 고수하여 교과 과정에 기독교교육을 주요한 과목으로 유지하도록 하였다. 동시에 건물을 임대한다는 제안도 있었다.

초등학교의 건물과 시설을 대여하는 것에 대한 정부의 요구에 선교협의회는 2년 동안 그렇게 할 것을 승인하였고, 마산의 창신학교를 포함한 우리의 모든 학교 교사들에게 줄 위로금을 준비하였다.

1939년 10월 선교협의회는 강압에 의하여 하퍼기념학교의 운영을 포기할지라도 건물과 땅은 임대하는 것으로 결정하였다.

1940년 7월 협의회 임원회는 노회로부터 요청을 받았는데, 학교 건물과 설비 그리고 기증받은 이자 300,000엔을 포함한 선교 사역을 조건 없이 그들에게 인계하여 공동재단 아래 두어 기독교학교가 영속되어 계속 운영하도록 하고, 노회는 한 명의 매니저가 대표로 그 재단에 참여하는 안 이였다.

선교협의회는 대답하기를 해외선교협의회 서기 앤더슨 목사가 인도하는 해외선교위원회와 장로교여선교연합회 대표단이 10월 한국에 도착을 하면 그 안건을 협의회의 특별모임에서 다루겠다고 하였다.

선교협의회의 특별모임에서는 노회가 학교를 기독교 기관으로 계속하여 운영하는 것은 불가능하다고 생각하였고, 노회의 관계자에게 그 결과를 통보하였다.

그 다음 달 선교협의회 임원회는 대표단의 몇 회원들과 계속하여 모임을 가졌는데, 학교의 학부모협의회가 선교부의 땅과 건물 그리고 시설들과 함께 기숙사와 교장의 사택을 매매할 것을 제안한 바 이 제안을 의논하기 위한 것이었다. 해외선교위원회 서기와 다른 대표단 회원들은 당시 중국방문으로 인하여 이 회의에는 참석을 하지 못하였다. 학부모협의회는 공동위원회를 구성할 계획을 가지고 있으며 기독교학교로 학교를 운영할 것을 확약하였다.

호주선교부 회원의 다수가 동의하였으며, 장로교여선교연합회의 매도 승인은 전보로 보내왔다. 매매 가격은 50,000엔으로 동의하였으며, 학부모협의회에서 지불하였다.

다음 3월 학년 말까지 선교부가 계속하여 재정지원을 하기로 동의하였으며, 데이비스 양은 완전 인수되는 그때까지 교장 직을 계속하는 것에 대한 요청에 동의하였다.

1940년 장로교여선교연합회 서기였던 캠벨 양은 다음과 같이 보고하고 있다. "학교가 위태롭게 되는 것에 선교부가 관여되는 것은 비극적인 일이다. 교장들이 많은 생명들과 관계를 맺으며, 그들

중 좋은 기독교인들이 나올 것이기 때문이다. 그럼에도 1939년 이 과정을 밟게 될 수밖에 없었다."

    진리를 위한 그들의 입장에서 선교부는 다른 방법이 없었다고 믿었다.

5장
직업 교육

1. 남학생: 복음농업학교

호주선교부 초기에 한국 사람들의 경제 환경에 대한 염려가 있었다. 1915년 선교협의회는 해외선교위원회에 제안하기를 교회 안의 가난한 사람들을 위한 산업 노동을 목적으로 자격 있는 한국인 교사를 임명하는 것을 고려하여 달라고 하였다. 다음 해 학교 안에 산업을 가르치는 교사가 임명되었고, 관련된 지역 중심에 가장 이윤이 높은 산업을 지도하도록 하였다. 그 교사는 마산에 거하며 매크레이 선교사의 감독을 받게 하였다. 그러나 그는 불행하게도 짧은 기간 일을 잘 하다가 건강에 이상이 있어 사표를 내었다.

진전된 계획을 위하여 산업교육위원회가 임명되었지만 1920년 협의회에 구두 보고한 후 해체되었다.

정부의 '지정'을 위한 규정을 맞추기가 어려웠고, 또한 학생들은 '인가'를 요구하며 소요를 일으켰지만, 1931년 2월 해외선교위원회에 의해서 라이얼기념학교가 문을 닫을 것을 요청받은 그때까지 아무런 행동도 취하여지지 않았다.

교장이었던 알렌 목사는 학교를 직업학교로 바꿀 것을 제안하였고, 그 가능성을 알아보고자 위원회가 임명되었다.

1931년 당시 한국에는 농업 훈련을 시행하는 전반적인 바람이 불고 있었는데, 미국에서 훈련받은 자문관 클라크 씨는 여러 장소에 기관을 가지고 있었다. 12월 진주와 통영에 그러한 반이 시작되었고, 다음해에 큰 도시 외에도 농업훈련 반을 신설해 줄 것을 여러 곳에서 요청하였다.

1931년 6월 선교부의 특별위원회는 정부의 농업중등반과 같은 기본적인 목수과정이 포함된 2년 과정의 중등반 보충학교를 신설할 것을 추천하였고, 입학의 기준은 일반학교의 졸업반으로 하였다. 학교 이름은 '라이얼'학교로 그대로 유지하였지만, 직업학교의 내용을 따르기 위하여 교과과정을 바꿀 것을 허가받도록 하였다.

선교협의회는 1933년 4월에 2년 지도과정이 포함되는 모델 농장으로 바꿀 것을 염두에 두고, 1932년 4월 보충 농업반을 시작할 것을 학교위원회에 제안하였다.

학교위원회는 6월 협의회에 실제적인 농업과정을 포함시킬 것과, 마산에 있는 아직 팔리지 않은 원래 학교 부지를 그 목적으로 이 학교에 이관시켜주기를 건의하였다. 협의회는 그 제안을 해외선교위원회에 전달하였고, 선교위원회와 학교위원회는 자격 있는 농업가의 자문을 받아 더 면밀하게 연구할 것을 제안하였다.

1932년 7월 교장이었던 알렌 목사의 갑작스런 죽음은 또 다른 위기를 가져왔다. 매크레이 목사가 휴가 때까지 교장으로 임명되었다. 그리고 커닝햄 목사가 그 해 그 일을 책임 맡았고, 그도 나중에 휴가를 떠나면 보어랜드 목사가 그 직을 맡는 것을 전제로 마산으로 이사 왔다.

1932년 12월 임시회의에서 결정하기를 그 당시의 상황과 학생 숫자의 적음으로 인하여 해외선교위원회가 더 이상 현재의 기준으로 지원하지 말 것과, 시골에 있는 기독교 지도자들을 위하여 좀 더 실질적인 농업 훈련을 위한 학습농장 준비를 전제로 1933년 3월 문을 닫을 것을 제안하였다.

노회는 새로운 기관을 위한 완전한 계획을 위하여 보어랜드 교장과 협력하여 일할 자문관을 임명하도록 요청받았고, 윤인구 목사가 임명되었다. 1933년 4월 보어랜드는 임원회에 라이얼중등학교는 폐교되었음을 보고하였고, 제안된 새 과정을 신설할 것에 대한 중간보고를 하였다. 6월 선교협의회에서는 제안하기를 마산에 1934년 4월 새 학교를 시작하도록 정부에 승인을 신청하도록 하였고, 이것은 시골에서 종교 신앙을 바탕으로 지도력 향상을 원하는 농부들에게 훈련과정을 제공할 목적이었다. 이 과정은 일 년 과정으로 25명을 최대 인원으로 나이는 20세 이상 그리고 농업 경험이 일 년 이상인 최소 초등학교 졸업자에 한하였다. 모든 학생은 기숙사에 거하고, 교과 과정에는 종교, 농촌 경제, 협동 방법, 농촌 사회학 등이 포함되었다.

또 다른 추천 안은 1934년 1월부터 학교에 대한 책임을 노회로 넘겨주는 것이었는데, 조건은 언급된 전반적인 정책과 목적에 따라 노회가 운영해 줄 것이었다. 그리고 선교부는 1944년 3월까지 10년 동안, 매년 5,000엔을 지원하기로 동의하였고, 그 후에는 학교가 자립될 것으로 기대하였다.

1935년 보어랜드 선교사가 휴가를 떠나자 학교위원회는 윤인구 목사를 교장으로 임명하였다. 윤 교장의 생각은 보어랜드 교장과 생각이 조금 상이하였는데, 학교가 새로운 신학교 형태의 한 축이 되어, 남성들을 훈련시켜 농촌 목회를 하도록 지원하기 원하였다. 보어랜드 선교사는 그와 다르게 농촌의 기독교인 농부들을 평신도 전도자로 훈련시키려는 계획이었다. 보어랜드 부부는 12개월 동안 학생들과 함께 기숙사에 사는 흥미 있는 실험을 하기도 하였지만, 윤 교장은 그와 가족들을 위한 사택을 학교 안에 건축하기도 하였다.

1935년 윤 교장은 선교협의회에 34명의 학생이 등록하였음을 보고하고 있다. 학생들의 과외 학습은 설교, 주일학교 교육, 마을에서의 사회복지 사역 등을 포함하고 있다.

마산이 농업학교를 위한 가장 좋은 지역은 아니었음이 드러났다. 1936년 9월에는 학교의 미래와 학교 건물과 부지가 어떻게 더 효과적으로 사용될 수 있는지에 대한 질문이 선교부 회원 중에 제기되었다.

1937년 2월에는 농업학교를 대지로 옮기는 결정을 하였고, 학교위원회는 마산의 두 블록의 땅을 파는 것을 승인받았으며, 남아 있는 땅을 개선하기 위하여 1,500엔이 보상으로 허락되었다. 신탁된 금액 359파운드와 매년의 보조금을 제외하고, 선교부는 더 이

상의 재정적 책임을 지지 않았다. 선교협의회는 일정한 규정과 함께 노회 공동재산위원회 하에 등록하여 대지의 토지를 매입하도록 허락하였고, 공식 이름은 '복음농업전수학교'로 명명하였다. 학교 교장은 선교사 한명을 자문관으로 임명할 것을 요청하였고, 뉴 선교사가 임명되어 교장과 함께 땅을 매입하는데 역할을 하였다.

1939년까지 신사참배 문제가 계속하여 영향을 미쳤는데, 결국 2월 임원회에서는 선교정책을 추구하기 위하여 학교를 1940년 3월 말까지만 지원하겠다는 통지를 위원회에 하였다.

윤인구 교장은 선교부의 선교정책인 신사참배 불참석에 부합하는 신분의 변경 담보가 가능하다는 의견을 피력하였고, 위원회는 전체 보고서를 내도록 요청받았다.

1940년 1월에 결정되기를 복음농업전수학교 사용을 위한 미래의 계획에 대하여 어떤 행동도 하지 않기로 하였다. 윤 교장은 5년의 헌신적인 사역을 마치고 사임을 하였고, 선교부는 그의 헌신에 대한 감사와 상황에 대한 깊은 유감을 기록하였다. 한국에서 그리스도를 위하여 크게 쓰임 받을 수 있는 가능성이 있는 학교를 더 이상 지원할 수 없는 당시 환경이었기 때문이다.

윤 교장의 후임으로 선교부는 심문태 목사를 교장으로 임명하였다. 선교사들이 철수하자 학교는 더 이상 기능을 못하게 되었다.

복음농업학교는 덴마크민속학교로부터 일부 영감을 받았는데, 이것은 가가와 박사의 농촌기관과 친족관계의 지방기관으로부터 온 것이었다. 그러나 복음농업학교는 한국에서 유례없는 실험 사례였고, 1941년 일본이 전쟁으로 나아가기 직전 정치적인 위기로 인하여 마치게 된 것은 매우 유감이었다.

2. 여학생: 실업학교와 동래농업학교

"겨자 씨 한 알"

실업사역은 1893년 부산에서 페리 양이 3명의 어린 여자 고아들을 모으면서 부터 시작되었다. 그 작은 시작은 조용하게 그러나 굳건하게 한반도 전역으로 확산하게 된다.

페리 양은 어떤 영국 친구들의 지원을 받아 서울에서 독립적인 고아원을 운영하는 패쉬 양과 곧 합류하게 된다. 이 사역은 후에 구세군에 의하여 운영이 되고, '구호사역'과 같은 특별한 필요를 채우는 일을 하는 다양한 기관으로 성장하게 된다. 또한 호주선교부도 이 일에 협력하게 된다. (이 글의 구호사역 부분을 참고 하시오.)

부산에서 고아들을 돌보는 일을 맨지스 양이 맡게 되어 무어라 고아원으로 발전시키는데, 처음에는 멜본 투락에 있던 친구가 지원을 하였지만 후에는 선교부 재정으로 운영되었다.

이러한 작은 씨앗의 교육사역은 커나가기 시작하였는데, 구호사역도 일부 사람들을 위하여 계속되어야 했지만, 모두를 위한 여성교육이 절실하여 졌다. (본 도서의 교육사역 내용을 참고하시오.) 만약 소녀들이 교육의 기회를 받아들일 수 있으려면 스스로 도울 수 있는 어떤 방법이 필요하다는 것이 명백하여 졌다. 맨지스 양은 초기 실업사역의 개척자로 자신의 자수 기술을 소녀들에게 전수하였다.

1914년 호주선교부의 기록에 의하면 당시 부산진에 있던 여자 중등학교의 발전을 위해서는 실업전수학교가 필연적인 단계라고 하였다.

1914년 호주 장로교여선교연합회는 통영에 있는 여학교에 실업반 신설 승인을 요청받았는데, 그곳은 이미 에이미 왓슨 부인에 의하여 시작되고 당시 스키너 양이 빈곤한 소녀들을 위하여 일하던 지역이었다. 비슷한 시기에 장로교여선교연합회는 소녀들이 바느질로 만든 수공예품을 파는 가게를 호주 멜본에서 운영하였고, 통영은 부산과 진주학교 그리고 진주병원의 실업 반에서 만든 상품들을 보내주고 분배해 달라는 요청을 받았다.

1926년에는 실업을 위한 특별한 사역자가 장로교여선교연합회에 의하여 임명되는데, 기금모금을 위한 수단으로서가 아니라 선교활동의 한 분점으로서 이해되었다. 그러나 사정으로 인하여 사역자 도라 엥겔 양은 선교지로 오지 못하였고, 또 다른 특별 임명은 가능치 않았다. 결국 프란시스 양이 1926년 통영에서 그 책임을 맡도록 요청받았다. 그 해 실업사역 보고서는 다음과 같이 적고 있다.

"실업 반은 스스로 주장하기를 우리의 특별하고 중요한 사역인 바, 예수를 따르는 자들은 소외된 자들과 사회에서 가치 없이 버려진 자들을 사랑하고 도와야 한다. 이 사역의 목적은 죄와 수치의 생활에서 구조를 받거나, 아니면 그러한 환경에서 살 위험에 처한 어린 소녀들과 여성들에게 피난처와 도움을 제공하는 것이다… 만약 우리가 노동의 존엄성을 그들이 알도록 도와준다면 한국 사람들에게 우리는 큰 공헌을 하는 것이다… 이 사역의 가치는 멸망 속에 빠질 사람들을 구하는 것이고, 그 구원받은 생명들이 한국에서 그리스도의 일꾼이 되는 것이다."

프란시스 양은 1929년 휴가를 떠나 사직하였고, 커 양이 통영학교를 책임 맡게 되었다. 1930년에는 멜본의 공예품상점이 재정적인 어려움에 처해졌다는 소식이 있었고, 실업전수반은 최소한으로 그 규모를 줄이게 된다. 통영에서의 그 감축은 많은 소녀들에게 큰 어려움의 의미가 있었고, 그러므로 실업위원회는 지역의 필요와 요구에 부응하는 다른 방법의 직업훈련을 모색하게 된다. 야외에서의 활동이 건강에 더 유익한 것이 분명하였고 그리고 양계장 설립이 제안되었다. 지역 정부는 그것을 승인하였고, 첫 가축의 3분의 1의 비용과 계란과 닭을 모두 사주기로 약속하였다.

통영선교부와 인접한 곳에 양계장을 위한 땅을 한 필지 매입하였고, 실험이 진행되었다. 비록 그 결과는 매우 만족스러웠지만 당시 1930년의 통영 언덕은 물 부족과 식품과 운송의 높은 비용으로, 그 장소에 경제적인 투자를 하기는 어려웠다. 실업위원회는 다른 부지를 알아보라는 요청을 받았다. 만주의 군사적 점령으로 인하여 젊은 여성들이 술과 마약 거래를 위하여 팔리는 일이 급증하였다. 불행에 빠진 이런 여성들을 위하여 직업농업학교의 신설이 제기되었고, 한국교회와 사회가 이 문제를 인식하여 그 악과 대항하여 싸우기를 희망하였다.

협상 결과 동래에 있는 3에이커의 땅을 살 수 있었는데, 좋은 타일로 된 집과 3개의 길고 잘 지어진 양계동이 딸려 있었다. 학교와 기숙사 그리고 다른 부속 건물들이 세워지고, 1935년 4월 운영이 시작되었다. 선교협의회 4명의 회원과 한국인 4명이 학교위원회 회원으로 임명되었다. 1935년 정부는 이 학교를 3년 과정의 초등직업학교로 인가하면서 우호적인 공적인 관심과 승인을 표현하였다.

학교생활은 두 부분으로 나뉘어졌는데 오전에는 교과 공부 그리고 오후에는 자수와 실제적인 작업이었다.

통영학교는 실업 반을 계속하였고, 후에 농장프로젝트를 시행할 계획을 가지고 있었지만 1941년 사건들이 이 모든 계획을 붕괴시킨다.

동래의 축산사업에서는 닭, 돼지, 토끼, 염소, 벌 등을 키우고 있었고, 농업은 판매도 하고 기숙사에서의 소비 그리고 동물들을 위하여 채소를 경작하였다. 원면은 소녀들의 이불 재료를 위하여 만들었고 그리고 실업 활동은 섬세한 공예품을 만들어 호주 멜본으로 수출하거나 지역에서 판매하였고, 친칠라 토끼털로 물레질과 짜기를 하였다.

이 프로젝트로 인하여 공식적으로나 비공식적으로 일본인, 한국인 그리고 서양인 등 많은 방문자들이 생겨났고, 어떤 이는 선물을 주기도 했으며, 이것은 비기독교 인이라도 친구가 없는 한국의 젊은 여성들을 도와주는 일에 감사를 표하는 것이었다. 그러므로 이 사역은 소외된 사람들에게 그리스도 증언과 그의 사랑을 나누는 중요한 일이었다.

커 선교사가 이 프로젝트를 개척하였지만 그녀가 은퇴한 후에 네피어 선교사가 바늘공예 반을 도와주도록 되어 있었다. 그러나 불행하게도 그녀는 학교와 6개월을 함께한 후 건강이 악화되어 사망하였고, 학교는 귀한 도움의 손길을 잃게 되었다.

동래의 농장은 인접한 몇 개의 토지들이 시장에 나와 넓혀질 수 있었는데, 그 중에 여분의 기숙사가 된 작은 불교 절의 토지도 있었다. 한명의 너그러운 비기독교인 한국인이 다른 땅에 의무실 병동을 제공하기도 하였다.

김해의 작은 논도 사들여 5년 임대를 주었고, 이 수익성 있는 투자로 학교에 필요한 쌀을 공급할 수 있었다.

정치적인 상황은 점점 어두워지고 있었다. 1938년 9월에 커 선교사는 실업 반을 '학교'에서 '자선단체'로 신분을 바꿀 수 있는 신청을 할 권한을 부여 받았는데, 그렇게 하면 신사참배를 요구받지 않는다는 희망이 있었다. 이 전환은 다음 해에 인가를 받게 된다. 라이트 선교사가 '설립자'로 임명되었고 그리고 커 선교사가 휴가를 떠나 1940년 초 돌아 올 때까지 알렉산더 선교사가 책임을 맡았다. 농장은 잘되어가고 있었고, 학생 수에서는 어려움이 있었는데 의학적으로 정신적으로 장애가 있는 소녀들을 포함하여 최대 45명을 유지하고 있었다. 선임 여성들은 마을의 주일학교에서 가르쳤고, 모두 지역교회 예배에 참석하였다. 감리교여성선교훈련학교에서는 두어 명의 학생을 사회복지 분야의 실제적인 경험을 목적으로 몇 년 동안 여름에 파송하기도 하였다.

그러나 외국인이 하고 있는 일에 대한 경찰의 간섭으로 상황은 점점 어려워지고 있었다. 1941년 커 선교사는 한국인이 운영하도록 학교를 넘겨줄 준비를 하였다. 연말까지 운영할 수 있는 재정은 충분하였다. 그리고 농장 자체와 논에서의 수입으로 좀 더 낳은 시기가 돌아오기까지 모두 생존하여 남아있기를 희망하였다.

   전쟁이 끝났을 때 한국교회는 '점거'되어 있는 농업학교를 다시 세워줄 것을 요청하였다. 1948년 학교 건물은 5년의 시험 기간 동안 기독교여성청년회에 이관되었고, 선교연합위원회와 기독교여성청년회 대표에게 책임지도록 하였다. 만약 이 프로젝트가 만족스럽게 발전하면 선교부는 이 건물의 소유증서를 기독교여성청년회 넘겨주려는 생각을 가지고 있었는데, 6에이커의 땅과 학교건물, 기숙사관, 몇 채의 부속 건물들과 별채가 포함되어 있었다. 그러나 5년이 지나기 전에 한국전쟁이 일어났고, 학교 본관은 군대에 의하여 막사로 점령되었다. 1955년 말에 가서 그들은 물러났고, 그때서야 기독교여성청년회는 그 건물을 목적대로 발전시킬 수 있었다. 1957년 리체 양과 스터키 목사는 선교위원회를 대신하여 기증된 유산에서 온 기금과 함께 농업학교를 한국기독교여성청년회에 정식으로 양도하였다. 한 가지 조건으로는 그 건물을 원래의 목적대로 사용하는 것이었는데, 그것은 버려지고 가정이 없는 소녀와 여성들을 구제하고 재활하는 일이었다.

6장
구호사역

1919년 12월 캠벨 선교사는 구호를 위한 숙소의 긴박한 필요성을 선교부에 알려왔고, 이 사역을 위하여 일꾼을 안배할 것을 제청하였다. 당장의 필요와 미래의 발전을 위하여 위원회가 임명되어 계획을 마련하게 하였다. 한명의 선교사가 책임 맡고, 소녀 12명까지 거주할 수 있는 집을 건립하기로 추천하였으며, 장로교여선교사유니온에 100파운드의 지원을 요청하기로 하였다.

1922년에는 선교협의회 두 명의 남자회원이 구호위원회에 합류하였으며, 긴급한 상황을 위하여 200파운드를 예산에 지원하였다. 장로교여선교연합회는 한명의 새로운 선교사를 보내줄 것을 요청받았는데, 이미 선교지에서 일하고 있는 선교사 한명을 구호사역에만 집중하도록 하기 위함이었다.

1923년 우리 협의회는 선교공의회에 서신을 보내기를 소녀들을 위한 구제의 집은 긴급하게 필요한 사항이라고 하였다. 이 요청은 고려되었고, 한국에서 이 사역을 위한 최적의 장소로는 서울로 토론되었다. 구세군이 이러한 사역에 대하여 경험이 많으므로 그들의 협력을 구하기로 한 것이다.

다음해 구호위원회가 추천하기를 적절한 제안서를 준비하여 교회지도자들과 교사들 그리고 면허가 있는 곳의 거주자들에게 나누어주고, 2,000엔을 구세군에 기증하여 구제의 숙소로 그들의 건물을 사용하도록 하였다. 구호사역을 하는 한에 있어서 그 건물은 구세군의 재산이며, 운영비용은 우리 선교부가 우리 지역에서 보내는 소녀의 수와 비례하여 나누기로 생각하였다. 1926년 18명의 소녀와 감독인원을 수용하는 구제의 집을 600파운드의 비용으로 세웠는데, 선교부들이 협력하여 건물과 유지비용을 내었고, 구세군이 대지와 직원들을 제공하였다. 우리 선교부가 처음 단계의 계획을 세웠으므로 이 사업을 협력적으로 시행하여 성공적이기를 기대하였다. 우리는 매해 540엔씩 지원하기로 정하였는데, 3명의 소녀에게 매달 15엔씩 지원하는 예산이었다. 초기에는 기대한 것만큼 소녀들이 이 시설을 이용하지 않았지만, 미래 사역의 확장을 위하여 계획이 공고히 되었다.

우리의 지역에서 소녀들이 위험에 처하게 되면 구조되어, 가능하면 우리가 소유한 학교 중의 한곳으로 보내어졌다. 그러나 이미 명성이 좋지 않은 집에 있었던 소녀들이 다른 곳으로 나가기를 원할 때는 서울의 구제의 집으로 보내어 졌다.

1930년 구호위원회는 상황이 충분하게 대처되지 못하고 있다고 느꼈고, 재평가를 필요로 하였다. 사회봉사위원회도 이 문제의 긴박성과 법적인 제도로부터 자유를 원하는 소녀들을 법적으로나 다른 면에서 돕는 어려움들을 민감하게 느끼고 있었다.

1931년 여성과 어린이 매매를 조사하기 위한 일본의 국가위원회 연맹의 존재는 일본 안에 공창폐지를 위한 여론을 조성하는 추진력을 주는데 도움을 주었다. 서울에서 맥라렌 의사는 위원회 앞에서 증거를 제시하는 기회를 갖기도 하였다.

구세군과 선교협의회는 이 문제에 관한 활동이 더 많아졌고, 구세군이 이 사업을 더 확장할 수 있도록 예산을 크게 증액시키는 사회봉사위원회 제안이 받아들여졌다. 구세군은 증가되는 지출에 스스로 순응하였고, 직원들은 허가된 구제의 집들을 방문하며 홍보지를 나누어 주었으며, 어려움에 처하면 그들에게 연락해 줄 것을 요청하였다.

1933년 우리의 구호위원회는 이 어려운 구제의 사역을 위하여 믿음과 지혜를 달라고 기도해 줄 것을 부탁하였다. 그들은 또한 한국교회가 이 일에 대하여 인식을 더 높여주기를 요청하였는데, "욕망과 경제적 곤궁 그리고 희생자의 절망에 기대어 성장하는 제도가 있는 세상에서는 절제와 성화를 향한 의지를 근거로 교회의 정책이 세워져야 한다. 심령이 가난한 자들의 유산인 영적인 풍족함이 드러나도록 하여야 한다."라고 말하였다.

우리의 구호위원회는 많은 시골 소녀들이 공장에서 직장을 찾거나 공부를 한다는 구실로 한국의 도시로 유혹되거나 일본으로 보내지는 것에 대하여 고뇌하였고, 선교협의회에 요청하기를 소녀들을 팔거나 적절치 못한 취업에 관한 내용을 다룰 수 있는 위원회를 임명해 줄 것을 노회에 요청해 보도록 하였다.

1935년 선교공의회 사회봉사위원회는 중요한 결정을 내리는 바 부산항구의 구세군에 복지인원을 임명하여 그런 환경에 처한 소녀들을 돕기로 하였다. 그러나 역과 부두의 보호받지 못하는 여행자들의 비참한 환경에 대한 호킹 양의 감동적인 연설이 있었던 2년 후까지 시행되지 못하고 있었다. 회원들은 즉시 헌금을 약속하였고 부산에 여행자를 지원하는 인력을 임명하기로 하였다. 구세군은 두 명의 유능한 여성 직원이 이 일을 준비하도록 하였다. 그들은 곧 여권을 조사하는 경찰들의 신임을 얻었고, 필요한 곳에 지원을 할 수 있도록 명백히 하였다. 서울에 있는 구제의 집은 그들의 중요한 사업을 계속하였고, 동래의 직업농업학교는 친척들의 욕망이나 경제적인 빈궁에 의하여 위험에 처한 소녀와 여성들을 매년 돕고 있었다. 이 중에 몇 사람은 후에 교회나 사회의 높은 자리에 오르기도 하였다.

그러나 이것은 오직 문제의 주변만을 다루는 것이었고, 교정적 제도화만이 이 악마적인 환경을 깨끗케 할 수 있었고, 이것은 사회를 정화시키고자하는 여론의 양심이 충분히 성숙되기 전에는 성취되지 못할 일이었다.

7 장
유치원과 교사 훈련

유치원 교육에 관한 질문은 1911년 처음으로 제기되었지만 진주의 맥라렌 부인이 그녀 자신의 부담으로 유치원을 시작하는 1917년 까지 아무런 행동도 취하여지지 않았다. 맥라렌 부인은 기독교 가정의 어린이들을 위한 기독교적 양육과 훈련이 절실한 것을 알고 있었다. 선교협의회에 유치원을 개원할 수 있는 권한을 처음으로 요청한 곳은 통영이었다. 왓슨 부인은 본인의 집에서 8살까지의 소년 소녀를 위한 예비학교 혹은 가능하면 유치원 개원을 원하고 있었다. 그녀는 두 명의 선생을 위하여 한 사람당 11엔과 또 한명을 위한 4엔의 적당한 예산을 청구하였다. 협의회에 의하여 이 제안은 잠정 거절되었는데, 당시 교육 사역의 미래는 굉장히 불확실한 상황이었기 때문이었다. 또한 강조되기를 복음 사역을 위하여서는 오직 자격이 있는 사람만이 유치원 선생을 훈련할 수 있어야 한다는 것이었다. 그러나 그 다음해인 1918년, 교육위원회는 가능한 곳이 있다면 유치원을 개원해야 한다고 추천하였다. 그

해 진주에 유치원을 위한 예산이 편성되었고, 그 다음해 다른 선교부들도 추진하기 시작하였다. 유치원에 대한 반응은 놀라웠고, 1940년 정부의 법령에 의하여 문을 닫을 때까지 인기가 높았다.

1. 유치원 교사 훈련

1921년부터 학생들 사이에 교사가 되는 훈련을 받으려는 필요가 뚜렷이 증가하고 있었다. 1923년 6월 선교부의 유치원교사 훈련을 마산에 있는 유치원에서 진행하기로 합의하였다. 유치원교사 자격증이 있고 훈련된 엘리스 양이 교사 훈련을 책임 맡기 위하여 1925년 한국에 도착할 수 있었고, 1927년 9월부터 시작할 계획을 세우게 되었다.

부산교회들의 운영위원회는 다음 해에 교사 훈련학교가 그곳에 세워지도록 요청을 하였지만, 선교부는 그 지방에 완전히 준비된 훈련학교는 심사숙고하지 못하고 있다고 응답하였다.

1928년 교육위원회는 마산에서의 훈련 과정 계획안을 제출하라는 지시를 받게 되었다. 겨울 학기에는 마을의 학교선생들을 위하여 유치원 운영 방법과 마을의 실제적인 일을 위한 훈련에 집중하도록 추천하였고, 유치원 보모들을 위한 과정은 두 학기를 하는데, 각 선교부는 매년 최소한 한 명의 보모를 보내 한 학기 훈련을 받도록 하였다. 상황이 여의로우면 다른 학생들도 훈련 과정에 받아들이기로 하였다. 유치원 원장은 최소한 매해 한 달씩은 다른 유치원도 돌아보게 하였다.

1929년 엘리스 양의 보고에 의하면 12명의 학생으로 과정이 시작되었고, 아침에는 중앙과 몇 개의 자유 유치원에서 유치원 운영 방법을 실습하고, 어머니 모임도 개최하였다. 오후에는 이전의 유치원 학생들이 격주로 모여 다양한 활동을 가졌으며, 유치원의 규정, 실제, 세공, 노래와 리듬, 게임과 자연 학습 등을 가르쳤다. 아주 좋은 시작이었으며, 밝은 미래가 전망되었다. 1930년 협의회 두 명의 회원이 선발되어 원장과 함께 유치원 훈련위원회로 임명되기도 하였다.

그러다 엘리스가 휴가를 떠나자 휴직기가 왔는데 훈련학교는 잠정 문을 닫게 되었다. 1932년 그녀가 다시 돌아 온 후, 세 명의 한국인 회원도 위원회에 참여하여 확대되었는데, 이것은 매년 유치원 교사협의회에서 선발되는 것이었다. 유치원 교사협의회는 1933년 시작되어 매해 한 번씩 모였으며, 선교부 산하 유치원의 훈련받고 등록된 모든 교사들과 책임 맡은 선교사들이 나흘 동안 참석하였다. 첫 회기에 독립유치원과 불교계에서도 참석을 희망하였고, 기쁘게 동의하였다. 이것은 굉장히 성공적이었고, 제공된 안내와 도움에 참석자들은 만족하며 감사하였다.

1939년 유치원 교사 훈련에 불행하게도 엘리스 양이 사직을 하게 되었다. 마산의 중앙유치원은 한 한국인 교사가 책임 맡아 계속하였고, 교사협의회는 매년 1939년까지 모였다. 그리고 보고되기를 위원회의 모든 한국인 회원들이 사표를 내었고, 그 해에는 협의회로 다시 모이는 것이 가능치 않게 되었다. 1940년 리체 양을 원장으로 임명하는 것에 대해서 정부가 승인을 거절하였는데, 한국인을 원장으로 해야 하는 법규 때문이었다. 1941년 선교사들이 철수할 때까지 이 안건은 미정으로 남아있었다.

2. 주일학교, 마을학교, 직업학교

모든 복음사역은 교육사역으로 인식되었고, 또 모든 교육사역은 복음적인 목적을 가지고 시행되었다. 그러므로 주일학교, 마을학교, 직업학교의 활동은 서로의 범주 속에 있는 것이었다. 주일학교 조직은 처음부터 강조되었다. 1913년 서울의 동궁정에서 개최된 전국 주일학교 교사대회에 15,000명이 참석하였다. 1914년 기록에 의하면 한명 혹은 몇 명의 교사가 한 학생에게 정규적으로 성경을 가르친다면 그 교회는 주일학교를 개설하고 있는 것으로 여겼다. 대부분의 교회는 성인과 어린이 반을 따로 운영하고 있었다. 모든 전도자들은 방문하는 교회마다 주일학교를 세울 것을 촉구하고 있었고, 한국인 협력자에게도 그렇게 할 것을 격려하였다. 연례 수업에서는 주일학교 운영방법 과목이 꼭 포함되도록 하였다.

1917년 주일학교위원회 보고서에 따르면 경상남도에 188개의 주일학교가 있었고, 6,282명의 학생 중 1,924명은 16살 미만이었고, 300명의 교사가 있었다. 더욱이 도울 수 있는 협력자들이 있어서 국제주일학교협의회와 협력하여 한국 상황에 맞는 과목을 개발하는 계획이었는데, 1920년부터 사용할 수 있도록 한 것이었다. 1921년이 되자 노회의 주일학교위원회가 매우 활동적이어서 별도의 선교위원회를 가지지 않기로 하고, 두 명의 대표자들을 노회

위원회에 임명하기로 하였다. 지난 2년 동안에 선교부는 주일학교 일꾼을 임명하여 매년 2개월 동안 일하도록 하였다. 1921년에는 4개월로 기간을 연장하였고, 동시에 주일학교위원회는 그 지역 전체에 큰 발전이 있었음을 보고하고 있다.

1920년 그 지방에 첫 주일학교 대회가 130명의 교사가 참석한 가운데 진주에서 열렸고, 이런 교실은 매년 상시적인 활동이 되기를 희망하였다. 이 해에는 세계주일학교컨벤션이 동경에서 열렸고, 선교부에서 4명의 회원이 참석하기도 하였다.

1922년에는 세계주일학교협의회의 국가지부로 한국주일학교협의회가 창립되었다. 국가의 모든 주일학교 사역을 본 협의회가 강화시키며 연합하도록 돕기를 희망하였다. 이 해 우리 지역에 주일학교 훈련회가 세 번 개최되었고, 다음 해에는 각 선교부에서 이런 모임을 한 번씩 열기로 제안하였다. 주일학교 전문가가 미국에서 올 수 있는지도 기대하였다. 1925년에는 작은 지역과 전체 지방을 위한 규모 있는 훈련학교가 열렸는데, 성경공부 동아리와 지도자훈련반이 소개되었고 큰 영감을 주었다. 다양한 교회에서 주일학교 교사 헌신모임도 조직되었다.

다음 해에는 선임자 한국인 학생들이 온 맘을 다하여 교사로 협력하였던 확장된 주일학교가 5개의 모든 선교부에 세워졌다는 보고가 있었다. 한국교회는 청년 복지활동의 큰 가치를 알고 있었고, 그들의 몫을 실행하는데 열정을 다 하였다. 장로교주일학교위원회는 그 지방의 주일학교 사역을 실행하기 위하여 원장 한명을 선교부와 함께 임명하기를 제안하였다. 좀 더 좋은 자격을 갖춘 교사들이 필요하다는 것을 깨닫고 있었던 것이다. 이것을 위하여 한국 주일학교협의회는 이미 제안하기를 특별 통신과정을 개설하여 훈련을 하자는 방안을 내기도 하였다.

호주선교부는 동의하여 약간의 예산을 이 목적을 위하여 편성을 하였고, 클라크 양을 자유롭게 하여 학교들의 교사훈련을 이따금 도울 수 있도록 하였다. 1929년에는 주일학교 조직가의 봉급을 당분간 지불하기로 하였는데, 다음 해부터 빅토리아의 장로교여성친교회에서 지불을 보증을 하였기 때문이다. 주일학교위원회에서 담당자 한명을 임명하는 것을 제안하기로 하였는데, 그의 임무는 주로 주일학교가 약하거나 없는 교회들을 방문하는 것이었다. 그는 또한 매년 3개 지방의 주일학교 훈련원과, 5개의 지역 훈련원을 운영하는 책임도 있었으며, 남녀를 위한 각 성경반도 한 달씩 강의하게 하였다.

이 사역에 심문태 목사가 임명되었으며, 성실하게 이 일을 실행하여 몇 년 동안 성공적으로 진행되었다. 1930년 한국주일학교협의회는 '종교교육을 위한 한국협의회'로 그 이름을 바꾸었고, 감리교가 그 숫자나 규모가 훨씬 작았음에도 장로교와 평등하게 대표자를 보낼 수 있도록 규정을 수정하였다. 1932년에 '청년복지위원회'로 이름을 다시 개명하였고, 후에는 '청년위원회'로만 하였다. 첫 휴학기는 1933년에 왔는데 경찰이 그 달의 주일학교 정상과목을 허가하지 않았기 때문이었다. 그해 말 해외위원회는 심 목사가 공부를 위하여 호주를 방문하도록 허가하였고, 선교협의회는 그가 호주에 가서 특별한 종교교육과 청년사역에 관한 과정을 수학할 수 있도록 장학금을 제공하는 안을 상정하였다. 노회의 종교교육위원회는 그가 자리를 비운사이 다른 대체 인력이 제공되지 못한다는 연락을 받았고, 그러나 그가 귀국하면 주일학교에 큰 자극이 될 수 있을 것이라고 하였다. 심 목사는 1934년 호주로 떠났고, 1934-1935년 사이에 주일학교 학생 수가 증가함에도 불구하고 조직 작업은 침체되고 있었다. 1937년 심 목사는 주일학교 책임자로 다시 확증되어 남자 성경학교 교장으로 임명되었고, 이 자리에 한국인이 임명된 것은 처음 있는 일이었다. 1940년 6월 마지막 선교협의회 모임에서 심 목사는 주일학교 책임자의 자리에서 사표를 내었는데, 이것은 노회의 감독 하에 대지의 복음농업학교의 교장직을 맡기 위함이었다. 당시에 더 이상의 임명은 가능치 않았다.

3. 어린이 성경학교 혹은 마을학교

교육의 기회가 없는 시골의 어린이들을 위한 어린이성경학교의 가치가 일찍부터 인식되고 있었다. 1917년 어린이 성경학교를 열기 위하여 어린이들에게 읽기와 쓰기 그리고 성경을 가르칠 수 있는 젊은 여성들을 교사로 훈련하기 위한 계획이 작성되었다. 시골의 기독교인 소녀들 98%가 문맹자인 것이 명백하였고, 1919년 스키너 선교사는 협의회에 의하여 설립된 학교가 없는 지역에 시간제근무 학교의 책임을 맡아 '순회 교육'을 시험해 볼 것을 부탁받았다. 1928년 여자성경학교는 성경학교로서의 가치를 재확인 받았고, 복음전도의 수단으로 새로운 어린이 성경반 계획을 승인받았다. 몇 마을을 묶어 한 주에 한 번씩 교실을 개강하고, 가능하면 특별히 훈련받은 성경부인이 가르치도록 추천하였다. 그 특별한 훈련은 성경학교의 한 부분이 되었고 그리고 마산 유치원훈련센터에서의 3달도 포함되었다.

4. 여름방학 성경학교

이 학교의 첫 번째 실험은 1924년 학교의 여름방학동안 마산에서 이루어졌다. 얼마나 성공적이었는지 그 다음해부터는 모든 센터에서 활동적으로 학교를 운영하였다.

그 계획은 자원하는 중등학교의 상급 학생들을 교사로 협력을 받아, 그들의 긴 방학 중 한 달을 마을의 어린이들을 위하여 성경, 읽기, 노래, 게임 그리고 위생을 정규적으로 가르치도록 한 것이었다.

두 번째 해에는 전국적으로 24,000명이 등록을 하였는데, 우리 지방에는 천 명 이상이 매일 모였다. 성경부인과 상급 학생들 그리고 다른 젊은 남녀가 자원봉사 교사로 매우 더운 여름주간에 헌신적으로 가르치는 모습은 매우 인상적이었다.

1931년 개학에는 다른 지방의 모든 직업학교에 등록된 숫자보다 경상남도가 앞서 있는 것이 보였다. 90개의 학교가 있었고, 8,642명의 학생이 520명의 젊은 자원봉사 교사들에 의하여 교육을 받았다.

한국의 어린이들 사이에 있었던 이 사역의 발전은 실로 놀라웠다. 젊은 교사들이 참여한 실제적인 훈련도 적지 않게 중요한 관점이었고, 성경이야기를 가르치는 것과 스스로의 공부를 통하여 얻은 영감들도 중요하였다. 무엇보다도 한 해의 가장 어려운 계절에 그들의 희생적인 봉사를 통하여 가지지 못한 사람들과 공동체를 위한 아름다운 연민의 영성이 깊어졌다는 것이 중요하였다.

8장
의료 선교

1. 부산과 진주 병원의 시작

부산에서의 의료선교는 부산에 두 번째로 정착한 미북장로교 선교사 휴 브라운 박사에 의하여 1891년 시작되었다. 그는 그곳에 시약소를 열었지만 건강이 안 좋아져 2년 후 사직을 하였다. 그의 뒤를 이어 어바인 박사가 의료선교를 계속하였는데, 처음에는 '메리 콜링 화이팅 시약소'이었다가 1911년 까지는 '전킨기념병원'이었는데 이것은 '한국의 첫 현대식 병원'으로 여겨졌다. 1901년 미국선교부의 보고에 의하면 8년 동안 거의 60,000명이 치료를 받았으며, 2,500명이 수술을 받았고, 5,400번 환자 가정을 방문하여 치료하였다.

1902년 6월 6일, 멜본의 해외선교위원회는 아일랜드 로얄대학교 졸업생인 휴 커를 박사를 인터뷰하였고, 그를 처음으로 빅토리아장로교회 한국 의료선교사로 임명하였다. 그의 봉급은 200파운드로 정해졌고, 후에 떠나기 전 결혼하였을 때 280파운드로 인상되었다.

1902년 5월 그는 그의 어린 신부와 함께 부산에 도착하였으며, 긴 시간 세관을 통과하는 것을 감수하였고, 아담슨 선교사의 집에 '동시에 비용을 절약하고자' 정착하게 된다.

커를 의사는 즉시 시약소를 시작하였고, "가깝고 또 먼 곳에서 환자들이 찾아왔다." 그해 말 그는 해외선교위원회에 사택과 병원을 요청하였다. 위원회는 동정적이었으나 기금이 없었다. 그럼에도 불구하고 커를 박사는 부산과 동래의 여러 지역을 보러 다녔고, 1903년 말에는 구 부산에 있는 땅을 매입하도록 강력하게 촉구하였다. 그는 결국 선교부를 대신하여 땅을 사도록 권한을 받았으며, 해외선교위원회는 건축을 위한 기금을 위하여 호주 국내의 교회들에 호소하기로 동의하였다.

그리고 1905년 커를 박사는 새로운 안건을 내었는데, 의료 사역이 없는 경상남도 서쪽 지역에 거점을 마련하여 선교부의 사역을 확장하기를 제안하였다. 이 안은 협의회에 의하여 이의가 제기되었고 커를 박사를 대신하여 부산에서 의료 활동을 할 수 있는 선교사가 임명된다는 확답이 있을 때 까지는 동의하지 못한다는 것이었다. 그러나 해외선교위원회는 결국 커를 박사의 제안을 받아들였고, 진주의 부지를 매입하기 위하여 부산에 있던 그의 사택과 병원 자리를 매도하도록 동의하였다.

같은 해 9월 커를 박사는 '집이 없고, 편지도 없고; 진주로 갈 것임'이라는 내용의 전보를 멜본에 보냈고, '진주로 가라'라는 대답을 받았다. 그는 즉시 사택에 대한 계획을 실행에 옮겼고, 300파운드가 예상 비용임을 중간에 알렸다. 해외선교위원회는 다시 대답하기를 그가 진행하는 일은 정규적인 것은 아니기에, 추진하기 전에 그 건물 프로젝트의 계획과 예상금액을 보내 달라고 하였다.

1906년 6월 장로교여선교연합회가 구원자로 나섰는데 병원 설립을 위하여 825파운드를 기증하고, 그 건물을 사망한 마가렛 페톤 여사를 기념하여 건축하고 그 이름을 따 명명하기를 요청하였다. 당시 그 금액으로 충분히 병원을 지을 수 있다고 여겨졌는데, 수술실과 설비비용은 포함되지 않았다. 장로교여선교회연합회는 이 기금을 선물을 주면서, 이 후 병원을 위한 모든 책임은 해외선교위원회가 지는 것으로 하였다.

장로교여선교연합회는 그러나 이 후에도 계속하여 적극적으로 모금을 하였으며, 1908년 1월에 1,100파운드를 모을 수 있었다. 그러나 충분한 병원 설비를 위해서는 기금이 더 필요하였다.

1907년 12월 커를 박사는 병원설립 안건에 대한 초안을 호주로 보냈고, 또 다른 부지를 32엔에 매입하였다는 보고를 하였다. 6개월 후 그는 2개의 또 다른 밭을 25엔에 사들였고, 방이 3개 달린 집은 시약소로 운영하기 위하여 개조되었다. 그의 정책은 시장에 땅이 나오는 대로 매입을 하여, 그가 그의 선교지를 위하여 충분하다고 여겨질 때까지 편리할 때 되 파는 것이었다. 그는 이러한 방법으로 진주에서 가장 훌륭한 선교부 거점을 마련할 수 있었다.

해외선교위원회는 이때 불가피하게 커를 박사의 활동을 인정할 수밖에 없었는데, "커를 박사에게 상환하는 것을 동의하였고, 그가 계획들에 관하여 결정하도록 하였다." 그리고 위원회는 그가 선교부를 위하여 사들인 모든 부지의 상세설명과 측정치를 보내 줄 것을 요청하였는데, 이것은 후에 한국에서 조회할 때 각 부지의 땅을 식별할 수 있도록 하기 위함이었다. 1908년 혼란스러웠던 진주의 상황에서 선교재산 목록을 확보할 수 있도록 25파운드가 지원될 수 있음을 커를 박사에게 알려 왔다.

1909년 커를 박사 부부는 휴가를 떠났고, 스콜스 선교사와 함께 선교부의 의료사역을 계속하기 위하여 켈리 선교사가 부산에서 왔다. 이들은 이 과업을 훌륭하게 해냈으며, 후에 해외선교위원회로부터 특별한 감사의 편지를 받게 된다.

커를 박사는 그의 휴가 기간 동안 호주의 건축가 캠프를 통하여 병원 설계도를 완성하여, 해외위원회의 승인을 위하여 제출하였다. 1910년 3월 계획의 더 큰 발전이 있었는데 병원의 첫 수간호사로 클라크 양이 부임을 한 것이다. 커를 박사는 한국으로 돌아오는 길에 병원 건축계획을 다시 제고하여, 이층으로 된 병원 건축으로 수정하여 6월에 다시 보내었다. 이 건축의 예산은 1,841파운드로 측정되었으며, 그는 해외선교위원회로부터 시공을 하라는 승인을 받았다. 1911년 11월에는 맥라렌 의사와 아내가 진주병원의 직원으로 합류하였는데, 브리즈번의 스튜어트 씨와 그의 회사가 맥라렌의 봉급, 이사비용 그리고 사택을 책임지기로 하였다.

맥라렌의 궁극적인 목적지는 서울이었지만 커를 박사가 급박하게 도움을 필요로 하는 고로 그는 진주의 선교부에 발을 들여 놓게 된 것이다. 그곳에는 아직 시약소만 있었지만 매해 벌써 7,000명의 환자가 치료를 받고 있었다. 새 병원이 건립되고 운영하게 되었지만, 문제는 보조할 수 있는 훈련받은 간호 인력이 아직 없다는 것이었다.

또한 병원에 불이 나서 어려움은 가중되었는데, 병원 문을 닫을 정도의 500파운드 이상의 피해가 났고, 그로인하여 병원의 공식 개원이 1913년 11월에 가서야 이루어졌다.

1911년 말까지 장로교여선교연합회는 병원 설립비용으로 1,147파운드, 해외선교위원회는 49파운드 8실링 2펜스를 기증하였고, 그럼에도 미지급 부채가 1,156파운드 18실링 1펜스 남게 되었다. 1912년에는 현재까지 장로교여선교연합회가 지급하던 부산의 엥겔 선교사의 봉급을 해외선교위원회가 맡았고, 그 대가로 장로교여선교연합회가 2년에 해당하는 봉급의 액수를 병원 빚을 탕감하는데 기증하기로 하였다.

1912년에는 병원의 행정을 돕기 위하여 호주선교부는 병원선교위원회를 임명하였다. 이 위원회는 선교지부의 위치를 가지고, 매년 위원을 선출할 수 있었다. 처음에 위원은 선교사 중에 선출되었지만, 후에는 한국인 대표들도 위원회에 참여하게 된다.

1915년에는 호주장로교선교회의 약속을 이행하라는 긴급한 요청이 접수되었는데, 이것은 세브란스유니온의과대학과 적극적으로 협력하는 것이었다. 맥라렌 의사가 전문의로 그리고 교수요원으로 임명되었지만, 그는 너그럽게도 그와 커를 의사가 연속하여 매해 3개월씩 서울에 가서 일을 보도록 제안하였다. 그러나 이 제안은 몇 년 동안 실행되지 못하였는데 맥라렌은 세계대전 중에 입대하여 자국에 봉사하려는 의무감을 느끼고 있었고, 커를은 가족상의 이유로 사표를 내야만하는 예상치 못했던 상황이 벌어졌기 때문이다. 맥라렌은 1917년에 가서야 진주를 떠날 수 있었고, 프랑스에 봉사를 필요로 하던 중국인 노동자 대대 의료장교로 일하게 되었다. 그는 1920년까지 한국으로 복귀하지 못하였는데, 그의 부재중에 선우 박사가 병원에서 복무하였고, 클라크 양이 수간호사로 일하였다.

데이비스 박사는 1918년에 도착하였으나 의료 활동을 위한 등록을 받으려면 시험을 봐야만 해서 그것을 위해 일본에 가야했다.

1913년 까지는 의사들의 등록 제한이 없었는데, 1913년부터 외국인들은 '호혜주의 원칙'에 의하여 자격증을 받도록 법규가 만들어 졌다. 영국 의사들의 학위는 인정이 되었지만, 호주와 미국 의사들은 일본제국 내에서 일을 하려면 승인된 시험을 통과하도록 한 것이다.

이 법규는 사이토 총독 하에서 조정이 되었고, 자격증 있는 의사들의 '지역' 등록이 가능하여 의료행위를 할 수 있었는데, 이것도 오직 한국에서만 가능하였다.

데이비스 의사는 이미 병원에서 일을 보고 있었지만, 의료 인력으로 정식으로 임명된 것은 그녀가 정부의 모든 요구사항을 충족시키고 등록증을 받은 후에야 실현되었다. 몇 해 동안 데이비스는 수술실의 수석 책임을 맡았고, 또한 여성과 어린이들을 위한 대부분의 진료를 담당하였다.

맥라렌 박사는 1916년 교회 선교의 본질적인 부분으로 각 선교부에 의료 사역을 실행할 것을 선교협의회에 촉구하였었고, 이것에 대하여 계획을 세우려고 위원회가 임명되었다. 한국의 노회는 매년 한 주일 이 목적을 위하여 헌금을 할 것을 요청받았고, 그들 교인들에게 홍보하고 기도하도록 하였다. 그러나 이 안건은 결국 시행되지 못하였고, 다만 선교부의 여성들, 대부분의 경우 선교사의 부인들이 '유아복지와 건강센터'를 실행하려고 하였다. (이 글 후반부에 나오는 특별 보고서를 참고하시오.)

맥라렌 박사가 귀국하자 가능한 빨리 세브란스유니온의과대학에 대한 선교부의 의무를 존중해야한다는데 동의하였다. 그러므로 테일러 박사가 진주에 임명될 필요성이 있었고, 그가 계획하였던 통영의 의료 사역은 포기하게 되었다. 테일러는 휴가 기간 동안 영국의 에딘버러에서 수학하였고, 1923년에는 맥라렌을 영구적으로 서울로 보낼 준비가 되었는데, 만약 필요하면 휴가 기간에만 진주병원에 도움을 주기로 동의하였다.

1929년 클라크는 거창에서의 전도사역을 위하여 수간호사의 자리에서 사임을 하였고, 네피어 양이 진주에 임명되었다. 이것은 어머니와 어린이들을 위한 마산에서의 귀중한 그녀의 간호 사역이 중지됨을 의미하였다. 네피어의 휴가 기간 동안 클라크는 이 일을 위하여 3년 후 진주로 돌아 왔는데, 네피어는 휴가 후 여자학교를 책임 맡게 되어 있었다. 세 번 계속되었던 교대 수간호사로 거창의 딕슨 양이 일하였는데, 병원에서 근무하는 동안 그녀는 매주 그녀가 운영하는 복지센터도 방문하며 운영하였다.

1920년 긴급하게 필요한 건물 확장과 더 나은 설비를 위하여 장로회여선교연합회는 매년 예산을 일부분 부담하기로 동의하였다. 병원과 인접한 구 여학교는 급박한 압력에서부터 벗어날 수 있었다.

1925년 호주 국내위원회에서는 의료선교사들의 대학원 세미나 참석을 위하여 각 학기 사역마다 두 달간의 휴가를 주기로 동의하였다. 데이비스 의사는 1926년 북경유니온의과대학 세미나와 기독교의료협회대회, 1932년 상해의 나병세미나 그리고 1937년 비엔나에서의 모임에 참석하는 기회를 갖기도 하였다.

맥라렌 의사도 몇 개의 대회에 초청을 받았는데 북경과 상해의 기독교의료협의회와, 비엔나의 정신의학 특별과정도 참석하였다. 테일러 의사도 북경의 몇 학회에 참석하였다.

1934년에는 수간호사로 13년 봉직한 네피어 선교사가 은퇴를 하였고, 1931년 한국에 온 에드가 양이 그 뒤를 이었다. 병원 초기에 여성들을 설득하여 간호사로 훈련시키기가 매우 어려웠는데, 간호사는 여자들의 직업으로 적절치 않다고 여겨지고 있었기 때문이다. 처음 훈련받은 사람들은 과부나 문맹자였지만, 1930년에 와서 병원은 그 지역에 명성을 떨쳤고, 그러므로 신청자들 중에 후보를 선택할 수 있었고, 또 적당하지 않은 자들을 해고 할 수도 있었다. 이것은 부분적으로 태도 변화의 결과이기도하고, 또 그 지역에서 의료 활동을 훌륭히 해내었기 때문이기도 하다. 콜레라가 창궐하였던 시기에 병원 간호사들의 헌신이 있었고, 특히 박씨 부인은 처음에 커를 부인을 보조하기 위하여 마을에서 왔다가 나중에 훈련받은 간호사가 된 첫 인물이었다.

여성 반의 위생과 유아양육 공부를 위한 간호사들의 강의가 점차로 증대되었지만, 1938년에 와서는 여성 간호사들이 남성병동으로 옮김으로 영향이 있었고, 몇 남성 보조자들의 수는 줄어들었다. 그해 두 명의 정부 훈련 간호사와, 우리 진주병원을 졸업한 등록된 네 명의 간호사 그리고 에드가 양의 감독 하에 있던 8명의 실습간호사가 있었다. 1939년에는 손옥순 양과 이영복 양을 대학원 과정을 위하여 호주로 유학을 보냈다. 병원에서의 간호 사역 외에도 이들은 지역 마을과 집을 방문하는 일도 하였으며, 마을 주민들에게 위생과 아기 돌봄에 대한 강의도 하였다. 호주에서의 연수를 마치고 1939년 이들이 다시 돌아 왔을 때 손 간호사는 세브란스 병원으로, 이 간호사는 진주병원으로 안배되었다.

병원으로서는 1935년이 기록적인 해였는데, 별개의 외래환자 동이 긴급히 필요한 것이 명백하여 졌다. 이비인후과는 이주섭 박사가 책임 맡고 있었고, 조 박사는 그의 의료진료 이외에도 진주 강의 물고기를 날것으로 섭취하는데서 발생되는 간 간염에 관한 연구를 하였다.

휴가에서 돌아 온 네피어 선교사는 동래에서 몇 개월 동안 직업농업학교의 일을 돕다가 1938년 사망하였다. 그녀가 1921년부터 1934년까지 명예로운 수간호사로 복무하였던 병원에서는 그녀의 죽음을 애도하였다. 그녀는 조직하고 정리하는 것에 천재적이었으며, 의료 봉사뿐만이 아니라 복음 사역에도 깊이 헌신하였다.

병원에서도 전도 사역을 게을리 하지 않았다. 외래환자들을 위하여 전도자와 성경부인이 설교하였으며, 직원과 환자들을 위하여 병동에서 매일 예배가 있었다.

모든 직원들은 병원설교협회에 속하여 있었다. 그들은 외부의 마을을 방문하여 모임을 주관하고 개인들에게 설교하였다. 보다 먼 거리를 방문하기 위하여 기부된 자동차는 큰 자산이었는데, 테일러 박사가 사망하여 다른 이름으로의 등록하려 할 때 거절되어 어려움이 있었다. 매카그 양이 관대하게도 그녀의 차를 빌려주었으나, 1939년 연료와 타이어에 관한 규정이 엄격하여져서 더 이상 먼 마을을 방문할 수 없었다. 4마일의 반경은 걸어서 닿을 수 있었고, 그곳에서 신실하게 복음 전도사역을 계속하였다.

1938년 8월 일본 요코하마에서 테일러 선교사가 갑자기 사망하자 병원은 깊은 슬픔에 빠졌다. 그는 그곳에서 장사되었고, 테일러 부인은 얼마 지나지 않아 호주로 귀국하였다. 테일러는 16년 동안 병원 원장이었고, 그가 친절함과 연민을 가지고 그리스도의 열정으로 목회하던 많은 사람들에게 큰 사랑을 받았다. 테일러 부인은 헌신된 봉사의 생활 후 멜본에서 살다가 1950년 사망하였다. 그녀는 호주내지선교로 나갔던 첫 간호사 중의 한명이었다. 그녀는 뉴 헤브리디스 빌라에 있는 한 병원의 수간호사로 있었고, 테일러 박사와 결혼하기 위하여 사직하였었다. 그녀는 한국에 온 후 통영과 진주에서 선교부의 선교 사역을 전폭적으로 함께 하였는데, 필요할 때마다 병원에서 도왔고, 때때로 유치원을 책임 맡기도 하였다.

1939년 데이비스 박사의 보고서 내용은 '테일러 박사가 책임자로 복무한 기간 동안에 병원은 점차적으로 나아지고 있었다'고 지적하고 있다. 1929년 9,802명이던 외래환자 수가 1937년에는 20,700명으로, 같은 기간 입원환자의 수는 298명에서 865명으로 증가하였고, 환자들로부터 받은 수입은 6,757엔에서 23,943엔으로 늘어났다.

이 기간 동안 특별한 지출이 있었던 것으로 기록되고 있는데 한국인 의사들을 위한 두 채의 집 건축, 새 자유병동, 엑스레이 설치, 치과 의료, 중앙난방 그리고 수도 없이 많은 꼭 필요한 개선들이 있었다.

1938년에는 모아진 건물 기금 17,000엔이 있었고, 곧 병원 건물을 크게 확장 할 것으로 희망하였다. 테일러 의사의 사망 후 데이비스 박사가 원장으로 임명되었다. 그 해 그녀는 보고하기를 232번의 엑스레이 검사와 4,368번의 엑스레이 사진촬영이 실험실로부터 있었다. 병원의 치료 업무는 그해까지 세 개의 과에서 실행되었는데, 남성은 김준기 박사, 여성과 어린이는 데이비스 박사 그리고 이비인후과는 로우 박사가 담당하였다. 때로 한국인 의사들이 데이비스의 수술 업무를 맡기도 하였다. 1940년부터 데이비스 박사는 네 개의 과를 계획하였는데 의료, 수술, 산부인과 그리고 이비인후과와 치과였는데, 치과는 이미 동경의 치과대학을 졸업한 김 박사의 부인이 성공적으로 운영하고 있었다.

1938년부터는 다른 곳에서도 마찬가지 이었지만 병원 상황이 점점 어려워지고 있었다. 신사참배 문제로 교회와 교회의 행사들이 문을 닫게 되자, 전도자들을 포함한 병원직원의 몇 회원들도 강제적으로 신사참배를 하도록 강요되었다. 곧 이어 몇 명이 체포되어 교도소에 갇히게 되는데 병원 서기와 전도자가 포함되었다.

병원은 금지된 주일학교를 대신하여 조치하기를 어린이들에게 학습지를 나누어주었고, 방문하기도 하였고, 성경구절을 암송하도록 하였다. 원목이었던 보어랜드 목사는 직원과 환자들을 위하여 기도회를 개최하여 혼란스러운 상황에서 위로와 용기를 주었다. 1939년 스터키 목사가 그의 뒤를 이어 한 달에 한번 주일예배를 인도하였다.

1941년 초에는 일본 정부가 병원에 병원원장으로 한국인을 임명하도록 압력을 가하고 있었다. 데이비스 박사는 사표를 내었고, 그 자리에 김준기 박사가 임명되었다. 4월에 다른 선교사들도 철수를 하였고, 맥라렌 박사만 진주에 혼자 남았는데 가능한 만큼의 선교부 관계 업무를 돌보며 기독교 봉사를 하였다.

그해 말 전쟁이 시작되었을 때 그는 11주 동안 감옥에 수감되기도 하였고, 부산으로 이송되어 라이트 부부와 레인과 함께 억류되었다가, 1942년에 그들과 함께 철수하였다.

맥라렌 박사는 1957년 길고 아픈 병환으로 멜본에서 사망하였다. 한국과 호주에서 의료 과학에 관한 그의 공헌은 탁월하였다. 그러나 한국 사람이던 서양 사람이던 그가 만난 사람들에게 보인 그의 헌신적인 기독교적 생활은 더 영향력이 있었다. 그에 대하여 이렇게 선포할 수 있는데, "진실로 이는 하나님의 사람이었다."

2. 세브란스

1893년 토론토의 아비슨 박사는 북장로교 선교부에 의하여 서울 왕립병원의 원장으로 임명되었다. 이 병원은 1885년 알렌 박사의 일을 감사하며 조선 왕에 의하여 설립되었는데, 알렌은 많은 한국인 직원 지원과 재정적 후원을 받았고, 또한 종교적 사역의 기회도 주어졌다. 그는 그 사역에서 1887년 사직을 하였고, 후에 미국 공사관에 총영사로 재직하였다.

아비슨 박사는 병원 업무가 내부의 타락으로 망가진 것을 발견하였으며, 개혁이 되지 않는 한 사직을 하겠다고 엄포를 놓았다. 6개월을 기다린 후에서야 필요한 것에 대한 확증을 받았고, 아비슨은 절대적인 권한을 가진 것으로 생각하였다. 1895년에 가서야 그는 병원이 완전히 선교사의 업무관할인 것으로 인식할 수 있었다. 그리고 병원은 곧 매달 500명의 환자들을 치료하였다. 그해 처음으로 외국인 간호사와 두 명의 여성 의사가 합류하였다. 또한 같은 해에 중일전쟁에 이어 콜레라가 창궐하였다. 정부는 즉시 아비슨 박사에게 대처해줄 것을 요청하였고, 선교사들은 그들의 사명의 가치를 보여줄 수 있는 특별한 기회를 가졌다.

1900년에 아비슨 박사는 한국에서 의료 업무를 효과적으로 제공하기 위하여서는 선교활동이 연합 되어야 한다는 결론에 다다랐다. 미국의 세브란스는 이 생각에 동의하였고, 적절한 병원을 세우기 위해 요구되는 대부분의 큰 재정을 헌납하였다. 1902년 남대문 밖의 아름다운 부지를 매입하였고, 2년 후에 지역의 봉사를 위하여 현대식 설비를 갖춘 큰 병원이 개원되었다. 이때 의료 업무와 학생 의사와 간호사를 훈련하는 교사들은 아비슨과 허스트 박사와 쉘즈 간호사가 전부였다. 1908년 7명의 의과 학생들이 처음으로 졸업하였고, 그해 7명의 간호사가 등록을 하였고, 첫 졸업식은 1910년에 있었다.

1909년에 아비슨 박사는 의과대학을 위한 기금을 확보할 수 있었고, 이 대학은 1913년 공식적으로 개교하였다. 1908년 세브란스에 임명된 다른 선교부의 첫 의료 회원은 영국 성공회 선교부의 와이어 박사, 감리교 선교부 폴웰 박사 그리고 남감리교 선교부의 리드 박사였다. 병원의 의과대학 요원으로 5개 선교부를 대표하여 7명의 의사가 합류하였을 시 연합에 대한 확실한 계획이 1913년에 형성되었다. 후에 6개의 모든 선교부와 감리교회 그리고 장로교회까지 함께 연합에 동참하였다.

병원 이사회가 임명되었는데 10명의 한국인 회원도 포함되었다. 1917년 정부의 공인이 이루어졌고, 1925년 이때부터 인정되기를 졸업생들은 더 이상의 시험을 보지 않고 한국에서 의료행위를 할 수 있는 자격이 주어졌다. 이 특권은 1934년부터 일본제국에 속한 모든 나라에서 할 수 있도록 확장되었다. 1950년부터 1952년까지의 한국전쟁으로 세브란스병원은 크게 파괴되었고, 신촌의 새로운 부지에 다시 세워졌다.

3. 호주선교부의 협력

1914년 세브란스 의과대학은 호주장로교 선교부에 매년 3개월 동안의 학기를 맥라렌 박사가 학생들을 위하여 강의해 주기를 요청하여 왔다. 그 학교 교수 중에 신경학자가 없었고, 맥라렌 박사는 그 계통의 전문의였기 때문이다. 선교부는 동의하기를 맥라렌 박사와 커를 박사가 교대로 세브란스에 가도록 하였는데, 그때 전쟁이 일어났다. 그 다음해 커를 박사는 사직을 하기로 결정하였고, 맥라렌 박사는 군에 입대하여 활동적인 복무를 하게 되었다. 그래서 맥라렌은 1917년부터 1920년까지 한국에 없었고, 세브란스병원에 대표를 보내는 일은 기다려야만 하였다. 동시에 맥라렌 박사가 돌아오면 병원에 신경의학과와 정신학과를 설립해 줄 것을 요청하기로 유나이티드의과대학은 결정하였다.

그러나 호주선교부는 진주병원에 충분한 직원을 갖추기 위한 방안을 마련하기 전까지 이 요청을 들어 줄 수 없었다.

1920년 데이비스 박사가 진주에 파송되고, 테일러 박사가 원장으로 부임하고 나서야 맥라렌 박사를 보낼 수 있었는데, 1923년 4월부터 세브란스연합의과대학에 전문의로 일하게 되었다.

그는 전체 한국에서 유일한 정신과 의사였고, 강의 외에 그의 진료는 대단하였다. 호주장로교선교회가 그의 봉급, 병원의 사무실 그리고 그의 직원들까지 책임을 지었다. 맥라렌 박사는 약간의 선교부 기금과 많은 개인들의 헌금으로 8개의 침대가 있는 병동을 지을 수 있었는데, 항상 환자들로 넘쳐났다.

1930년대 다시 전운이 감돌자 맥라렌은 한국인 의사들을 훈련시켜 자신의 일과 철학을 물려받도록 하는 것이 시급하다고 느꼈다. 연장 교육을 위하여 그의 보조로 있었던 이 박사를 이미 비엔나로 보내어 대학원 공부를 하도록 하였다.

또한 대학원 공부를 위하여 세브란스의과대학에서 뽑은 두 명의 간호사를 호주로 보내는 일도 그가 책임을 지고 있었다.

1939년에 맥라렌 박사는 대학의 기독교 활동 자유가 정부에 의하여 크게 손상되었다고 느꼈고, 그의 양심상 더 이상 순복할 수 없어 세브란스에 사표를 제출하였다. 그는 또한 심각한 건강상의 어려움에 처해 있었지만, 진주병원에 필요가 있으므로 그는 그곳으로 돌아가기를 자원하였다. 1938년 8월 테일러 박사는 요코하마에서 갑자기 사망하였고, 데이비스 박사는 원장으로 점점 어려워지는 상황 속에서 일을 감당하고 있었고, 그도 휴가를 떠나야 하였다. 맥라렌 박사는 이미 언급한대로 한국에서 철수할 때까지 진주에 머물렀다.

4. 통영과 테일러 박사

1912년 테일러 박사는 에딘버러의과대학을 졸업하고, 뉴 헤브리디스에서 한국으로 선교지를 옮겨달라는 요청을 받았다. 그는 1913년 7월 중순 그곳에 도착하였고, 11월에 뉴 헤브리디스의 빌라병원 수간호사로 있던 앨리스 메인과 결혼하기 위하여 홍콩까지 돌아갔다.

1914년 테일러 부부는 의료사역을 위하여 통영으로 안배되었다. 통영의 인접한 섬들에서 진행되는 그의 의료사역을 위하여 빅토리아 장로교청년연합회가 모터보트를 기증하였고, 또한 그들이 시약소를 세우도록 45파운드의 돈을 기증하였다.

1916년에는 본토에 근접해 있는 한 섬에 나병환자들을 위한 병원을 개설하는 과정을 시작할 것을 동의하였지만, 정부는 오랜 기간의 타협 후 이 계획을 승인하지 않기로 하였다.

1919년 통영선교부가 요청한 작은 병원 설립은 승인되었다. 그러나 2년 후에 원래의 계획으로 다시 돌아갔는데, 작은 병원은 비용이 엄청나게 많이 소요되므로 환자들을 위한 두어 개의 방이 딸린 시약소를 개설하기로 한 것이다.

1918년에 맥라렌 의사가 전쟁으로 인하여 자리를 비우자 테일러 박사가 진주병원의 대체 원장으로 임명되었다. 1920년에는 또다시 맥라렌 박사가 세브란스병원에서 3개월간의 강의로 자리를 비우게 되자 테일러 박사가 대체하였고, 데이비스 박사가 휴가를 떠나자 또 대신하여 업무를 보았다. 1923년 맥라렌 박사가 서울에 영구적으로 임명이 되자, 테일러 박사는 통영을 떠나 진주병원의 원장직을 맡을 수밖에 없는 상황이었다.

통영에서의 의료사역은 그러므로 트루딩거 부부가 1928년 도착할 때까지 전도사역으로 전환되었다. 트루딩거 부인은 유능한 간호사로 그 선교부의 보건 사역을 책임 맡게 되었다. 이것은 학교 학생들을 돌보는 일과 마을에서 도움을 요청하는 일까지 포함되었다.

그녀는 또한 어머니와 아이들에게 말로 다할 수 없이 소중한 육아양육 진료소를 설립하였다. 1938년 트루딩거 부부가 부산에 임명되었을 때, 역시 간호사였던 레인 부인이 뒤를 이어 보건 사역을 계속하였고, 레인 부부는 당시 통영에 둘만 남았는데 1941년 12월 진주만 공격 후 억류되게 된다.

5. 나병환자 의료사역

한국에서 첫 나환자병원은 1910년 부산에서 일을 하였던 미국 장로교선교부에 의하여 세워졌다.

이 선교부는 처음의 건물과 운영비용을 제공하였으나, 원장의 봉급은 호주선교부가 지원하도록 맡기었다. 병원은 30명의 환자로 개원되었는데 모두 병이 진행된 경우였다. 호주선교부가 미국선교부로부터 이양 받았을 때 환자의 수는 이미 80명으로 증가되어 있었다. 영국의 글라스고우에서 의료 훈련을 받은 맥켄지 목사가 1910년 부산에 도착한 직후 그 병원의 원장으로 임명되었다.

같은 해 선교부의 베일리 부부는 나환자 병원을 방문하고, 좀 더 충분한 설비를 위하여 1,500달러를 기부하기로 약속하였다. 처음에는 남자와 여자를 위한 두 개의 병동밖에 없었지만, 맥켄지의 행정 아래 그 사역은 크게 발전하였다.

처음에는 정부도 지원이 없었지만 사이토 총독 하에서 정부는 매년 21,000엔을 보조하기로 약속하였다. 그러나 매해 지불되지는 않았다.

1938년 맥켄지 선교사가 은퇴할 당시 600명이 넘는 환자들이 병원에 있었다. 아름다운 벽돌 병원과 학교가 증축되었고, 환자들을 위하여 작은 기숙사도 세워졌는데 대부분 이동이 가능한 환자였다. 또한 그곳에서 여가와 취미활동 그리고 텃밭에서 채소와 꽃도 재배할 수 있었다.

나병 환자들은 기독교 복음에 기쁘게 반응을 하였고, 그들에게 새로운 삶과 희망을 가져다 준 말씀을 전하는데 놀라운 열정을 보였다. 1924년에는 아름다운 벽돌 교회가 나환자 자신들에 의하여 건축되었는데, 이 모든 건물들은 맥켄지 선교사의 감독 아래 있었다. 교회는 178명의 세례 회원과 31명의 지원자로 조직되었다. 그들은 그들의 적은 수당에서 헌금을 하여 나환자가 아닌 사람 한명을 조사로 지원하였고, 이것은 그들의 비기독교인 동료들에게 전도하기 위함이었다.

이 사람이 손양원 전도사였는데 그는 교회를 세 개 개척하고 목회를 위한 공부를 하기 위하여 신학교에 갔다. 졸업 후 그는 순천의 나환자들을 위한 큰 교회에 목회자로 임명되었다. 1948년 그곳에 공산주의자들의 반란이 있었고, 같은 학생이었던 공산주의자 학생이 손 목사의 아들 두 명을 총으로 쏘아 살해하였다. 그는 후에 체포되었고, 그의 범죄로 인하여 사형선고를 받게 되었지만 손 목사의 중재로 풀려나게 되었다. 손 목사는 그 학생을 자신의 집으로 데려가 인도하여 가족처럼 대하여 미움이 아닌 사랑을 가르친 예수를 받아들이게 하였다.

그러나 1950년 북한의 공산주의자들이 남한으로 갑자기 밀고 들어오면서 손 목사는 자신의 아들처럼 그들의 손에 의하여 같은 운명을 겪게 된다.

맥켄지 선교사는 일본의 히로히토 황제 대관식에서 나환자들을 위한 그의 큰 헌신을 인정받아 블루리본 훈장의 영광과 1,500엔의 선물을 수여받았다.

1930년 나환자의 집 스물한 번째 기념일에 큰 잔치가 있었는데, 동시에 선교부의 나환자 선교를 기념하여 화강암 기둥을 세웠고, 또한 맥켄지 선교사의 사역 20주년을 기념하였다. 5년 후에는 맥켄지의 70세 생일을 축하하며 하나님께 감사하며 기뻐하였는데, 나환자들 스스로가 두들겨 만든 아름다운 철 대문을 병원 입구에 세워 그를 기념하였다.

6. 건강한 아이들의 집

한센 병 환자들의 건강한 어린이들을 위해서는 무엇을 하여야 할지 고민이 컸다. 그러다가 1919년 세계 일차대전에서 사망한 한 젊은 호주군인을 기억하기 위한 좋은 선물로 '하레이 메모리얼 홈'을 세울 수 있게 되었다. 소년 소녀 어린이들은 사립학교에 출석하였고, 그 중에 몇은 고등학교나 실업학교로 진급할 수 있었다.

1946년 선교사들이 다시 돌아왔을 때 김칠용 건축가가 자원 봉사하여 부산에 있는 선교부 건물들을 재건축하는 것을 도왔다. 그는 바로 앞에서 언급한 하레이 메모리얼 홈에서 행복하게 자랐기 때문에 감사하는 마음으로 자원하였던 것이다. 어린이들을 보살피는 사역은 대부분 맥켄지 부인이 담당을 하였다.

7. 치료

초기에는 한센 병을 치료하는 방법이 알려지지 않았고, 중증 환자나 가장 심한 경우에만 입원이 받아들여졌다. 그러다 2차 세계대전으로 구하기 매우 어려웠던 대풍자유를 피하 주사함으로 1916년부터 큰 효과를 보기 시작하였는데, 사망률이 몇 해 동안 한해에 25%에서 1.5%로 떨어졌고, 많은 숫자가 퇴원을 하거나 치료가 된 경우였다.

초기에는 특히 남쪽 지역에 한센 병의 비율이 높았고 나병 환자들의 환경이 매우 열악하여 호주선교부는 통영 지역에 2번째 한센병원을 세우기를 희망하였으나 정부에 의하여 거절되었다. 테일러 박사가 진주로 이전을 하자 통영에서의 모든 계획은 버려지게 되었지만, 그는 진주에서 진주병원 뒤에 진료소를 열어 나환자들을 위하여 무엇인가 하기를 원하였다. 그는 약 3년 동안 매주 치료를 할 수 있었지만, 정부에서 나환자들이 그 도시에 모이는 것을 금지하여 진료소는 문을 닫게 된다. 그러나 고통 받는 나환자들은 그들이 받은 치료를 기억하며 증인이 되어 돌로 만든 기념비를 세워 감사의 뜻을 표하기도 하였다.

맥켄지 선교사는 1938년 4월에 은퇴하였다. 그는 28년 동안 사랑과 지혜로 사회에서 불쌍히도 버림받은 이들을 위하여 봉사하였고, 많은 사람들에게 그리스도의 기쁨과 희망, 안전 그리고 심지어 치료도 해 주었다. 병원 직원들은 나환자들이 모여 사는 그 지방 5개의 지역에 보내어져 치료하며 주사를 놓았으며, 많게는 600명의 사람들이 집에서 돌봄을 받았다.

나환자의 집에서는 몸과 마음 그리고 영혼까지 함께 돌봄을 받았다. '믿음, 기름 그리고 노동'이 같이 이루어졌고, 고침을 받는데 모두 없어서는 안 되는 것이었다. 가사, 재봉질, 정원 일, 목수 일 등 집안의 모든 일이 환자들에 의하여 되어졌고, 퇴원 할 시에는 재활을 위한 훈련도 병행되었다.

맥켄지 선교사는 처음에는 뉴 헤브리디스 그 후에는 한국에서의 오랜 선교 사역 마지막 부분에 호주장로교회의 최고의 영광이 주어졌는데, 빅토리아총회의 총회장으로 선출된 것이다.

1956년 그는 91세의 나이로 교회의 가장 숭고한 아들 중의 한 명으로 불림을 받았다.

1938년 맥켄지 선교사가 은퇴를 하자 트루딩거 목사가 나환자 사역을 위한 책임자로 임명되었다. 1940년 4월 그는 반갑지 않은 보고서를 내야만 하였는데, 그 내용은 정부가 나환자 지역을 군부대의 목적으로 사용될 것이니 그 땅을 일 년 안에 비우라는 것이었다. 이것은 1940년 말부터 시행되었는데 한 그룹의 환자는 소록도의 정부 병원으로 옮겨갔고, 다른 한 그룹은 순천의 병원으로 이전하였다. 모두 슬퍼하였다.

트루딩거 부부는 1941년 4월 연기되었던 휴가를 떠났다. 트루딩거 부인은 오래 동안 질병을 앓아 1953년 사망하였고, 트루딩거 목사도 2년 후에 사망하였다. 그들은 하나님 나라의 충성된 종이었고, 둘 다 한국의 선교 사역에 훌륭한 공헌을 하였다.

8. 유아양육 사역과 건강진료소

　의료사역을 위한 선교정책은 진주가 중심이었지만, 건강진료소는 모든 선교부에서 운영하고 있었다.
　1914년 에버리가 거창에 임명되었다. 그곳에서 그녀는 그녀의 특별 사역인 어머니와 어린이들을 위한 사역을 시작하였다. 이 사역의 필요성은 모든 곳에서 요구되고 있었다. 진주병원에 네피어 선교사가 수간호사로 일을 할 때, 그녀는 아기들을 위한 특별 진료과를 신설하였다. 얼마 안 있어 트루딩거 부인이 간호사로 어머니와 아기들을 위한 진료소를 구마산에서 시작하였고, 그녀가 통영으로 이전하여 갔을 때는 진주에서 이따금씩 방문하는 간호사들의 도움을 받아 매크레이 부인이 일을 보았다. 통영에서 트루딩거 부인이 보건 사역을 얼마나 성공적으로 하였는지, 한국인 간호사 한 명이 그녀를 지원하기 위하여 임명되었다. 그 간호사는 시골의 어머니들과 아기들을 도왔으며, 7개의 센터를 정기적으로 방문하였다. 1938년부터 훈련받은 간호사였던 레인 부인이 이 사역을 책임 맡았고, 실업학교 학생들을 위한 의료봉사와 구 학교건물에서 유아 복지를 위한 일을 하였다.
　부산진에서는 맥켄지 부인과 앤더슨 부인이 어머니와 아기들을 위하여 귀한 사역을 감당하였다. 1938년에는 트루딩거 부인이 책임을 맡았다. 그 사역은 그때 크게 발전을 하였다. 부산시에 사회복지 사역을 위하여 건강센터를 세우는 것도 계획 중의 하나였다.
　1935년에 이애시는 유아복지 사역을 전임하기 위하여 성경부인의 일에서 놓임을 받았고, 그 사역을 위하여 방세와 설비로 100

엔이 제공되었다.

아기와 어머니들을 위한 이 사역이 선교부에 의하여 크게 인정을 받았지만, 예산 책정 없이 선교사의 부인들에 의하여 대부분 실행되었다. 1939년 통영의 한 간호사를 위한 봉급이 요청되었을 때, 비로소 모든 유아사역자들을 위한 봉급을 장로교여선교연합회에 청구하였다.

현대식 유아 복지와 건강센터 건립 계획은 1923년 거창에서 발전되었다. 딕슨 양이 빅토리아에서 연장된 휴가기간 동안 대학원에서 유아 복지를 공부한 후에, 이 방면의 사역 발전이 그녀가 한국에서 특별히 공헌할 수 있는 일이라고 생각하였다.

기금이 모아지고 계획이 세워졌지만 딕슨 양이 휴가에서 돌아온 후에야 건축되기 시작하였다. 동시에 이 사역은 불충분한 시설과 건물에서 어려움 가운데 계속되었다.

1940년 4월 17일 새 건물이 완공되어, 지역 교회 대표와 정부 관리들이 완공식에 참석하였고, 한국에서는 유례없이 베이비 쇼도 있었다.

이 센터는 한 가지 조건하에 승인이 났는데 진주병원의 한 부서로 그곳으로부터 의료 감독을 받는다는 것이었다. 그 후 테일러 박사와 맥라렌 박사가 한 달에 한 번씩 그곳을 방문하였고, 딕슨 양은 진주병원의 대체 수간호사로 세 번에 거쳐 일 년간 일하였을 시 매주 그곳을 방문하였다. 그 외에는 한국인 간호사가 여성 반에서 자문도 해주고, 위생과 유아 보육에 대한 강의도 하였다. 평소에는 여성과 어린이, 사고 환자 그리고 나환자들을 치료하였지만, 의사가 방문하였을 시는 남성들도 보았고 작은 수술도 시행하였다.

끊임없는 경찰의 간섭으로 어려움이 있었지만 딕슨 선교사는 1936년 다음과 같이 보고하고 있다. 2,537명이 방문하여 1,099명의 환자가 치료를 받았고, 1,042명의 경우는 집에서 치료를 받았다. 심각한 경우에는 진주병원으로 보내어졌고, 어떤 때는 비용까지 지불하였다.

여러 곳에서 아기를 먹이기 위한 우유를 대체할 식품이 마땅치 않아 어려움을 겪었는데, 콩가루에서 얻은 음료와 혹은 콩을 맷돌로 갈아 얻는 '콩 우유'를 발견하여 배고픈 어린 아기들의 어머니들에게 제공된 후부터는 잘 해결되었다.

유아 복지 사역이 지역 공동체로부터 큰 호응을 얻어 전망이 밝았는데 1940년 교육 사역이 문을 닫은 후 이 사역을 다시 배당할 때에, 선교회는 모든 선교부에 이 사역을 발전시킬 것을 만장일치로 요청하였다. 그러나 1941년의 슬픈 기간에 정말 필요한 이 사역의 포기는 많은 어머니와 아기들의 어려움과 고통이 다시 시작된다는 의미였다.

9 장
신사참배와 호주선교회

신사참배에 관한 문제는 1930년대 중반에 기독교회가 직면한 중대한 도전으로 등장하였다. 이 기간을 다시 생각해보는 것이 중요한 이유는 이때의 영향이 오늘날 한국교회 분열의 한 요인으로 계속 작용되고 있기 때문이다.

더군다나 교회를 흔들어 놓은 몸과 마음의 염려의 시기를 우리는 잊어서는 안 되고, 또한 많은 나라에서 온 선교사들과 백만 한국인 제자들의 헌신적인 응답이 있었고, 그들이 50여 년 보여 준 사랑과 기도와 봉사로 세워진 많은 기독교 선교의 믿음과 용기도 잊어서는 안 되기 때문이다.

이제 30년 후인 현재 아마도 이 질문을 한결 이성적으로 볼 수 있어 좀 더 진실 된 평가를 할 수 있을 것이다.

1930년 일본의 힘 있는 군대와 해군 그리고 비밀 민족적 단체들이 중도적인 하마구치 수상을 암살하고 권력을 잡았고, 전 총리였던 다나카 수상이 세운 군국주의 정책을 확장할 계획을 세웠다. 이로 인하여 많은 군대를 만주로 보냈는데 표면상으로는 일본군이 지키는 남만주를 보호하기 위한 명분이었다. 그 다음 해 '목단사사건'이 일어나 일본군이 만주에 거주할 수 있는 결과를 가져왔고, '만주고'로 알려진 꼭두각시 정권을 만들었다.

이때부터 일본의 대외정책은 군국주의자들의 손에 의하여 통치되었다. 6년 동안의 선포되지 않은 전쟁 후 북경이 점령되었고, 1937년 7월부터 길고 낭비적인 중국 정복침략이 지루하게 계속되었다.

동경에서의 정책 변화와 중국에서 일어나는 사건들이 일본과 한국정부와 백성들과의 관계에 필연적으로 영향을 미치었다. 1936년 사이토 총독과 우가키 장군이 물러나고, 극단적 군국주의자였던 미나미 장군이 총독으로 임명되어 더 엄격하고 무자비하여졌다.

일본의 국가 종교인 신사참배는 애국적인 의무로 갑자기 한국인들에게 강요되었다. 자신들의 조상이 아닌 사람들을 참배해야 하는 것에 대한 한국인들의 반응은 적대적이었고, 또한 민족주의를 강조하여 이것에 대항하였다.

이것은 기독교인들에게 더 큰 의미가 있었다. 일본제국의 '거룩한' 조상들에게 헌신된 신사에 절하고 예배하는 것은, 아마테라스 오미카미 태양신으로부터 왔다고 하는 '하늘과 땅과의 연대'의 후대로 이어지는 제국 족보를 의미하는 것이었기 때문이다.

첫 번째로 정면 공격을 당한 곳은 학교였다. 종교의 자유는 1870년인 60년 전부터 일본 헌법에 보장되어 있었지만, 신사는 일본의 국가제도로 간주되었고, 국가의 상징인 황제를 향한 충성과 존경을 표하는 중요한 원칙이라는 것이었다.

1938년 '조선 총독의 보고서'에는 다음과 같이 기술되었는데 "이 신사는 세상에서 유일한 것으로 제국의 보좌, 하늘과 땅과의 연대 속에 우리를 통치하며, 우리 제국의 기초는 이 영감위에 굳건히 서 있다."

1915년부터 이론적으로는 모든 학교가 신사 앞에 고정적으로 절을 하도록 하였지만, 미션스쿨에서는 다른 형식의 애국의식으로 대체하는 것을 불허하지는 않았다. 첫 번째 사건은 1935년 평양 연합기독대학의 이사장이 학교를 대표하여 신사 앞에 절을 하라는 명령이 있었을 때 일어났다. 그는 거절을 하였고, 그 자리에서 면직되어 미국으로 추방되게 된다.

긴장 속에 상황이 전개되고 있었고, 모든 중등 미션스쿨은 신사 참배에 참여하도록 강요받았다. 또 어떤 학교는 이것이 전적으로 애국 의무의 행위라는 정부의 설득을 받아들여 참여하였다. 다른 학교는 학생들의 교육적 미래를 희생하기보다 한국인 교장을 세워 순응하려는 해결책을 시도하기도 하였다. 또 다른 학교들은 기독교 자유를 위협하는 이 명령에 순종하기보다 즉시 학교 문을 닫는 선택을 하였다.

처음에 호주장로교선교회에서는 황제와 일본을 위하여 신사 앞에서 하나님께 묵상기도를 드리는 것으로 솔직한 타협을 추구하였고, 그 조건으로 신사 참배와 헌신의 의식은 참여하지 않는다는 것이었다. 우리 학교들은 그 약속을 지켰지만, 일본 정부는 그렇지 않았다. 어떤 학교들은 비기독교학교가 시행하는 대로 참배의식에 필요한 모든 절차를 정확히 따르도록 강요받았고, 모든 학교는 요구되는 의식을 실행하였는지에 대하여 보고되었다.

그러므로 1936년 2월 선교협의회의 특별모임에서 참배의식에 더 이상 참석을 허락하지 않기로 결정하였다. 다음의 결정이 정부에 보내진 내용이다. "우리는 일본 제국과 황제 폐하에 높은 존경과 충성을 표한다. 좋은 정부로 인하여 우리가 감사하는 것은 이 땅에서 우리는 많은 호의를 받았기 때문이지만, 우리는 기독교 성서에 의하여 그것이 가르치는 권위를 따라야한다. 우리는 우리의 학생들에게 순종과 충성의 덕목을 가르쳐야 할 의무가 있다는 것을 안다. 우리는 우리의 모든 학교가 국가적인 행사에 참여하기를 원한다. 그러나 우리는 인류의 아버지로 계시된 우주의 창조자이자 통치자인 한 하나님만 예배하는바, 다른 영들에게 경배하며 신사 앞에 절하는 예배행위는 우리 하나님의 명령에 불순종하는 것이 되므로, 우리는 그 앞에 절할 수 없으며 우리 학교들도 그렇게 하도록 지도할 수 없다."

동시에 선교부는 개개인이 본인의 양심에 따라 사적으로 신사참배를 할 경우, 학생이던 교사이던 그들의 권리를 막지는 않았다.

로마 가톨릭교회는 처음에 신사참배 참석을 완강히 거부하였지만, 1936년 5월 로마의 지침을 받기를 일본 정부가 말하는 신사참배의 해석을 받아들여, 신사참배 명령에 따라 참석하도록 하는 내용이었다.

정부의 압력은 계속되었는데, 다음에는 모든 학교의 교장을 일본국민으로 임명하라는 요구였다.

    1939년 선교협의회의 또 다른 특별회의가 진행되었는바 우리 자신의 교회나 학교는 신사 참배로부터 멀리한다는 안이 또 다시 채택되었다.

    그 해 우리의 모든 학교는 의무적으로 문을 닫아야 했다. 이 책의 교육에 관한 장에 본 내용이 더 상세히 기술되어있다. 이것은 선교부와 학생들, 학부모들에게 가슴이 찢어지는 경험이었지만, 진리의 증인이 되는 우리들의 협의회나 호주위원회에서 더 이상 취할 방법은 없었다.

    1938년 교회에 대한 압력이 최고조에 달하고 있었다. 신사참배에 목회자, 장로, 조력자, 성경부인 그리고 교회위원회 회원들 모두 참석하라는 명령이었다. 그것을 거부하는 사람들은 체포되어 구속되거나 협박을 받거나, 심지어는 심한 고문을 당하여 사망하기도 하였다. 경상남도에서는 5명의 목회자가 감옥에서 사망하였다고 1946년 4월 보고되기도 하였다.

    어떤 경우에는 교회 교인 모두가 경찰에 의하여 신사 앞으로 끌려가, 그 앞에 절하도록 강요받기도 하였다. 어떤 목회자와 중직들은 그 상황을 피하려고 사직하기도 하였고, 어떤 교회들은 개인적으로 예배하는 것을 금지 당하기도 하였다. 오직 그 명령에 순종하는 목회자들만이 교회에 남을 수 있었다.

    심지어 경찰이 노회나 총회의 회의를 실제적으로 통제하게 되었다. 회의에 신사 참배에 관한 안건이 포함되도록 하였고, 상정이 되면 토론이나 반대의견이 허용되지 않았다. 또한 강제로 결정된 내용을 언론이 자발적으로 만장일치로 결정한 것으로 보고하게 하였다. 신사참배자들의 의견 외에 다른 시각은 불가능 하였는바, 전쟁장관이 리튼위원회에 설명한대로 "제국의 대권, 그러므로 극히 신성하고 논할 수 없고 저해될 수 없는 질문"이었다.

이 과정의 한 경우가 진주교회인데 1939년 협박 하에 분명히 즉흥적인 내용이 아닌 '선포'를 내보내는데, 세 명의 사무실 직원 위원회에 책임이 주어졌고, 형사들의 입회하에 그들은 선포의 내용을 승인하게 되었다. 그리고 그것은 경찰이 통제하는 교회회의에서 '결정'한 것으로 선포되게 된다.

이 '선포'의 요점은 '세 번째 거룩한 전쟁'(1895년의 중일전쟁, 1905년의 러일전쟁 그리고 현재 중국과의 전쟁)은 기도 속에 기억되어야하고, 신사참배가 진리와 반대된다고 말하는 다른 인종, 즉 호주 선교사와의 교제와 그들의 지도력은 영적으로나 물질적으로 거절되어야 한다는 것이었다.

진주교회는 여러 해 동안 다른 모든 조직된 교회들과 마찬가지로 선교사들의 통제로부터 독립되어 있었다. 1938년 중반 교회가 단체로 신사참배를 요구 받았을 때, 목회자, 직원 그리고 매니저 모두 사표를 내었고, 교회는 그들의 집에서 예배드리기로 결정하였다. 후에 그 교회는 신사참배에 동의하는 목회자와 함께 다시 교회를 열도록 강요받았는데, 300여명의 교인 중 80명 정도가 예배를 위하여 모였었다.

1940년 10월 감리교의 정철 감독도 '기독교 교회의 개혁'을 위한 가르침을 포함한 비슷한 내용을 선포하도록 강요를 받았다. 교회나 교회 기관에서 외국인이 지도자의 역할을 가지지 못하도록 하였고, 사회교육은 기본적으로 신사참배에 관한 내용 그리고 교회모임과 성경공부 등은 제국의 방법으로 보급하고 지지하도록 하였다. 그 다음 달 조선예수교장로회 총회에서도 외국의 지원에서부터 경제적으로 독립한다는 비슷한 안건이 통과되었다.

같은 달인 1940년 11월, 대부분의 미국 선교사들은 그들의 국가 국내위원회의 명과 미공사관의 자문에 따라 철수하였다. 219명의 선교사와 그들의 아이들이 인천에서 '에스에스 마리포사'호에 승선하였는데, 그곳은 50년 전 그들의 선배들이 처음으로 입항한 곳이었다. 그들의 사역은 그들에게서 완전히 멀어져갔고, 그들의 현존은 그들이 사랑하던 한국인 형제자매들에게 위험의 원천이 되었다.

1. 신사참배에 관한 질문

신사참배는 정말 종교적인 예배행위인가 아니면 주장한대로 민족주의자들의 순수한 애국적인 의무인가?

정부는 신사참배에서 종교적인 절차는 삭제하겠다고 여러 번 약속하였지만, 그 약속은 전혀 이루어지지 않았다. 일본의 내무성은 이 안을 다루기 위하여 위원회를 임명하였지만 어떤 합의에도 이르지 못하였다. 실제로 합의 될 수 없었다.

당시 신사참배의 지도 권력자였던 겐치 카토 박사는 궤변적인 주장으로 신사참배를 합리화하였는바, "메이지정부가 분명히 종교적 믿음의 대상인 신사를 종교적 믿음의 대상이 아니라고 선포하였느냐고 묻는다면… 그렇다면 우리는 대답하기를 국가의 신사가 만약 종교라면, 불교나 기독교가 헌법 하에 신사참배의 필요가 없다면, 정말 심각한 문제가 대두될 것이다."

제국의 헌법 28조에는 60여 년 전부터 종교의 자유를 보장하고 있는데, "일본국적인들은 법의 테두리 안에서 평화와 질서에 편견이 없으며, 주체로서 그들의 의무에 적대적이지 않으며, 종교적 믿음의 자유를 누릴 수 있다."

여기서의 제한은 신사는 종교가 아니라고 선포한 일본의 위치를 정당화 하고 있는데, 그러나 그들은 그런 내용으로 선포할 수는 없었다.

교토 아타고 신사의 한 승려는 이 문제를 잘 지적하고 있다. "신사에서 우리는 국가의 종교를 본다. 만약 신사 제단이 존립을 멈추게 되면, 제국도 종말을 맞을 것이다… 신사가 존재하는 본질적인 성격은 그들의 신사를 예배하는데 있다."

신사에 관하여 권위자로 알려진 홀탐 박사는 그의 책 '일본의 국가적 신앙'에 다음과 같이 지적하고 있는데, 국가의 신사는 한국과 다른 나라에서 일본의 정치적 통치와 문화적 영향을 확장하는데 가장 중요한 힘의 하나로 여겨진다는 것이다.

신사에 특별한 위치를 부여하는 것은 그 영향력을 확장하는 것으로, 국가적 정신과 영화로운 미래를 통합하는 훌륭한 요소를 담고 있었다. 그러나 이것은 필연적으로 분쟁을 야기하였고, 문제를 증폭시키는 결과를 낳았다.

우리가 말하는 이 시대에서 신사는 의심할 여지없이 '분명한 종교'였다. 그리고 일본의 법 하에서 공식적인 주장은 다음과 같이 여겨지지 않았는데, "그러나 정치적인 필요에 의한 합법적인 확신 표현과, 공식적이고 관료적인 정신은 국외에서의 통치를 위한 논리적 일관성에 종속되었다"(홀탐, 일본의 국가적 신앙).

지방 신사와 국가 신사는 서로 다른 국가 부서인 교육성과 내무성에 의하여 통제되었지만, 이 둘의 성격은 논의할 여지없이 동일하였다.

신사는 보이지 않는 영적인 세상과 참배와 기도를 통하여 교통하는 장소였는데, 둘 다 중보와 감사를 하였고, 중요한 일을 보고하였고, 예식과 희생 제물을 드렸다.

겐치 카토는 "국가적 신앙으로서의 신사는 국가의 생명이 근본적으로 설립된 종교와 윤리의 지침원리이다. 신사는 신사가 발전되는 모든 단계마다 철저하게 종교였다."고 분명히 선언하고 있다.

2. 선교사들의 철수, 1940-1942

1940년 말 미국 선교사들의 철수에 이어 한국에 있는 기독교인 체포가 무차별적으로 일어났다. 우리의 경상남도 한국인 동역자들에게도 외국인들과의 관계를 끊으라는 압력이 점차로 증대하였고, 이것은 종종 중한 처벌의 위협과 동반되었다. 몇 명의 우리 동역자와 직원들은 심문 당하였고, 체포되었고, 심지어 구금되기도 하였다.

4월 만우절에 우리 선교사들 몇 명의 집이 가택 수색을 당하였고, 경찰서에 끌려가 그들의 활동에 대한 조사를 받았다. 메이지테잇 양은 3일 동안이나 구금되기도 하였다. 한국 전체에 아직 남아있던 다른 선교사들도 비슷한 경험을 하였다.

그 달말 호주 국내위원회에서는 전보를 보내 독신 여성 선교사들은 모두 철수할 것을 명하였다. 그러므로 한국에는 선교부를 대표하여 맥라렌 박사, 라이트 목사 부부, 레인 목사 부부만 남게 되었다.

그리고 그들의 활동은 점차적으로 제한되었다. 그러다 12월 7일 진주만공격과 전쟁 선포가 있었고, 한국에 남아있던 모든 외국인들은 구금되거나 억류되었다. 맥라렌 박사는 6주간 구금되었다가, 부산으로 보내져 다른 호주인들과 함께 억류되었다. 모든 외국인들은 1942년 중반에 포르투갈령 동 아프리카의 나라를 통하여 각자의 고향으로 돌아갔다.

10장
호주선교회

1. 부산선교부

1914년까지의 호주장로교회 한국 선교는 이 책 초반에 나오는 대로 초기 부산선교부의 역사이기도 하다.

이 해는 세계사에 있어서도 대단히 중요한 해였는데, 세계대전의 반향이 이 작은 고요한 아침의 나라에까지 다다라 물을 휘젓다가 1919년 큰 물결이 칠 때까지 계속되었다.

1914년은 미국선교부가 부산 지역에서 철수하므로 호주장로교선교회가 열정적이 되는데, 호주인들은 아직 대부분 조직되지 않고 복음화 되지 않은 전체 경상남도의 도전을 대면하고 있었다. 다가오는 상황을 대비하여 5개의 선교부가 전략적인 중심부에 이미 세워졌는데 1902년 진주에, 1911년 마산에 그리고 1913년 통영과 거창에 세워졌다. 1913년 9월 선교협의회에서 협의되어 미국선교부에 지역관할을 이관하여 줄 것을 신청하였고, 호주선교부들은 새로운 지역이 조정되어 동의하게 된다.

부산진선교부에는 10개의 지역이 할당되었는데 동래, 기장, 울산, 언양, 울릉도, 양산, 김해, 밀양, 영산, 창녕이다.

마산선교부는 함안, 창원, 종천, 칠원을 포함하였다.

통영(칠암)선교부는 거제, 칠암(용남), 고성, 진해를 포함하였다.

진주선교부는 진주지역과 사천, 곤양, 하동, 남해, 단성, 삼가, 산청 그리고 의령이다.

거창선교부는 거창지역과 안의, 함양, 합천과 조계를 포함하였다.

1910년 열정의 불꽃을 일으킨 에딘버러에서 있었던 첫 번째 세계선교사대회에 호주 해외선교위원회 서기였던 페톤 목사가 특별대표로 참석을 한 후에, 1911년 1월 빅토리아교회에 낸 보고서가 그 불꽃을 더 타오르게 하였다. 그 보고서에는 한국에 문이 열렸고, 다음 2년 동안 전무후무한 숫자의 남녀 선교사들이 한국으로 자원할 것이라는 내용이었다. 그럼에도 불구하고 협의회에서는 1914년부터 확장된 지역에서의 사역을 위하여 호주 전역에 "와서 도우라"라는 새로운 홍보를 시행하기로 결정하였다.

결정적으로 발전하고 있던 이 해에 호주교회는 전쟁으로 인하여 불행하게도 엄중한 재정적 긴축 기간을 더 연장하여만 하였다. 1922년 까지는 오직 한명의 목사 선교사가 선교부에 보충되었고, 몇 명은 사표를 내었다. 1910년부터 1913년까지의 직원 증가는 선교사들의 봉급과 사택을 위한 재정적인 지출을 의미할 뿐 아니라, 모든 선교부의 사역이 확장되는 결과를 가져왔다. 호주에서의 지원이 제한적이고 어려워질수록 더 많은 건물과 시설, 더 많은 유급 한국인 직원과 성경부인이 요구되었다. 호주교회의 선교정책이 움츠러들지 않은 것이 놀라웠지만, 기대한 만큼의 발전에는 영향을 미쳤다. 그럼에도 불구하고 장로교여선교연합회는 전쟁 기간 동안 8명의 새로운 선교사를 파송할 수 있었다.

1) 부산에서의 전도사역

한국의 독노회에 의하여 시작된 전도대회는 전체 한국교회를 휘저었다. 1911년 부산의 우리 2명의 조력자가 경상남도 북쪽 지역에서 전도대회를 준비하는 것을 지도하였다. 일주일간의 회의와 부산에서 집집마다 전도방문한 후에 모든 주요 거점과 먼 곳의 도시와 마을로 나가게 되었다. 240여명의 기독교인들이 총 1,180일 동안 이 전도대회에 동참하였다. 부산 지역에서만 마가복음 3,200권과 250개의 다른 복음서 그리고 만권의 소책자가 배부되었다. 이때 945명이 그리스도에게로 회심하였다고 보고되었으며, 그중 최소한 3분지 1은 신앙을 유지하였다.

이 해에 8개의 새로운 교회가 개척되었으며, 그 중 하나가 나환자의 집이었다. 1911년 부산지역에 34개의 교회가 있었고, 총 638명의 수세자와 2,363명의 신자가 있었다. 지난 6년 동안 경상남북도 전체 수세자는 한국인들 자신에 의하여 지원되었다. 국내와 국외에서 모금된 선교 기금은 26파운드에 달하였고, 전체 기금은 160파운드였는데, 이것은 지난해보다 33파운드가 증가한 것이었다. 이 해는 호주장로교선교회가 설립된 지 20주년 되는 해였다

(부산선교부 보고서, 1911).

1914년 까지 부산에서의 목사 선교사는 1911년 아담슨이 마산으로 이전하였을 때까지 있었고, 1910년부터는 엥겔과 맥켄지, 1912년부터는 라이트가 있었다. 엥겔 박사는 1912년 평양에 신학 교육을 위하여 상주하기 전 몇 해 동안 신학 훈련을 위한 사역을 하였다. 이 후 더 이상의 선교사가 부산으로 파송되지 않다가 1922년 앤더슨 목사가 안배되어 도착하였다. 라이트는 1924년 진주로 갔고, 맥켄지는 1939년 은퇴하였고 그리고 마지막 기간에 트루딩거가 부임하였다.

여성들은 앞에서 언급한 바와 같이 초기 선교사로 맨지스, 무어, 브라운, 켈리 그리고 니븐이 있었다. 무어 양은 1913년 통영으로 파송되었고, 그러므로 1914년 부산에서의 장로교여선교연합회의 선교사로는 1911년 도착한 맨지스 양과 알렉산더 양이 있었다. 후에 호킹 양이 몇 번의 기간 동안 순회 전도를 하였고, 레게트 양이 1931년부터 1941년까지 10년 동안 그 일을 감당하였다.

모든 여성 선교사들은 부인 반과 학교에서 가르쳤고, 주일학교와 직업학교를 운영하였다. 알렉산더 양은 몇 해 동안 유치원을 책임 맡기도 하였다.

복음 사역에 관한 전반적인 내용은 앤더슨 목사의 글에 더 상세하게 기술되어 있다.

2) 교육 사역

첫 번째 선교부의 학교는 부산에 세워졌는데, 맨지스 양과 페리 양은 진실로 종교의 기본은 교육이라고 보았다. 그들은 고아 소녀들을 모아 훈련시켜 자신들 민족의 전도자가 되기를 희망하였다. 이 작은 시작에서 초등학교와 중등학교 두 개의 훌륭한 일신학교로 발전되었다. 한국인 선생의 도움을 받아 맨지스 양은 남학생을 위한 학교를 개교하였으며, 1900년에 도착한 엥겔이 그 책임을 넘겨받았다. 1905년 부산으로 간 니븐 양은 여학교를 책임 맡아 1910년까지 잘 발전시켰으며, 1915년 진주로 부임하기 전까지 2년 동안 데이비스 양이 운영을 하였다. 교육 사역에 관한 전체 내용은 본 도서의 교육 부분을 보라.

3) 신학 교육

처음부터 한국의 모든 선교부 정책은 자립하는 토착교회를 세우는 것이었다. 이것을 성취하기 위해서는 교육 목회를 발전시키는 것이 명백하였다. 그러므로 엥겔 목사는 그가 한국에 도착하자마자 이것을 주요 사역으로 목표를 삼았다. 그는 성장하는 기독교 공동체들을 위하여 가능한 시간 내에 기독교인 남성들을 뽑아 '조력자'로 훈련시키기 위하여 성경과 약간의 신학교육을 시켰다. 이 조력자들 중에 알맞은 사람을 선출하여 당시 설립되고 있던 평양의 신학교에 보내 훈련을 받게 하여 목사로 만드는 것을 희망하였다. 우리도 이 신학교에 관심이 있었고, 협력하기를 희망하였다.

신학교육은 두 명의 학생들과 함께 평양에서 1901년 시작되었다. 1907년 첫 7명의 졸업생을 위한 안수식이 있었는데, 조선예수교장로회 독노회의 첫 모임에서 이루어졌다. 이 자리에는 33명의 해외에서 온 선교사들과 36명의 한국인 장로들이 참석하였다. 이기풍은 7명의 한명으로 제주도에 선교사로 파송되었다.

1907년 평양신학교에는 75명의 학생들이 등록하였으며, 장로교선교회 공의회에 의하여 모든 한국인들을 위한 장로교 신학대학으로 설립되었다. 가장 많은 학생이 등록한 해는 1914년이었는데, 당시 세계에서 가장 큰 장로교 신학교로 알려지게 되었다(로데스, 558).

호주선교부의 첫 장로였던 심취명은 1904년 목사 안수를 받았고, 그는 경상남도 장로교회에서 처음으로 안수 받은 목사였다.

엥겔 박사는 1902년부터 이 신학교와 관계를 맺기 시작하였다. 그는 학교의 시간제 교수로 일 년에 3개월씩 몇 년 동안 가르쳤으며, 1919년부터는 교회역사부의 회장직을 받아들였고, 히브리어와 그리스어도 강의하였다. 그리고 그는 평양에 상주하였다. 엥겔의 헌신적인 37년 사역과 엥겔 부인의 42년 사역 후에, 부부는 1937년 은퇴를 하였다.

4) 부산에서의 복지 사역

부산은 일본에서 한국으로 들어오는 주요 항구로 오래전부터 알려져 있고, 철도도 중국과 연결되어 러시아 시베리아까지 이어지는 종착역이기에 많은 걱정스러운 사회문제를 내포하고 있다. 그럼에도 불구하고 현실적으로 여러 과제에 대응하기 위한 충분한 인력과 재정이 뒷받침되지 못하였다. 그러나 1914년 이전 10년 동안 여러 어려움에도 불구하고 가장 필요하고 가장 시급한 문제를 개선하기 위하여 무엇이던지 하여야 한다는 결정을 할 수 있었다. 이 문제를 1937년 서울의 연합공의회 회의에 내어 놓았고, 구세군은 역 부두에 경험 있는 2명의 복지직원을 파송하여 어려움에 처한 소녀들을 돕기로 하였다. 이 내용은 이 책의 구제 사역 장에 포함되었다.

최소 1929년까지 선교협의회는 아직 시작되지 않은 부산시에서의 큰 전도사역 기회를 인지하고, 호주국내위원회에 이것에 관한 계획을 내기로 하였다. 그러나 이 해가 호주에서는 경제적 불황이 시작된 해였고, 예산을 증가하기는 불가능하였다.

1934년 부산의 4개 교회는 이 사역의 시급성을 강조하며 수정된 계획을 다시 호주교회로 보냈다. 부산의 빈민가에 심한 가난과 고통이 있었고, 그 항구를 드나드는 많은 소녀들과 여성들에게 부도덕함과 위험이 도사리고 있었다. 이들에게는 보호와 도움이 필요할 뿐 아니라 희망의 복음이 필요하였던 것이다.

또한 많은 공직자와 전문가들이 부산에 거주하고 있었는데, 그들에게도 기독교 복음을 전할 기회가 없었다. 선교사나 훈련된 한국인이 있으면 이 사람들과 교사와 학생들에게 다가가는 것은 어렵지 않을 것이었다. 1931년 성탄절에 한국인, 일본인 그리고 중국인 기독교인들이 부산에서 연합모임을 가졌는데 다음과 같은 언급이 있었다. "우리는 한국교회가 동아시아의 교회들을 이어주는 중보자가 될 것을 기대한다. 우리는 여기서 그 약속을 하였다."

부산선교부는 강당과 클럽, 의료보건소, 여행자를 위한 안내소 그리고 학생들을 위한 숙소를 겸비한 사회봉사센터 등의 건립을 희망하였다. 호킹 양이 이 사역을 위하여 따로 구별될 것이 제안되었지만, 정부는 오직 자국인만 받아들인다는 것이 분명하여졌다.

1936년에 선교부는 지역 한국위원회와 상의하여 부산시에 사회와 전도 사역을 조직하도록 박사인 송창근 목사를 임명하였다. 처음에는 2년 임기로 임명되었지만, 1938년 당시 정치적 환경으로 갱신될 수는 없었다. 송 목사는 항구 주변의 전도 사역을 위하여 주일학교와 성경반 그리고 전략적인 센터에 조력자들을 세웠다.

그는 또한 매달 잡지를 발행하여 센터를 위한 필요한 기금을 모으는 관심을 불러 일으켰다.

1937년 말경에 그는 전복적인 행위를 하였다는 의심을 받아 체포되었다. 그가 풀려난 후에 항구 주변의 선교사 활동을 정부는 더 이상 허가하지 않는 것을 분명히 하였는데, 송 목사와 부산의 노회는 선교부로부터 독립하여 이 사역을 계속하여야 한다는 결정을 하였다. 그 센터를 위하여 선교부가 사들인 땅의 한 부분을 그들에게 명목상의 수수료만 받고 빌려 주었고, 나머지 땅은 보전하였는데 선교사의 통제 아래 운영한다는 전제 하에 유아 복지와 건강보건소를 세우기로 하였다.

1940년 초 송 목사는 다시 체포되어 구금되었고, 사회봉사 사역은 계속될 수 없었다. 이것은 도움을 받던 사람들이 어려움에 처한다는 의미였을 뿐 아니라, 송 목사를 돕던 직원들의 생계도 어려워졌다는 것을 의미하였다.

일제에 의하여 구금된 기간 동안 송 목사는 살아남았지만, 1950년 북한 공산주의자들에 의한 전쟁 중에 북으로 납치된 기독교 지도자들 중 한명으로 끔직한 '죽음의 행진' 속에 사망하였다.

사회적 필요를 채우기 위한 노력은 빅토리아장로교회 백주년 행사에 특별 손님으로 초청되어 다녀 온 이약신 목사에 의하여 독립적인 노력으로 진행되었다. 그는 부산에서의 의료사역 계획을 제출하였다. 이것 또한 이 목사가 신사참배에 관한 그의 입장으로 인하여 체포되어 좌절되었고, 그 자신도 큰 고초를 겪었다. 그의 건강은 손상되었고, 만주로 갔다가 전쟁 후 다시 돌아와 그의 아내와 사위 이 박사와 함께 고아원을 시작하였다. 그는 1958년 사망하였고, 고아원은 그를 기념하여 계속되었다.

1938년에는 또 다른 사회 사역이 시작되었는데, 이 해는 큰 분노와 불확실의 해였다. 한정교 목사는 졸업 후 많은 고아와 원치않아 버려진 어린이들을 위한 애린원 설립하였는데, 한국에서 이런 시설은 처음이었다. 그는 14명의 소년을 가지고 시작하였고, 그의 일을 자립시키기 위하여 노력하였다. 호킹 양의 관심을 통하여 멜본 아이반호의 보조자들에게 도움을 받을 수 있었다. 호주의 이 단체는 이 시설을 계속하여 지원하였고, 한 목사는 파괴적인 한국 전쟁 후에 많은 고아와 버려진 어린이들을 돌보기 위하여 3개의 고아원으로 확장을 하였는데 2개는 부산 그리고 1개는 구포에 있었다. 마지막 보고서에 의하면 그는 500명의 어린이들을 돌보고 있었다고 한다.

그러나 고아원의 참 개척자는 김상만 교사로 그는 비기독교 인으로 집 없는 거지 소년들에 대한 연민으로 정부 직장을 그만두고, 이 소년들을 모아 돌보기 시작하였다. 그의 봉사는 독립적이었고, 계속 배회하는 소년들에게 집을 제공하고, 활동을 조직하고, 그들에게 돌봄과 훈련의 기회를 주었다. 호킹 양이 그와 만날 수 있었고, 그는 그녀에게 매주 한 번씩 기독교 교육을 하도록 하였다. 1938년 김 교사는 마침내 세례를 받았고, 호킹 양은 기뻐하였다. 정부는 2년 후에 공표하기를 버림받은 아이들은 정부의 책임이라고 하였다. 그들은 소년들을 위하여 좀 더 충분한 시설의 고아원을 세워, 김 교사가 원장으로 와 주기를 요청하였다. 이것은 그가 지원 없이 몇 년 동안 헌신적으로 해온 일에 대한 찬사였다. 전쟁 중에 그는 어떤 이유로 불확실한 상태에 있었던 것 같다. 그 후 그는 가난한 농부들이 그들의 농업 방식을 발전시킬 수 있도록 도우기 위하여 시골로 갔다. 그는 1948년 영양실조로 쓰러져 사망할 때까지 이타적인 일을 계속하였다.

5) 1941년까지 부산선교부의 마지막 행적

선교부의 모든 교육기관이 1939년 문을 닫게 된다. 일신중학교 (하퍼기념학교)는 동래의 학부모회에 매매되었지만, 데이비스 양은 1940년 3월 학년 말까지 교장으로 남아 줄 것을 요청받았다.

그녀는 그 후 선교부를 사직하고 6월 호주로 떠났다. 선교협의회는 그녀의 30년 동안의 길고 존경받던 한국 사역에 대하여 하나님께 감사하고 깊은 감사를 기록으로 남기었다. 그녀는 1963년 멜본에서 그녀를 아는 사람들의 사랑과 존경 속에 사망하였다.

일신초등학교는 1939년 7월 폐교되었지만, 위더스 양은 1940년 6월 휴가를 떠나기까지 그녀와 오랫동안 알던 소녀들과 또 유치원과 연락을 이어가려고 노력하였다. 그녀는 1947년 부산으로 다시 돌아왔지만, 1950년 일본으로 피신하였고, 1952년 부산으로 다시 돌아 올 때까지 그곳에서 그곳의 한국인들을 위하여 일하였다. 그녀는 1954년 은퇴하였는데, 1918년부터의 신실하고 희생적인 봉사를 그녀가 사랑하는 사람들을 위하여 베풀었다.

앞서 언급된 소녀들을 위한 농업실수학교는 1935년 동래에 설립되었다. 당시 정치적인 어려움이 다가와 피할 희망을 가지고 1940년 '학교'를 '자선단체'의 신분으로 바꾸었다. 1941년 4월 선교사들이 철수 할 시, 문 닫은 한센병원의 전 한국인 원장에게 운영권을 넘기었다.

한센병원은 맥켄지 목사가 은퇴를 한 후 트루딩거 목사가 뒤를 이어 책임을 맡았다. 1940년 그 땅이 군사적 목적으로 요구된다는 이유로 병원 문을 닫으라는 명령이 내려졌다. 필요한 절차를 완료한 후, 트루딩거 부부는 1941년 4월 말에 연기되었던 휴가를 위하여 한국을 떠났다.

전도사역은 1940년에 이르러 거의 멈추게 되었다. 많은 한국인 조력자와 성경부인 그리고 목회자들이 감시를 당하거나 감옥에 갇

히었다. 교회 예배를 제외하고는 모든 회의와 공부반이 금지되었다. 선교사들의 순회 심방을 받는 모든 한국인들은 위협당하거나 위험에 처해졌다.

부산지역에 관한 통계상의 마지막 보고는 1940년 5월에 있었다(한국기도달력, 1940). 한국인 사역자가 모두 45명으로 그중 13명이 선교부의 지원을 받았다. 10개의 당회가 있는 조직교회가 있었고, 13명의 한국인 목사, 41명의 장로, 20개의 조직교회, 19개의 교회 건물 그리고 전체 교인은 6,256명인데 이것은 그 전 해에 비하면 25명이 증가한 것이다.

1941년의 전반부에 빅토리아 장로교여선교연합회와 해외선교위원회의 명에 따라 그들의 선교사들이 철수하였다. 이것은 부산과 동래에서 레게트 양과 커 양을 의미하였다. 레게트 양은 1947년 한국으로 돌아 갈 것을 요청받았고, 1950년에는 병으로 인하여 은퇴를 할 수 밖에 없었다.

1941년 12월 진주만을 공격한 일본에 의하여 전쟁이 선포되었다. 남아있던 호주 선교사들은 부산의 라이트 부부의 집에 즉시 구금되어 감시를 받았다. 레인 부부는 통영으로부터 불려 왔고, 맥라렌 박사는 진주에서 몇 주 구금되어 있다가 역시 부산으로 불려 왔다. 1942년 중순에는 남아있던 다른 선교부의 선교사들과 함께 이들은 처음에는 일본으로 대피하였다가, 두어 달 후 포르투갈 령 동아프리카의 나라를 통하여 11월 멜본에 도착하게 된다. 호주장로교선교회의 첫 선교부는 '고요한 아침의 땅'에서의 파란만장하였던 첫 선교 역사의 장을 이렇게 마지막으로 문을 닫게 되었다.

2. 진주선교부

(본 내용은 진주병원과 관계되는 내용의 교육, 전도 그리고 성경학교 등과 연계하여 읽어야 한다.)

두 번째로 세워진 진주선교부는 1905년 커를 박사 부부에 의하여 개척되었다. 그들은 그곳 시의 중심에 있던 한국인의 작은 집에 거하였고, 친구인 스콜스 양이 2년 후 도움을 주기 위하여 오기 전까지 그곳에서 의료와 교육 그리고 복음 사역을 전부 감당하였다.

그 해 커를 박사가 보고하기를 한명의 성경부인과 두 명의 매서인이 그의 밑에서 일을 하였고, 봉급은 영국과 해외성서공회에서 주었다.

1907년 아담슨이 휴가를 떠나자, 커를 박사는 본인의 진주교회와 8개의 구역 그리고 의료사역에 더하여 아담슨의 마산과 칠암의 사역까지 돌보게 되었다.

첫 해에 스콜스는 커를이 그 전년도에 시작하였던 소녀들을 위한 학교를 책임 맡았다. 1908년 커를 박사는 진주 변두리의 언덕 땅을 살 수 있었고, 그 위에 시약소와 여학교로 사용할 3개의 방이 딸린 작은 집을 세우게 되는데, 그 비용이 30파운드였다. 몇 년 후 그 근처에 또 하나의 학교를 세우게 되고 그 이름을 '스콜스의 정원'이라는 뜻을 가진 시원학교로 하였다. 커를 박사는 1909년 휴가를 떠나기 전 그가 서서히 짓고 있던 제법 큰 벽돌주택을 그곳에 완공하였다.

부산의 켈리 양은 스콜스와 합류하기 위하여 진주로 갔고, 커를의 부재 시에 선교부의 사역을 돌보았다. 이 여성들은 보고하기를 주일예배에 300명이 참석을 하였고, 12개 단체의 기독교 모임이 외곽 마을에 있었으며, 70번 이상 교회에 관한 문의가 있었다고 하였다. 이 초신자들은 벌써 자신들의 교회당을 세우는 것에 관심이 있었고, 개인 전도에 대한 열정이 대단하였다. 1909년 선교협의회는 커를 박사 부부의 부재 시 진주에서 스콜스와 켈리의 용기와 헌신에 감사한다는 내용을 회의록에 기록하였다.

1909년 라이얼 부부는 한국에 도착하였고, 그들의 집이 건축될 동안 커를의 집을 함께 사용하도록 초청되었다. 이 집은 후에 커닝햄 부부가 거하는 집이 된다.

몇 달 후에 라이얼은 진주교회의 분쟁을 언급하는데 당시 낮은 계층이었던 백정들이 예배 시간에 다른 사람들과 함께 참석하도록 허락한 결정으로 야기된 심각한 문제였다.

1910년 3월 클라크 양은 곧 설립될 병원의 첫 수간호사로 일하기 위하여 한국에 도착하였다. 병원 건물 건축을 위한 자재를 마산이나 다른 지역에서 옮겨오는 것이 큰 문제였는데, 해외선교위원회는 운반용 마차를 구입하는 것을 허락하였다. 진주에서 자동차나 기차의 교통수단은 아직 꿈도 못 꾸고 있었다.

1911년 11월 맥라렌 박사 부부가 진주선교부에 합류하였다. 병원 건물은 거의 완성되고 있었으나, 다음 해 초 불행하게도 불이나 광범위한 피해를 입어 1913년 말에 가서야 공식적으로 완공된 병원 개원식을 하게 되었다. 맥라렌의 사택은 호주 브리즈번의 스튜어트 씨와 그의 회사에서 관대하게 지원하여 세울 수 있었다. 그들은 여러 해 동안 의료와 전도 사역을 위하여 넉넉하게 지원하였다.

커를 박사는 초기에 땅이 시장에 나오면 그것을 사들이는 놀라운 비전을 보였고, 미래의 선교부 사역을 위하여 충분한 공간을 확보할 수 있었다. 1910년 10월 두 명의 한국인 조력자가 '백만 영혼 구원운동'의 일환으로 전도대회를 조직하였다. 시내의 모든 집을 하나하나 방문하였고, 교회에서 밤마다 사람들로 넘쳐나는 예배를 드렸고, 752명이 예수를 믿겠다는 결단서에 서명하였다. 그리고 경찰이 간섭하기 시작하였다. 진주와 그 지역에서 사람들은 기독교인이 되려는 의도가 없다고 대답할 때까지 질문을 당하였다. 전도대회를 위한 시기가 적절치 못하였는데, 이때는 한국이 일본에 의하여 합병되는 정치적 상황이 있었기 때문이다. 그럼에도 불구하고 많은 숫자가 신앙 속에 남게 되었다.

1911년 캠벨 양도 진주에 도착하였고, 3년 후 스콜스 양의 감독 하에 여학교를 책임 맡게 되었는데, 얼마나 인기가 있었는지 교실이 부족한 문제가 발생할 정도였다.

빅토리아의 장로교여선교연합회는 교실과 여선교사들을 위한 좀 더 큰 사택이 필요하다는 것을 알고 있었으며, 그것을 위하여 특별기금을 모금하였는데, 1913년 그 둘 다를 충족시킬 수 있을 만큼의 기금이 모아지는 좋은 결과가 있었다.

진주선교부는 1913년 3명의 전도 선교사들이 도착하므로 더 큰 힘을 얻게 된다. 커닝햄 목사와 알렌은 그해 초 도착하였고, 이전 여성의 집을 인계하였다. 레잉 양은 같은 해 말에 합류하였다. 그녀의 임명은 한국에서의 선교에 퀸즈랜드 장로교여선교연합회와의 협력을 의미하였다. 레잉은 진주 지역의 자작농들을 위하여 순회전도 사역을 하였고, 1932년 많은 사람들의 사랑을 받으며 은퇴하였다.

알렌은 그의 전도사역에 더하여 광림남학교의 교장에 임명되었다. 이 남학교는 커를에 의하여 시작되었고, 이 학교는 특별한 건물이 세워지기까지 선교부로부터 약 30파운드의 도움을 받아 한국 기독교인들이 세운 교회에서 수업이 진행되었다. 1913년 학교는 남학생들을 위한 기숙사를 지음으로 발전되었다. 알렌은 1925년 마산의 라이얼기념학교를 맡아 마산으로 가기까지 그 학교에서 교장으로 봉직하였다.

커닝햄 목사는 1917년 일본에서 일하던 감리교 선교사 캐서린 트레쉬먼과 결혼하였다. 그녀는 한국인과 선교사들에 대한 그녀의 친절하고 너그러운 대접으로 선교부의 생활을 풍성하게 하였다. 커닝햄은 그의 진주지역에서의 순회 전도사역과 더불어 성경반과 성경학교에서 가르치거나 돌보는 일을 하였다. 그는 언어에 대한 탁월함과 학구적인 재능으로 성경을 번역하는 일과 신학교에서 가르치는 일을 하였다.

맥라렌 부인은 기독교인 부모를 둔 어린 아이들의 훈련과 양육의 필요를 느끼고 있었고, 3살부터 6살까지의 어린이를 위하여 본인의 집에서 1913년 유치원을 시작하여 새로운 사역을 시도하였다. 그녀는 이 사역을 크게 성공시켜 부모들을 놀라게 하였고, 1917년 휴가를 떠나기까지 계속하였다. 그 후 캠벨 양이 맡아서 운영을 하였는데, 장로교여선교연합회는 이 유치원사역을 정규화시킬 것을 요청받아 연 예산도 승인하였다.

1915년 커를은 가정상의 이유로 사직을 하였고, 10년간의 놀라운 개척적인 봉사를 한국에서 하였다.

1917년 맥라렌 박사는 세계 1차대전시 의무장교로 등록을 하여, 1920년까지 진주를 떠나 있었다. 그의 부재 시에 한명의 한국인 의사와 클라크 양이 병원을 운영하였다. 1918년 데이비스 박사가 진주에 도착을 하여 병원에 큰 도움을 주었지만, 그녀는 정부 등록을 위한 요구조건을 위하여 다음해 일본에서 시험을 보기까지 공식적으로 일하지는 못하였다.

한국은 1917년이 극단적으로 가난했던 해이었지만, 여자학교의 학생 수가 늘어남에 따라 건물이 확장되어야 하였다. 1919년 스콜스 양은 멜본에서 사망을 하였는데, 그녀를 지극히 사랑하던 진주 사람들의 큰 슬픔이 있었다. 교육사역에는 1922년 또 다른 손실로 인하여 고통을 겪었는데, 1922년 캠벨 양이 귀국 후 아프기 시작하였고, 그래서 다시 돌아오지 못하였다. 그녀의 교육에 대한 특별한 훈련과 전도 사역의 재능은 전체 교회에 매우 귀중한 공헌이었고, 1930년 그녀의 죽음은 전체 한국의 손실로 느껴졌다.

1921년 10월 한국에 도착한 커 양은 1922년 4월 여자학교에 임명되었고, 그해 말 넓은 운동장이 있는 새 건물로 학교를 옮기는 특권을 가질 수 있었다. 이 학교는 당시 '그 지역에서 가장 우수한 여학교'로 선언되기도 하였다.

커를 박사가 사들인 땅의 한부분이 시내 중심에 있었다. 그곳에 전도 사역을 위한 센터 건립을 계획하고 있었는데, 1914년 빅토리아 해외선교위원회의 동의를 확보할 수 있었다. 1층에는 상점들이 있고, 2층에는 큰 강당과 회의실 그리고 강의실들이 계획되었다. 그러나 1920년까지 건축은 연기되었고, 규모가 축소 되서야 허락이 났다. 그럼에도 그 일은 작고 어려웠으며, 1923년 그 땅이 팔리고 좀 더 적극적인 전도사역을 위한 적합한 지역의 건물을 사들일 계획을 하였다.

호주선교부의 정책은 가능한 빠른 시일에 남자학교를 한국교회가 맡아 운영하는 것이었다. 1915년 진주선교부는 새로운 학교건물을 위하여 일부의 땅을 지역교회에 매매할 것을 승인받았다. 해외선교위원회는 지역교회가 그 학교를 5년 동안 책임 맡는 것을 약정하고 새 건물을 세웠다. 그러나 교회는 이것을 시행하지 못하였고, 선교부의 큰 실망 속에 학교는 1929년 문을 닫게 된다.

새 건물은 그 후 성경학원으로 사용되었고, 이 목적을 위하여 좀 더 충분한 기숙사가 요청되었다. 그리고 2천 엔을 비용으로 90명의 학생이 머물 수 있는 기숙사가 완성되었다.

1929년 이약신 목사가 진주교회에 부임하였고, 얼마 후에 부흥사경회가 열려 밤마다 모인 수가 2천 명을 넘었다.

영국과 해외성서공회는 성서개정 작업을 위하여 커닝햄 목사에게 도움을 요청하였고, 선교협의회의 동의를 받아 그는 1931년 4월과 5월 서울로 갔다. 그는 또한 이 중요한 일을 위하여 1934년 6개월 동안 방출되어 일을 할 수 있었다. 커닝햄은 복음서, 사도행전, 로마서 그리고 옥중서신을 번역하는데 공헌하였다. 1938년 평양의 신학교는 은퇴한 엥겔 박사를 대신하여 그를 전임으로 초청하였다. 그러나 불행하게도 그는 한 학기만 강의 할 수 있었는데,

신사참배를 요구하는 정부에 순종하기보다 학교는 폐교를 선택하였기 때문이었다.

커닝햄 부부는 1939년 10월 선교협의회의 특별회의 후에 휴가를 떠났다. 커닝햄은 1946년 6월 세계 전쟁이 끝난 후 교회를 재건하는 일을 돕기 위하여 한국에 돌아 왔다. 그러나 1950년 한국전쟁으로 그는 선교지에서 대피한 후 영구히 은퇴하였고, 호주 빅토리아에서 교회 목회를 하였다. 커닝햄 목사는 그의 능숙한 한국어와 학자적인 재능으로 전도와 번역 사역에 탁월한 공헌을 하였다. 그는 오랫동안 진주와 거창지역의 교회들에게 목회에 관한 지혜로운 자문을 제공하였다.

1932년 에딘버러신학교와 미국의 신학교에서 공부하고 돌아온 윤인구 목사의 목회 아래 진주에 아름다운 벽돌 교회가 세워졌다. 그는 1933년 복음농업학교의 교장을 맡기 위하여 교회를 사임하였다.

1931년 클라크 양은 처음에는 병원에서 그리고는 짧은 기간의 순회 사역자로, 마지막으로는 진주여학교의 교장으로 25년간의 한국에서의 봉사를 마치고 질병 속에 호주로 돌아갔다. 그녀는 그녀가 사랑하는 사람들을 위하여 재능을 아낌없이 다 바쳐 헌신하였고, 그 사람들은 그녀의 죽음을 진심으로 슬퍼하였다. 그녀는 1956년 멜본에서 사망하였다.

호주선교부는 1938년 7월 또 한 번의 큰 슬픔을 겪게 되는데 요코하마에서 테일러 박사가 갑자기 사망한 것이다. 테일러 부인은 그 후 얼마 지나지 않아 호주로 돌아갔다. 그녀 또한 신실한 공헌을 하였으며, 진주 사람들이 그리워하였다.

데이비스 박사가 진주병원의 원장으로 임명되었으며, 그녀는 어려웠던 마지막 시기에 세브란스병원에서 사직한 맥라렌 박사의 도움을 받았다.

1929년부터 대부분 기간 진주에 있었던 보어랜드 부부는 보어랜드 부인의 악화된 건강으로 인하여 1939년 호주로 돌아갈 수밖에 없었다.

이전에 직원이 가장 많았던 진주선교부는 마지막 시기에 최소한의 선교사 인력으로 어려운 상황을 맞이하고 있었다.

1939년 6월에 관계기관으로부터 학교의 문을 닫기 위한 절차를 접수하라는 지시가 도착하였다. 절차 신청서를 접수함과 동시에 선교부는 기독교인 자유에 관한 문제를 총독에게 항소하였다.

진주학교는 7월 31일 공식적으로 폐교하였다. 곧 이어 진주시 시장은 여학교를 보통학교 학생들을 위한 기숙사로 사용할 수 있도록 요청하였다. 이들은 또한 이 해 초에 모임을 거절당했던 성경학원의 교실도 쓸 수 있도록 요청하였다. 선교부 임원회는 시장과의 회의 후에 첫 번째 요청은 허락을 하였지만, 성경학원은 그때까지 사용하려는 계획이 있었으므로 거절하였다.

매카그 양은 동시에 타 학교에서는 너무 가난하여 받아주지 않는 학생들을 위하여 그곳에 놀이터를 운영하였는데 매우 좋은 반응을 얻었다.

1939년 진주교회도 의무적으로 요구되는 신사참배로 인하여 위기가 다가왔다. 목사는 사임을 하였고, 교회는 문을 닫았다. 후에 신사참배에 동의하는 목사에 의하여 교회는 다시 문을 열게 된다. 그러나 선교사들과 성경부인 그리고 많은 교인들은 예배에 참석하지 않았다.

병원은 직원들과 그들의 가족을 위하여 영적으로 할 수 있는 만큼 지원하였다. 이 환경에서 선교사가 할 수 있는 일은 거의 없게 되었지만 아직 가능한 곳에 발전에 대한 계획은 계속 생각되고 있었다. 병원을 확장하고 발전시키는 계획도 있었지만, 곧 좌절되고는 하였다.

1941년에 정부는 병원 원장으로 한국인이 임명될 것을 요구하였고, 선교부는 직원 중의 한명이었던 김 박사를 허락하였고, 데이비스 박사는 호주로 귀국하였다.

그 다음 달에는 남아있는 여성 선교사들의 철수가 이루어졌는데, 맥라렌 박사는 진주에 남아 선교부의 재산을 보존하였다.

12월 전쟁이 선포되었을 시 그는 진주에서 11주 동안 구금되어 있었으며 그리고 레인 부부와 라이트 부부와 함께 부산의 라이트 선교사 집에 연금되어 있었다. 1940년 하나의 밝은 소식은 서울의 맥라렌 집에서 매카그 양이 라이트와 10월에 결혼을 하였고, 그녀는 부산의 집에서 다른 이들과 함께 그 엄격하고 어려운 연금생활을 7개월 한 후 철수하게 된다.

전쟁 전의 마지막 통계는 1940년 5월로 끝나게 된다. 당시 진주 지역에 6개의 조직교회, 50개의 미조직 교회, 9명의 한국인 목사, 17명의 한국인 장로, 51명의 안수 받지 않은 전도 사역자, 2명의 목회를 위한 신학생, 62개의 교회 건물, 1,165명의 세례자, 700명의 세례지원자 그리고 총 3,763명의 신도가 있었다.

3. 마산선교부

(이 내용은 본 도서의 교육과 전도사역 부분을 참고하시오.)

1909년 8월 아담슨 목사는 마산포에 선교부를 시작할 수 있는 필요한 부지를 모두 확보하였다고 보고하고 있고, 해외선교위원회는 비용 지불을 위한 전보를 보내 줄 것을 요청 받았다.

초량에 있던 아담슨의 집을 매매하도록 승인이 되었고, 대략 650파운드의 비용으로 계획에 따라 마산에 집을 짓도록 한 것이다. 추가적인 땅을 80파운드의 비용으로 사들였고, 아담슨 가족은 1911년 7월 마산으로 이사하였다.

12월에는 왓슨 목사가 한국에 도착하였으며, 마산에 두 번째 선교사로 임명되었다. 왓슨의 부인은 11개월 후에 합류하였다. 2년 후인 1913년 5월에 왓슨 부부에게 통영에 새로운 선교부를 개원할 임무가 주어졌다.

1906년으로 돌아가면 당시 아담슨 목사가 보고하기를 마산포의 한 한국인이 관대하게 기금을 내면서 이것으로 그 도시의 남학생들을 위한 교사를 지원해 달라고 하였다고 한다. 해외위원회는 그 기금을 받기로 승인하였고, 그것이 창신남학교의 기초가 되었다.

여학생들은 한동안 남학생들과 함께 배웠다. 그러다 1911년 맥피 양이 여학생들을 위한 교육사역으로 마산으로 발령이 났고, 같은 해 4월 17일 의신학교가 그들을 위하여 문을 열게 되었다.

그 전해에 여성들을 위한 집이 긴급하게 소요되었으므로 이미 지어졌다. 네피어 양이 1912년 한국에 임명되자 마산의 전도사역과 여성과 어린이들을 위한 간호 일을 하게 되었다. 세브란스 병원도 응급의 경우 두어 번 그녀의 도움을 요청하였다.

1916년 3월 호킹 양도 도착하였고 마산에 일 년 동안 임명되었다. 그리고 맥피 양은 휴가를 떠났으며, 스키너 양이 그곳으로 이전되어 교육 사역을 담당하게 되었다.

아담슨 부부는 1914년 영국으로 은퇴하였고, 아담슨은 한국으로 오기 전 6년 동안 중국에 있었기에, 그의 탁월한 중국어와 한국어로 학구적인 교실에서 큰 존경을 받았다. 그는 1915년 런던에서 사망하였다.

1915년 매크레이 부부는 거창에서 마산으로 이전되었으며, 1940년까지 그곳에 계속 거주하였다.

1921년 네피어 양은 진주병원의 수간호사로 임명되었다. 거창에서 온 테잇 양은 여성사역을 담당하였으며, 매크레이 부인은 진주병원에서 방문하는 간호사들의 도움을 받아 유아 복지 사역을 책임 맡았다.

1921년 11월에는 트루딩거 부부가 마산에 임명되었고, 1926년 진주로 이전할 때까지 그곳에서 복무하였다.

마산 지역에서 처음으로 목사 안수를 받은 한국인은 전훈석 목사로 알려졌고, 그는 1913년 7월 27일 아담슨 목사의 동역자로 마산포교회(현 문창교회)에 임직하였다.

1913년에는 뉴질랜드의 로마스가 한국의 교육선교사로 자원하였고, 그 해 말 파송되었다. 1914년부터 마산에 헨리 데이비스 기념학교라는 이름으로 남중학교 건립이 계획되었지만, 1915년 교육기관 설립을 위한 정부의 새 규정으로 미래가 불확실하여졌으며, 그로인하여 로마스는 사직하고 1916년 초 선교지를 떠났다.

해외선교위원회는 로마스를 대신하여 또 다른 선교사를 파송할 것을 결정하였고, 경상남도에 있던 일본인들을 위한 일도 계획하였다. 이것은 그러한 일이 한국에서의 선교부와 선교부의 사역에 대한 의심을 희석시킬 수 있다고 생각되었기 때문이다. 스미스 목사가 이 일을 위하여 자원하였지만, 그의 임명은 결국 추인되지 않았다.

그 후 라이얼 목사가 창신초등학교의 교장으로 임명되었고, 1921년 호주에서 그가 사망함으로 학교운영에 경험이 많았던 매크레이 목사가 교장이 되었다.

교회의 지도자 양성을 위하여 젊은 남학생들을 교육시키는 중등학교에 대한 계획은 선교부의 요청에 따라 그대로 진행하기로 결정되었고, 1926년 알렌이 이전하여 선교부가 라이얼기념학교로 명명한 그 학교의 교장이 되었다.

알렌은 학교가 문을 닫기 한해 전 1932년 7월 갑자기 사망하였다. 보어랜드 목사가 언어교육을 마치고 교장 직을 수행할 때까지 매크레이가 또 다시 학교를 돌보게 되었다.

그리고 문을 닫게 된 중등학교를 대신하여 직업학교로 운영할 것으로 결정되었다. 그러나 이 장소가 직업학교를 위한 적당한 곳이 아니라는 것을 발견하였고, 학교는 마산에서 구포로 이전하였다. 윤인구 목사가 교장으로 임명되었고, 보어랜드 부부는 진주로 다시 돌아갔다.

여학교는 맥피 양의 돌봄 속에 점차적으로 발전하였고, 1924년부터 1925년까지 2년 동안 맥피가 휴가를 떠난 기간에 교육사역을 담당하기 위하여 커 양이 마산으로 임명되었다. 이 해에 사이토 자작은 일본의 교육기관을 참관하도록 한국에 있던 교육 선교사들을 초청하였고, 커 양이 호주선교회를 대표하도록 승인하였다. 방문단은 일본의 유치원부터 대학교까지의 모든 과정을 참관하였고, 흥미 있고 아름다운 유적지 방문도 포함되었다.

1925년 한국에 온 클레어 엘리스 양은 1928년 마산선교부에 임명되었는데, 그곳에서 그녀는 유치원과 마을학교 교사들을 위한 훈련학교를 시행하였다. 이것은 교육 사역의 중요한 발전이었는데, 다른 사역에 여러 가지 제한이 생겼을 때 좀 더 넓은 영역의 교육 사역을 제공할 수 있었던 것이다. 엘리스 양이 1932년 사직을 하였는데 이것은 큰 손실이었다.

1930년에는 마산에서 경상남도 전체의 주일학교를 위한 대회가 열렸고 많은 사람들이 참석을 하였다.

1937년 4월에 이다 맥피 선교사가 병으로 인하여 고통 속에 사망하였다. 그녀는 그녀의 26년 사역의 대부분을 마산에서 보냈고, 그녀의 학교에서 공부한 많은 소녀들의 존경과 사랑을 받았다. 그녀는 우정에 진실하였고, 그녀가 끼친 영향은 말로 다할 수 없다.

1937년 10월, 6개월 전에 한국에 도착한 리체 양은 마산선교부에 임명되었는데, 이것은 다음 해 여학교와 유치원을 책임 맡는 것을 전제로 하였다. 그러나 교장을 한국인으로 요구하는 관계 기관의 규정으로 인하여 그녀의 임명은 실행되지 못하였다. 몇 년 동안 학교의 선임 직원이었던 임 선생이 임명되었고, 리체 양은 1941년 5월 철수 시까지 학교와 선교부의 연락관으로 재직하였다.

학교 건물이 거의 무너지게 될 때 새 건물이 건축되어야 한다는 결정이 있었다. 적절한 땅이 이미 매입되어 있었다. 그때 1938년 라이얼기념학교 건물이 비워졌고, 장로교여선교연합회와 협의하여 그 건물의 일부를 여학생들이 충분히 사용하도록 하였다. 당시 학교에 등록한 학생들의 수는 330명이었다.

그리고 창신남학교의 요청에 따라 매크레이 목사를 교장으로 두 학교를 합치려고 하였다. 그러나 이것은 선교협의회에 의하여 받아들여지지 않았고, 당시 정부 기관도 동의할 수 없는 내용이었다.

1939년 한국인들과 선교사들의 하나같은 슬픔 속에 두 학교의 통제는 선교부의 손에서 벗어났다. 다른 모든 선교부의 학교들과 같이 이 학교들도 2년 동안 정부에 임대되었다. 1941년 4월 장로교여선교연합회의 선교사들이 모두 철수할 때까지 구 여학교 건물에서 야간반 운영은 허락이 되었다.

테잇 선교사는 20년 동안 마산 지역에서 순회 사역을 성실히 하였는데, 성경 반을 운영하고 성경학교에서 가르쳤다. 1941년 4월 경찰에 의하여 체포되어 3일 동안 구금되어 고난을 받았고, 5월에는 다른 여성들과 함께 한국 떠나는 것을 거절당하였지만, 후에 경찰은 떠날 것을 명령하였다.

1934년 뉴 목사 부부는 마산선교부에 합류하였고, 1939년 휴가를 떠난 후 돌아오지 않았다. 비록 짧은 기간이었지만 뉴 목사의 다재다능한 실제적 재능은 마산뿐만 아니라 다른 선교부에도 매우 귀한 것이었다.

매크레이 부부는 선교부를 25년 섬겼고, 1940년 휴가를 떠나 다음 해에 돌아 올 것으로 생각하였다. 그러나 세계 전쟁 발발로 인하여 가능치 않게 되었고, 그로인하여 한국에 있던 그들의 개인 재산도 잃게 되었다. 매크레이 부인은 일본어에 능숙하여 많은 경우 두 문화 간의 통역을 훌륭히 수행하였다.

매크레이는 많은 재능을 가진 목사였다. 마산 지역의 모든 교회를 대부분 담당하였으며, 라이얼이 떠난 1920년부터 창신학교를 책임 맡았다. 그는 또한 선교부의 사업매니저였고, 건물관리자였다. 라이얼기념학교를 건립하는 감독의 역할은 그 자체만으로도 커다란 일이었다.

그는 이 모든 것을 하나님의 영광만을 위하여 하였고, 개인적인 인정은 절대 추구하지 않았다.

1948년 매크레이 부인은 심한 병고 끝에 스코트랜드에서 사망하였다. 매크레이는 스코트랜드 한 교회의 청빙을 받아들여 그곳에 사역하므로 한국에 다시 돌아오지 못하였고, 마지막으로 교회 병원 원목으로 여전히 봉사하고 있다.

1940년 마산지역의 마지막 통계 보고에 의하면, 22명의 한국인 직원 중 8명은 선교부 지원, 10개의 당회가 있는 조직교회, 5명의 한국인 목사, 36명의 장로, 22개의 조직교회, 61개의 부분적으로 조직된 교회 그리고 80개의 교회 건물이 있었다. 1939년 전체 교인 수는 4,932명이었다.

4. 통영선교부

통영선교부는 1913년 시작되었다. 이곳은 당시 칠암으로도 불렸다. 통영에 정착한 첫 선교사는 1910년 이곳으로 온 왓슨 목사였고, 부인은 1911년 도착하였다. 무어 양도 개척자로 1892년 한국에 왔다. 1913년 테일러 박사와 1915년 테일러 부인도 곧 합류하였다. 테일러 부부는 뉴 헤브리디스에 짧은 기간 있었다. 테일러 부인, 즉 엘리스 매인 양은 빌라병원에 수간호사로 있었고, 호주내지선교회에서 한 기간 동안 간호사로 일하기도 하였다.

왓슨 목사와 무어 양은 주로 본토와 근처 섬의 순회 선교사로 다녔다. 왓슨 부인은 여학생들을 위한 교육 사역에 집중하였는데, 학교와 야간학교 그리고 후에 유치원도 시작하였다. 그녀는 또한 도움과 교육이 필요한 시골 지역에서 온 여성과 소녀들을 위한 수공예 반을 시작한 개척자였다.

각 선교부에 의료 사역을 세우려는 선교협의회의 희망에 따라 테일러 부부는 작은 병원 건립과 두 번째 나환자 치료원에 대한 계획을 내었다. 테일러 박사가 진행하는 사역을 위하여 호주 고향의 교회는 모터보트도 기증하였고, 1914년 해외선교위원회는 그의 시약소 건립 요청을 승인하였는데, 건물비용이 25파운드를 초과하지 않는다는 조건이 있었다. 그러나 실제적으로 입원환자들을 위한 방 두세 개를 더 확충하므로 45파운드의 비용이 필요하였다.

그것을 위하여 가능한 장소를 찾기 위한 많은 조사와 정부 기관과의 협의가 있었는데, 나환자들을 위한 계획은 결국 허가가 나지 않아 포기하게 되었다.

1914년부터 1918년까지의 세계 전쟁 중 맥라렌 박사가 1917년 의료장교로 복무하고, 또한 1915년 커를 박사의 은퇴는 진주선교부에 예상치 못한 결과를 가져왔다. 테일러 박사 부부를 진주의 병원으로 이전시키는 것이 필요했던 것이다. 테일러 박사는 1919년 휴가를 가졌고, 에딘버라에서 5개월 동안 대학원 공부를 더 하였다.

그가 돌아 온 후 진주에서 일하기 시작하였고, 맥라렌 박사는 1923년부터 서울의 세브란스병원 대학에 영구적으로 부임하게 되므로, 테일러 박사는 진주병원의 원장으로 임명된다. 그러므로 아쉽게도 통영에서의 의료사역 계획은 접히게 되었다.

장로교여선교연합회는 시약소 건물을 인계받아 두 개의 교실을 더하여, 유치원과 야학 건물로 사용하였다.

초등학교 건립이 고려되어 신청을 하였지만, 역시나 1915년 새로운 교육 시행법으로 인하여 계획은 어렵게 되었다. 그래서 미인가 학교로 시작하여 그 학교에 나이 있는 소녀들을 위하여 실업 반을 운영하기로 하였다.

무어 양은 1918년 부산과 통영의 시골 교회들 중에서 26년 동안의 신실한 사역을 뒤로하고 은퇴를 하였다. 유치원은 당시 인기가 상당히 많아서 통영의 서쪽 지역에 두 번째 유치원을 또 개원하였다. 그러나 이 유치원은 1931년 정부 기관에 의하여 문을 닫게 되는데 건물이 충분치 않다는 이유였다.

1921년에는 스키너 양이 통영에 임명이 되었고, 그녀는 1940년 휴가를 떠나게 될 때까지 그곳에서 헌신하게 된다. 그녀는 때로는 학교를 책임 맡았고, 때로는 여성을 위한 전도사역을 하였고 그리고 때로는 여성의 모든 사역을 담당하였다.

왓슨 부인의 병환으로 인하여 그들 부부는 1926년 은퇴를 하게 되었고, 이것은 그들을 지극히 사랑하던 통영에 큰 충격이었다.

1927년에는 성경부인들의 역량이 늘어남에 따라 마을학교나 확장된 주일학교 등을 통하여 선교사들의 일을 그들이 감당하였다는 보고가 있었다. 앨리스 양은 2년 중 한 부분을 선교부에서 보냈고, 그녀의 전문적인 지도로 마을과 유치원 교사들을 위한 특별한 훈련과정이 조직되었다.

트루딩거 목사 부부는 1927년 통영에 안배되었다. 트루딩거는 전도 사역을 책임지었고, 또한 선교부의 재정담당이었다.

트루딩거 부인은 간호사로 훈련받기 절실히 원하였던 실업학교 소녀들의 건강을 책임 맡았다. 그녀는 또한 유아진료소를 시작하였는데, 굉장히 인기가 높아 훈련된 한국인 간호사 이애시가 그녀의 보조로 임명되었다. 그리고 이 일은 시골 지역까지 확대되는데, 이 간호사는 중심에 몇 개의 진료소를 세웠고 그녀의 보건 사역을 성경부인의 일과 겸하였다.

1926년에는 퀸즈랜드의 에이미 프란시스 양이 통영에 임명되는데, 실업학교를 3년 동안 책임 맡았다. 그녀는 1929년 휴가를 떠났는데, 결혼으로 인하여 사직하게 되었다.

이때 커 양이 교육 사역을 책임 맡게 되어 이전하게 된다. 그녀는 지역의 필요를 충족시키기 위하여 소녀들을 위한 직업학교를 발전시킬 계획을 가졌는데, 이것이 1935년 동래의 농업실수학교를 세우게 되는 동기가 되었다.

스키너 양은 또 다시 통영의 모든 교육 사역을 책임 맡게 되었고, 알렉산더 양은 순회 사역자로 그녀와 합류하게 된다. 스키너 양이 휴가를 갔을 때 통영 주변의 섬을 방문하기 위한 배를 구입할 자금을 지원받았는데, 섬에는 마을 학교가 세워졌고 또 전반적인 순회 사역을 위한 것이었다. 그녀의 '꿈의 배'는 1935년 운영이 될 준비가 되었지만, 몇 달 후 그 꿈은 이루지 못하였는바 외국인은 배를 소유하거나 운영할 수 없다는 규정 때문이었다. 한국인 직원 이름으로도 그 배를 등록시킬 수 없게 되자 그 배는 매매되었고, 그 돈은 일반 사역에 쓰이게 된다.

미인가 학교는 1939년 말까지 계속되었는데 약 70명의 학생이 출석하였다. 이 학교는 미션스쿨 중 마지막으로 문을 닫았다. 실업반은 계속하여 운영하도록 허락되었고, 1941년 선교사들이 철수할 때까지 계속되었다. 1940년 여름에는 16개의 직업학교가 있었고, 1,400명의 학생들이 출석하였다. 이 사역은 1941년 선교사역이 갑자기 끝나게 될 때까지 발전하였다.

1940년 스키너 선교사가 다시 한국으로 돌아가는 것이 불가능하다는 것이 확실히 증명되자, 그녀는 빅토리아의 와이얄라에서 일을 하다, 후에는 장로교여선교연합회 단체에 의하여 세워진 뉴헤브리디스의 여성 사역에 참여하므로 그 일을 크게 탄탄하게 하였다. 스키너는 1954년 멜본에서 사망하였다. 그녀는 그녀의 지적인 총명함과 번뜩이는 재치 그리고 헌신된 생활로 인하여 기억되고 있다.

트루딩거 목사는 부산의 나병원 원장 직을 책임 맡기 위하여 1937년 2월 부산으로 이전되었다. 트루딩거 부인도 역시 그 선교부의 보건 사역에 활동적이었는데 나환자들의 방치된 어린아이들을 위한 집도 돌보았다.

레인 부부는 그 다음 해 동래에서 통영으로 옮겼고, 1941년 선교사들의 철수가 있을 때까지 그곳에 머물렀다. 12월 일본이 전쟁을 선포하였을 때 부산으로 옮겨졌고, 라이트 부부와 함께 연금되었다가 1942년 송환되었다.

레인은 1946년 한국으로 다시 돌아왔으나 1950년 일본으로 다시 대피하였는데, 10월 부산으로 다시 돌아 올수 있었고, 이것은 1952년 2월까지 한국 거주를 승인 받은 유일한 호주 선교사였다.

레인 부인도 한국전쟁이 일어나기 전 한국으로 돌아갔다가 1951년 6월까지 일본에 거주하였는데, 결국 두 명의 자녀와 함께 호주 멜본으로 귀국하였다.

레인 선교사는 1952년 8월 휴가차 멜본으로 갔고 그리고 선교의 일에서 사직하였다. 그가 한국에 있었던 기간은 특별히 어려운 시기였는데, 그는 여러 가지 어려움들을 지혜와 재치로 대처하였다. 그는 일본 정부에 의하여 구금되는 수난을 겪었고, 공산주의자들의 침입으로 인하여 대피하였고, 1946년부터 1년 정도를 제외하고는 가족과 떨어져 있었다. 교회는 어려운 시기 그의 사역으로 인하여 큰 빚을 지게 되었다.

5. 거창선교부

매크레이 목사는 1910년 9월 한국에 도착하였다. 진주에서 2년의 사역 후 그는 이미 순회 사역을 하고 있던 거창에 새 선교부를 시작하기 위하여 1912년 5월 그곳으로 갔다. 또한 새로 선교지에 도착한 켈리 목사 부부가 그와 곧 합류하게 된다. 그들은 해외선교위원회가 세운 집에 함께 거하였는데, 매크레이는 그를 위한 한국식 집을 세우는 것을 해외선교위원회가 허락하기를 제안하였다. 위원회는 그곳에 두 번째 사택을 건축하는 것을 승인하였다. 매크레이는 1915년 1월 일본에서 결혼한 그의 신부 마가렛 홀을 이 집에 데리고 왔다. 그 해 중반 그들은 마산으로 이전하였는데, 그곳의 창신학교와 지역교회들을 책임 맡은 것이다.

거창에 선교부가 시작되었지만 초기에는 장로교여선교연합회에서 보낼 일꾼이 없었다. 그러나 한국인 성경부인이 임명되어 그 지역의 여성사역을 위하여 일하였고, 미래의 장로교여선교연합회 선교사들을 위한 집을 짓도록 권한을 부여받았다.

새로운 선교사 에버리 양과 스키너 양이 1914년 거창으로 발령이 났다. 에버리 양은 여성들 사이에 전도사역을 책임 맡도록 하였지만 건강이 악화되었고, 진주에서 1년을 머문 후 휴가를 떠났는데 다시 돌아오지 못하였다. 스키너 양은 초등학교를 세울 계획을 가지고 있었지만, 정부의 새 정책으로 그런 학교를 등록 신청하는 것조차 불가능하였다.

거창은 강습소라고 불리는 등록되지 않은 학교로 만족하여야 하였고, 앞으로 정부학교에 입학할 수 없는 많은 소녀들의 교육적 필요를 채울 목적이 있었다. 또한 더욱 중요하였던 것은 이 명덕강습소는 교과 과목에는 없지만 매일 정규 과목이 시작되기 전에 성경을 가르칠 수 있는 기회를 제공하였다.

스키너 양은 1916년 9월 마산으로 자리를 옮기었고, 그 해 한국에 도착한 스콧 양이 거창에 안배되었는데 그녀는 그녀가 한국에 있었던 23년 동안 그곳에 머물게 된다. 그녀는 어떤 때는 교육 사역을 하였고, 어떤 때는 순회 사역을 하였으며, 또 종종 선교부의 모든 일을 책임 맡기도 하여 '거창의 주교'라고 불리기도 하였다. 그녀는 적절한 판단력과 상식적인 생각으로 선교부에 중요한 공헌을 하였다. 스콧 선교사는 1961년 멜본에서 사망하였다.

켈리 부부는 오직 한 임기만 거창에 있었는데, 그 후 사임하였다. 1916년 토마스 목사 부부가 도착을 하여 거창에 안배되었지만 그들도 한 임기만 일하다가 1922년 사임하였다. 토마스 목사는 선교부의 전도사역을 책임 맡았고, 토마스 부인은 교육사업과 모두가 좋아하였던 그녀의 음악적 재능으로 공헌하였다. 이 귀한 부부가 다시 선교부로 돌아오지 않는다는 결정을 하였을 때 선교부의 사역에 큰 타격이 있었다.

이때부터 거창선교부는 코트렐 목사 부부가 거하였던 1936년부터 1938년까지 2년의 기간을 제외하고는 대부분 여성 사역자에 의하여 운영되었다.

목회적인 돌봄은 주로 진주선교부의 커닝햄 목사에 의하여 제공되었으나, 선교부의 책임은 여성 사역자들에게 주어졌다. 스콧 양이 1940년까지, 테잇 양이 1919년부터 1921년까지, 클라크 양이 1921년부터 1922년까지, 매카그 양이 1922년부터 1929년까지, 던 양이 1929년부터 1940년까지 그리고 엘리스 양이 일 년 동안 학교와 유치원에서 소중한 도움을 주었다.

1923년에는 세 개의 간호사 자격증을 가지고 있던 딕슨 양이 유아복지와 건강보건소를 발전시키기 위할 목적으로 거창에 영구 임명되었다. 또한 세 번의 휴가 기간에 진주병원의 대체 수간호사 일도 요청받았는데, 이때도 거창을 주기적으로 왕래하며 사역을 계속하였다.

거창에서의 여성과 어린이를 위한 사역은 매우 희망적이었고, 교회 안의 두드러진 발전도 1929년 보고되었다. 스콧 양은 다음과 같이 기록하기도 하였다. "그때를 뒤돌아보면 여러 방향으로 문이 열리는 비전을 보았고, 봉사의 긴 통로가 열렸는데, 불행하게도 인적자원의 부족으로 이 모든 문에 들어 갈 수 없었다."

1930년 어린이 사역을 위한 특별한 발전이 있었는바, 여름방학학교에 1,000여명이 등록을 하였고, 대부분 기독교인 상급반 남학생과 여학생들이 교사로 봉사하였다.

1935년에는 정치적 상황으로 인하여 선교사 순회 사역이 더 이상 가능치 않았는데, 선교부에서 진행되던 반에 300명의 여성이 참석하였다. 그리고 마을의 성경학교에는 800명 정도의 어린이들이 등록을 하였다.

1938년에는 거창에 교환으로 얻은 이윤으로 새 교회당이 건축되었고, 장로교여선교연합회의 건물이 수리되었다. 준 초등반이 행복하게 운영되는 새 학교가 세워졌는데, 신사참배를 따르라는 정부정책에 순응하던지 아니면 학교 문을 닫으라는 명령이 내려왔다. 그 명령이 한동안 시행되지는 않았지만 동화하라는 압박 속에 그 사역을 계속해야 한다는 의미였다. 결국 지역교회가 그 학교를 이양 받았고, 선교부는 구 건물과 유치원을 그들에게 임대하였다. 새 건물은 선교부의 대체 사역 발전을 희망하며 유지되었다. 그러므로 유아복지와 건강 진료소만 선교부의 주요 사역으로 남게 되었는데, 이것마저도 1935년부터 점차적으로 경찰의 간섭을 받게 된다. 딕슨 양은 처음부터 매우 불충분한 건물과 적은 시설로 일을 진행하였으나, 1940년 그녀의 오랜 계획이었던 모범적인 진료소가 결국 9,246엔의 비용으로 세워졌다.

공식적인 개소식 행사에는 그 지역 정부의 모든 관료들과 관심 있는 사람들이 참석하였다. 그럼에도 정말 필요하였던 이 사회 사업이 1941년 4월 막을 내리게 된다. 그 건물은 폐쇄되었고, 선교사들은 철수하게 된 것이다.

1947년 전쟁 후 던 양은 다시 한국에 돌아왔다. 그러나 한국전쟁이 일어나자 1950년 일본으로 피신하게 되고, 1952년 다시 돌아올 때까지 그곳의 한국 사람들을 위하여 일을 하였다. 그 후 그녀는 그 지방의 순회 사역과 성경반과 학교에서 가르쳤고, 1958년 은퇴를 하였다. 던 선교사는 1923년부터 한국에서 봉사하였고, 한국 사람들과 동역자 선교사들에게 큰 사랑과 존경을 받았다.

1940년이 끝날 무렵의 통계에는 거창지역의 한국인 사역자가 17명이었고, 그 중 6명은 해외 선교에서 지원받았다. 3개의 당회가 있는 조직교회, 2명의 안수 받은 목사, 4개의 조직교회 그리고 26개의 미조직교회가 있었다. 전체 교인은 2,251명이었는데, 그 전 해의 통계에서 42명이 감소되었다는 것을 보여 준다.

11장
선교기관과의 협력

1. 세브란스 병원

세브란스병원 협력에 관한 이야기는 앞서 서술된 본 도서의 내용을 보시오.

2. 성서공회와 성서 번역

새 선교지에서 첫 번째로 요구되는 작업은 성서번역이다. 1884년 한국에 도착한 개신교 선교사들은 다행이도 그 작업이 이미 진행되고 있음을 발견하였다.

1882년 그들은 한국인 회심자 이수정에 의하여 번역된 마가복음을 일본에서 가지고 들어 올 수 있었으며, 이것은 미국성서공회에 의하여 출판되었다.

그들이 또한 한국에 도착하였을 시, 영국과 해외성서공회의 북

중국지부가 2년여 전에 매서인 서상순에게 300개의 누가복음과 요한복음 쪽 복음을 가지고 한국에 들어가 나누어 주도록 하였는데, 이 성경은 만주의 존 로스 박사와 매킨타이어 박사 그리고 2명의 한국 기독교인에 의하여 번역된 것이었다.

그러나 이것도 한국에 처음 도달한 성서는 아니었다. 중국어로 된 일부분 성서가 1865년 토마스 목사에 의하여 서쪽 해안에 전하여 졌는데, 그는 3개월 동안 그곳에서 일하였고, 그 다음해 '제너럴 셔먼'호를 타고 가다가 평양부근의 강변에서 좌초되어 적대적인 군중들에게 성경을 전하고, 그들에 의하여 죽임을 당하였다.

1885년부터 1887년까지 언더우드 박사와 아펜젤러 박사는 마가복음을 새롭게 번역하였고, 스코트랜드성서공회는 이 쪽 복음을 2,000부 발행하였다.

1887년 같은 해, 로스 박사는 신약 전체 한국어 번역을 완성하였으며, 영국과 해외성서공회가 출판하도록 되어 있었다.

스코트랜드성서공회는 1887년 부산과 서울에 성서보급소를 개소하였다. 이 해는 의미 있는 해로 미국과 영국 해외성서공회 그리고 스코트랜드성서공회의 대표들로 구성된 상임성서위원회가 출범하였다. 이 위원회는 성서 번역과 출간 그리고 한국에서의 배포를 목적으로 하는 것이었다. 3개국 성서공회 연합지부가 1904년 설립되었다. 몇 년 후인 1918년에는 미국성서공회가 탈퇴를 하였고, 영국과 해외성서공회가 1919년부터 독점으로 출판을 하게 된다. 휴 밀러는 1889년부터 1937년까지 영국과 해외성서공회와 함께 하였고, 홉스는 1913년 합류하여 밀러의 사직 후 책임을 맡아 1940년 철수 할 때까지 사역하였다. 그는 1967년 캘리포니아에서 사망하게 된다.

이 세기 초부터 우리 호주선교부는 한명 혹은 그 이상을 성서공회위원회에 파송하여 봉사하였다. 엥겔 박사는 구약성서 개정위원회 위원이었다. 신약성서 전체를 개정하기 위한 위원회가 만들어 졌을 때, 커닝햄 목사를 위원으로 요청하였다. 복음서, 사도행전, 로마서 그리고 옥중서신의 번역이 그의 공헌이었다. 구약은 1920년에 그리고 신약은 1926년에 시작되었던 개정판이 완성되어, 1937년 출판사에 넘어갔다.

1940년 9월 19일 영국과 해외성서공회는 대한성서공회로 다시 태어났다. 이 경사스러운 날에 총무였던 정태웅과 다른 두 명이 경찰서에 잡혀가 심문을 당하였고, 70일 동안 그곳에 구류되었다. 동시에 성서공회의 헌법이 수정되었는데 그 내용은 모든 해외선교사들을 제외시키는 안이었다. 성서공회는 1941년 1월 다시 일을 시작할 수 있었고, 1942년 4월에는 가압류된 재산을 되찾았고, 공회의 일을 위한 기금을 모금할 수 있었다. 그러다가 1942년 5월 25일 모든 재산이 일본 정부에 의하여 '적의 재산'이란 이유로 압류되어 4년 동안의 일이 마감되었다.

그러나 다행이도 책들은 파손되지 않았고, 1945년 전쟁이 끝난 후 재고들은 온전하게 발견되었다.

1945년 9월 9일 새로운 시대가 열리는데 성서공회의 정 씨는 성서공회를 대표하여 일을 계속하도록 승인을 받았다. 당시 15,000권의 성경과, 43,000권의 신약과 509,000권의 쪽 복음이 있었다.

세계 전쟁 거의 10년 후 한국은 미국과 영국으로부터 오는 성서에 의존하였지만, 1947년부터 다시 책을 출판할 수 있었다. 1948년 발행된 성경과 쪽 복음 부수는 171,418권이였다. 1948년 정 씨는 성서공회에서 40년간의 충성된 사역을 마치고 70세에 은퇴하였다.

성서를 한글로 번역하는 것이 긴급하게 요청되었고, 1950년에 가서는 성서의 일부분을 현대어로 출간할 준비가 되어 있었다. 그러나 그해 6월 북한의 공산주의가 갑자기 남한으로 들어옴으로 성서공회는 완전히 파괴되었는데, 사본은 한 직원의 아내가 병에 담아 시골로 가지고 가 보존될 수 있었다. 결국 1952년 새 번역이 출간되어 분배되기 시작하였다.

성서공회의 사역은 한국의 복음화를 위한 가장 중요한 요소 중의 하나였다. 그리고 우리 선교부가 그 사역의 한 부분을 협력할 수 있게 되어 큰 기쁨이었다.

3. 기독교서회

조선성교서회는 1889년 아펜젤러 목사와 언더우드 목사에 의하여 창립되었다. 이 기관은 개척 초기에 소책자와 팸플릿 같은 자료를 제공하였다. 1918년 서회의 출판 기록을 보면 약 400개의 자료를 출간하였는데 소책자, 성경 그리고 기독교 사역을 위한 여러 자료들이었다.

1919년 이 기관의 이름은 기독교서회로 바뀌었고, 좀 더 폭이 넓은 내용의 책이 출간되기 시작하였다. 몇 해 동안 서회는 영국과 해외성서공회 사무실에서 일을 보았다. 그러다가 1907년 부지와 건물을 매입하였는데, 1911년 확장공사도 하였다. 그러나 이 시설도 서회의 일을 위하여 부족하였는바 1931년 서회는 아름다운 건물을 건축하였다. 1950년 그러나 북한의 침략으로 큰 피해를 입게 된다.

1911년 제랄드 본윅이 총무로 임명되었고, 그 후 기독교서회의 주요 인물로 오랫동안 봉사하게 된다. 그의 지도력 하에 서회는 점차적으로 발전하였고, 한국에서 교회 주간신보가 1897년 처음 발행되었다. 여기에 '기독교인 메신저'를 더하였고, '신학 리뷰', 1928년 평양신학교에서 준비한 성서사전, 성경주석, 주일학교연합회에서 준비한 주일학교 교재, 영어로 된 '코리언 미션 필드' 그리고 한국어 찬송가 등 이 모든 것이 한국의 개신교회 전체를 위하여 서회가 출간하였다.

서회는 책 판매로 인한 수익 외에도 회원교회로부터 회비를 받았고, 매년 각 선교회로부터 지원도 받았다. 우리 선교부는 보통 매년 65파운드를 지원하였다. 또한 우리 선교부 회원들 중 몇 명은 서회의 위원회에 참여하여 책 출판을 협력하였다.

에스몬드 뉴 목사는 노회기독교서적위원회와 함께 일하면서 학교 사역을 위한 책과 그림을 출간하였는데, 기독교서회가 출판하고 판매하였다.

한국의 복음사역에 있어서 기독교서회는 오랜 기간 유일하고도 중요한 사역을 감당하였는바, 기록된 말씀을 전국의 다양한 계층의 사람들 중에 스며들게 하였다. 개신교회의 한 단체로 복음을 알리는데 가장 효과적인 기관이었음을 증명하였다.

1939년 4월에는 편집부를 위한 기금 모금이 성공적으로 진행되어 50,000엔 즉 5천 파운드가 모금되었다.

지난 50년의 역사동안 기독교서회는 교회를 섬길 수 있는 좋은 위치에 있었다. 이 기관은 훌륭히 성장하여 현재의 비용을 감당할 수 있었을 뿐만 아니라 새로운 출판도 가능한 충분한 수입이 있었다. 1939년 전쟁으로 인하여 이 중요한 사업이 방해를 받았지만, 문서에 대한 더 큰 소명과 필요가 요청되었다.

4. 신학 훈련

신학 훈련은 1901년 평양에서 두 명의 목회자 후보생과 함께 시작되었다. 그 해 신학교육위원회가 임명되었는데 북장로선교회의 마펫 목사, 남장로선교회의 전킨 목사 그리고 캐나다선교회의 푸트 목사로 구성되었다. 그리고 그 다음 해 호주장로교선교회의 엥겔 목사와 다른 두 명도 합류를 하였는데, 학생들을 위하여 5년 과정이 합의 되었다.

1906년부터는 모든 장로교회의 대표가 교수단과 학생회에 참여하였다. 1907년 7명의 첫 졸업생이 배출되었는데, 당시 '조선예수교장로회신학교'란 명칭이 채택되었다.

1916년에 이 신학교는 6명의 교수와 7명의 협력교수로 재조직되었다. 호주선교부 대표로 있었던 엥겔 목사는 교회역사과의 위원장으로 임명되었다. 그는 또한 헬라어와 히브리어를 강의 하였고, 신학교의 도서관장이기도 하였다.

1937년 엥겔이 은퇴함으로 커닝햄 목사가 신학교에 임명되었다. 그러나 신사참배 안건으로 1938년 신학교가 문을 닫게 되었고, 이로 인하여 그는 큰 공헌을 할 수 있는 능력이 있었지만 한 학기만 봉사할 수 있었다.

5. 평양의 유니온기독신학교

남자들을 위한 대학교육은 1906년 감리교회와 연결되어 미장로교선교회에 의하여 시작되었다. 호주장로교회는 1912년에 합류하였고, 캐나다교회는 그 몇 년 후에 합류하였다.

1913년 호주선교부 협의회는 한 사람을 영구적으로 매해 4개월 동안 평양유니온기독신학교에 파송할 것을 확인하였고, 이 일에 커닝햄 목사를 염두에 두고 추천하였다. 그러나 불행하게도 여러 가지 이유로 이 일은 끝내 시행되지 못하였고, 우리 선교부는 다른 방법으로 협력하였다.

감리교가 1915년 철수하였지만, 4개의 장로교선교회와 한국의 장로교는 이 신학교를 연합기관으로 계속 운영하였다. 1928년에는 농과과정이 더하여졌으며, 4년 후에는 74명의 학생이 등록하였다. 1932년에는 신학교 전체 등록 학생이 170명이었고, 그 중 140명은 세례 받은 기독교인으로 입학하였다. 장로교회의 대부분 목회자는 이 신학교의 학생이거나 졸업생이었고, 교수들 중에도 이 학교 졸업생이 있었다.

신사참배로 인한 첫 번 희생양이 바로 신학교였다. 학장은 신사참배 거부로 인하여 사표를 강요받아 출국되었다.

6. 이화여자대학교

한국의 장로교공의회는 여성들의 대학교육을 위하여 유니온칼리지를 계획하였으나, 재정적인 어려움과 기타 이유로 끝내 성사되지 못하였다.

그러나 많은 장로교 여학생들은 우리 선교부의 협력을 환영하는 서울의 이화대학교에 등록을 하였다. 대학교의 학구적인 수준과 복음에 대한 열정을 인식함에도 불구하고, 우리 선교부는 아쉽게도 재정적으로나 교수인력으로 지원하지는 못하였다.

그럼에도 맥라렌 부인 제시는 비록 선교협의회의 파송은 아니었지만 이화대학교가 그녀를 필요로 할 때 자원으로 가치 있는 지원을 할 수 있었는바, 유럽역사와 성경과목을 일 년간 강의하였다. 그녀는 이 대학교의 아름다운 캠퍼스를 전반적으로 디자인한 마스터였고, 이것은 전쟁 전 시기 이화의 자부와 기쁨이었다.

여러 해 동안 아펜젤러 양이 이 이화학당의 교장이었고, 그녀의 지혜로운 행정력 아래 이 학교는 몇 개의 과를 포함하는 여자대학교로 발전을 한다. 김활란 박사가 그 녀의 뒤를 이어 첫 한국인 학장이 되었다. 그녀의 재치와 지혜로 세계 전쟁이라는 어려운 시기에 학교를 보존할 수 있었고, 전쟁 후 평화가 선포될시 2,000명의 학생과 함께 개교할 수 있었다.

한국전쟁 시기에 견고한 건물과 아름다운 캠퍼스는 폐허더미가 되었고, 김 학장은 부산으로 피난 가 고갈된 교수요원과 부족한 시설로 언덕의 움막이나 텐트에서 학교를 계속하였다. 불행한 나라에서 미래 지도자가 되기 위하여 기독교 여성은 교육되어야 한다고 그녀는 믿었기 때문이었다.

7. 구호사역

구호사역은 본 도서 초반에 기술된 내용을 보시오.

8. 기독교여자청년회

기독교여자청년회는 1922년 6월 서울에서 열린 여름대회에 참석한 65명의 젊은 여성들로 조직되었다. 최필례 부인이 처음 주도를 하였고, 곧 도시에서 5개의 지부와 학교에서 11개의 단체가 활동을 하였다. 그 다음해 기독교여자청년회에는 2,000명의 회원으로 증가하였다.

경상남도에서는 양한나가 적극적으로 기독교여자청년회를 시작하였다. 그리고 얼마안가 동래의 하퍼기념학교에도 활동적인 단체가 생겨났다.

이 기독여성청년운동은 처음부터 본국인들의 주도로 발전하였다는 것에 주목할 만하다. 현재 이 단체는 한국전체에 25,000명의 회원과 18개의 도시와 지역에서 다양한 프로그램을 하고 있다.

기독교여자청년회는 여성과 소녀들의 친교단체로, 기독교 신앙을 매일의 생활에서 표현하려고 노력하고 있다. 기독교여자청년회는 여성들이 좀 더 한국 사회에 참여를 하고, 현재 공동체에 존재하는 환경을 발전시키려면, 정신적으로 도덕적으로 육체적으로 그리고 영적으로 훈련받아야 한다고 믿었다. 그러므로 그들은 다양한 프로그램을 조직하였고, 전쟁 후에 기독교여자청년회는 동래에서 호주선교부와 협력하는 결정적인 역할을 하게 된다.

1941년 일본이 세계 전쟁에 참여하므로 동래의 농업실수학교는 다른 학교들과 마찬가지로 실제적으로 문을 닫게 된다. 그러므로 1948년 기독교여자청년회의 요청으로 그 학교건물을 그들에게 5년 시험기간으로 사용하게 하였다. 만약 그들이 그들의 프로젝트를 성공적으로 진행한다면 양도하겠다는 조건도 있었다. 전쟁으로 인하여 이 계획은 1955년까지 보류되었고, 1957년에 가서야 건물과 재산이 기독교여자청년회의 소유가 되었는데, 이것은 그들 단체가 세워진 목적에 따라 프로젝트를 시행하겠다는 확약을 바탕으로 된 일이었다.

12장
중간기 1941-1951

"옛 것은 지나갔으나, 아직 새것이 시작되지 않았다."

(게일, 한국선교연보, 1923)

1. 정치적 배경

1941년 12월 8일 일본은 세계 전쟁에 뛰어 들었다.

1943년 12월 루즈벨트 대통령과 처치힐 수상 그리고 장개석 장군은 '카이로 선언'을 발표하였고, 그 내용 중에 "한국 사람들이 식민화 된 것을 유의하고 있으며, 강국 세 나라는 한국이 장차 자유롭고 독립된 나라가 될 수 있도록 할 것이다."라고 선언하고 있다. 이 세 나라는 미국, 영국 그리고 중국이었다.

또한 1945년 7월 26일의 포츠담선언도 이것을 확인하고 있다. '장차'라는 단어가 1945년 2월 얄타조약이 발표되면서 한국인들을 걱정하게 만들었는데, 이것은 적대 행위 중지 후 러시아의 군대가 삼팔선 이북으로 그리고 미국은 이남으로 들어 올수 있는 빌미를 주게 되었다.

러시아는 여전히 일본과 불가침 조약을 맺고 있었고, 일본이 항복하기 일주일 전인 1945년 8월 8일까지 전쟁을 선포하고 있지 않았다. 그리고 항복의 내용의 서명자 중의 하나로 러시아 역시 포츠담선언에 서명하였다.

한국에서 이중 군사점령은 일본의 철수를 위한 임시 편의로 고려되었는데, 한국을 재건하기 위함이었고 그리고 임시 민주적인 정부를 세우려는 목적이었다. 당시 한국 인구는 대략 3천만 명이었는데, 그 중 3분의 2는 남쪽에 살았고, 그곳에 대부분 농작물이 자라고 있었다. 북쪽은 광물이 풍부하였고, 주요 공장과 90%의 수력발전소의 가능성을 가지고 있었다. 오래된 역사 속에 한국은 종종 외세의 침략과 분열을 경험하였지만, 그럼에도 항상 한 민족과 문화의 국가로 떠올랐다. 분단은 경제와 공업 그리고 정치와 사회 관계 교살을 의미하였다. 남쪽이던 북쪽이던 통일이야 말로 모든 한국인들에게 본질적인 목적이어야만 한 것이다.

1945년 8월 해방 이후 여러 가지 정치단체가 생겨났고, 그 중 좌파 '조선인민공화국' 운동으로 표방되는 단체들도 있었다.

맥아더 장군이 이끄는 미국군대가 한국에 도착하므로 서울에서는 이러한 좌파 운동들이 통제되었다. 미국은 그 단체들의 권위를 인정하지 않았고, '대한민국 망명정부'도 인정하지 않았다. 그들은 9월 망명정부의 지도자인 이승만과 김구가 일반 국민으로 한국에 돌아오는 것을 허락하였다.

　북쪽에는 러시아, 만주 그리고 중국 북부로부터 온 한국인들이 지역에 있던 공산주의자들과 함께 '인민위원회'를 만들었고, 나라의 사회적이고 경제적인 구조를 재건축하였다.

　1945년 12월 모스크바협정이 맺어졌는바 이것의 희망은 이중 군사점령의 실수를 만회하는 것이었고, 러시아, 영국, 미국, 중국 네 강국에 의한 '신탁'을 5년 기간 동안 하는 것이었다. 한국인들은 이것이 카이로선언을 위반하는 것으로 보았고, 그들의 독립을 위협하는 것으로 강력하게 항의하였다.

　1946년 2월 모스크바라디오는 중앙정부 조직대표로 김일성이 취임하였음을 선언하였다. 이것은 북쪽에서 일어난 일이었음에도 한반도 전체를 위한 것이었다고 하였다.

　4강 신탁국은 한국 임시정부와 함께 미국과 러시아를 대표부로 하는 합동위원회를 조직하였고, 1946년과 1947년에 각각 만났다. 그러나 회의는 교착상태에 빠져 있었다.

　이 문제는 유엔에 까지 올라가게 되었고, 1947년 11월 총회에 그 안건이 상정되었다. 이 유엔 총회에서는 한국 전체를 위하여 1948년 5월 10일 총선을 실시하기로 결정하였고, 유엔위원회가 총선을 감시하도록 하였다. 그러나 북쪽의 참여는 러시아가 거절하였고, 총선은 남한에서만 이루어졌다. 92퍼센트의 성인들이 총선에 참여하였고, 1948년 8월 15일 이승만을 대통령으로 하는 대한민국이 공식적으로 탄생하게 된다. 그러나 기본적인 분쟁은 해결되기보다 더 격렬하여졌다. 그러므로 이제 한국에는 두 개의 나라가 생겨났는데, 서로 전체 한국을 대표한다는 삼팔선 이북에는 북한, 남쪽에는 대한민국이었다. 공산주의와 민주주의라는 두 개의 이념과, 북쪽에는 러시아, 남쪽에는 미국이 주관하는 2개의 방어체제가 생겨났다.

유엔은 러시아와 미국의 점령군이 가능한 빠른 시기에 철수할 것을 추천하였다. 모스크바라디오는 1948년 8월 25일 북한에 총선이 치러졌다고 보도하였고, 그 결과 '위대한 조선인민공화국'은 김일성을 주석으로 선출하였고, 평양을 수도로 하였다고 하였다. 러시아 군대는 1949년 6월 29일 완전히 철수하였다고 선언하였는데, 그러나 이것을 유엔위원회가 확인하도록 허락하지는 않았다. 미국군은 1949년 6월 29일 완전히 철수하였고, 작은 군대인 93,000명의 한국인 군인들을 훈련하기 위한 약간의 군 장교만 남았다. 그들은 전쟁에 유혹받아 빠져들지 않기 위한 최소한의 군대만 허용되었다. 그럼에도 한국에서의 전쟁 발발 가능성은 내재되어 있었고, 얼마 후 전쟁이 일어나게 된다. '철의 장막'은 곧 삼팔선 위에 세워지게 되고, 국경선 양쪽의 군대가 종종 부딪치는 사건이 일어나게 된다.

2. 국내 정치상황

해방 후 수많은 이산가족들의 상호교통은 절망스러울 정도로 이루어지지 않았다. 수백만 명의 한국인들이 전쟁 노동을 위하여 일본에 끌려갔다가 일부 송환되었고, 약 백만 명의 일본인들이 일본으로 귀국하였고, 많은 수의 사람들이 만주와 북한과 러시아 영역에서부터 내려왔다. 공업은 정지되었고, 도로와 철도는 대부분 파괴되었고, 인플레가 심하였고, 생필품은 부족하였고 그리고 가격은 엄청나게 비쌌다.

1946년 1월 언더우드 박사는 보고하기를 "그때까지의 인플레, 쌀 투기와 실패가 가격을 통제하고 화폐를 개혁하는데 큰 혼란을 야기하였다. 경찰들은 경험이 부족하여 무법천지처럼 되었고, 삼팔선 이북에는 그곳에 있던 군인들에 의하여 가축이나 쌀, 기계 그리고 무엇이던지 약탈되고 있다고 보고되었다. 그럼에도 상황은 여러 방면으로 나아지고 있었으며, 사람들은 감사하게 생각하고 있었다"(맥라렌 박사에게 보낸 편지에서 발췌).

농부들은 오랫동안 처음으로 경제적 억압에서 벗어났고, 풍성한 추수를 할 수 있었다. 그들은 잉여수확물을 판매하는 것이 인플레로 인하여 불확실함에도 불구하고 그들의 땅에서 수확한 것을 즐길 수 있었다. 해방 후 초기에 한국은 경제적인 어려움으로 괴로움을 당하였는데, 이것은 직접적으로 분단으로 인한 것이었으며, 약 5백만 명의 귀환자들을 받아들이는 현실이 정치적인 혼란을 가중 하였다.

1945년 유엔 난민구호협회 회원으로 한국에 입국한 호주인 던컨 양이 보고하기는 만주나 북한에서 와 불법으로 삼팔선을 넘는 난민이 매일 4,000명이었다. 이 숫자에는 일본으로 귀국하는 일본인들도 포함되어있다. 당시 부산에는 일본에서 귀국한 한국인이 백오십만명이 있었다. 숙소와 음식 문제가 심각하였다. 전쟁은 숙소와 식량의 부족을 야기하였고, 화재로 인하여 수천 개의 집이 소실되었다.

그럼에도 이 거대한 과제는 잘 진행되었는데, 1950년 침략 시에 정부의 구호 명단에 십만 명 이하만 남아 있었다.

1950년 5월 30일 한국에 2번째 총선이 있었고, 유권자 중 85퍼센트가 투표를 하였으며, 2,052명의 후보자 중에 210명이 국회로 들어갔다. 이승만 박사가 180대 16으로 승리하여 4년의 임기로 또다시 대통령으로 선출되었다. 선거 직후 북한은 한국으로 들어오는 모든 전력을 차단하였다.

6월 초에는 평양 라디오에 의하여 '나라의 평화 통일'을 위한 내용과 다른 선전이 방송되었고, 이것은 곧 전개될 전쟁을 감추기 위한 것이었다. 1950년 6월 25일 아침 북한은 전면적으로 도발을 시작하였고, 남한의 친북운동가들에게 대규모의 봉기와 파업을 시행할 것을 명령하였다.

남쪽의 군대에는 큰 군사력과 교통수단이 없었는데 반해 북쪽 군대는 러시아의 지원을 받아 막강한 군사 공격력을 가지고 있었다.

유엔의 안전보장이사회는 즉시 적의를 멈추고 군대를 철수할 것을 요구하였지만 영향력이 없자, 북한군을 물리치고 국제사회의 평화와 안전을 회복할 수 있도록 모든 회원 국가가 남한에 필요한 지원을 해 줄 것을 요청하였다. 호주를 포함한 51개국이 지원을 약속하였고, 맥아더 장군의 지도력아래 연합군이 형성되었다. 16개국이 적극적으로 전쟁에 동참하였다.

몇 주 만에 공산주의자들은 남쪽으로 밀고 내려왔고, 마산을 포함한 대구에서 부산까지의 작은 삼각지대만 제외하고 모두 점령하였다. 이 지역에는 많은 피난민으로 들끓었지만, 다른 지역과는 달리 큰 파괴와 혼란은 없었다. 그리고 보강된 연합군과 한국군은 반격을 시작하여 10월 말에는 공산주의자들을 만주 국경까지 밀고 올라갔다.

그러나 또 한 번의 반전은 1949년 공산화 된 중국의 대규모 인민군이 이 전쟁에 뛰어 들게 된 것이었다. 판세는 다시 바뀌어 연합군은 서울 이남으로 철수하였는데, 이것으로 도시의 80 퍼센트가 세 번째로 파괴되었다. 상황은 다시 반전되어 공산주의자들은 삼팔선 이북으로 후퇴하였고, 국가를 안정시키기 위하여 유엔의 명령으로 한국군은 그곳에서 진격을 멈추었다. 이것은 맥아더 장군에 의하여 격렬하게 반대되었는바 그는 확실한 승리를 위하여 이 기회에 북한군을 압록강 너머까지 쫓아내야 한다고 생각하고 있었다. 1951년 4월 그는 자리에서 물러났고, 여전히 분단된 한국에서 쉽지 않은 평화를 위한 협상이 진행되고 있었다.

1953년 판문점에서 군사 휴전협정이 체결되었지만, 한국은 여전히 분단되어 국경에 엄중한 장벽이 세워졌다. 철통같이 감시되는 각 국경의 휴전선 그 사이에는 동쪽으로부터 서쪽까지 '누구의 땅도 아닌' 비무장지대가 생겨났다.

3. 교회의 상황 1941-1951

1941년은 한국에 있어서 기독교 교회의 한 시대를 마감하는 해였다. 마지막 선교사가 철수한 후 침묵의 커튼이 교회 안에 드리워졌고, 이것은 1945년 해방의 종소리만이 걷어 올릴 수 있었다.

1942년 쿠니아케 코이소 총독은 '종교적으로 개혁된 한국 건립'을 선언하였다. 다양한 교회들이 교단이라는 이름하에 연합될 것을 강요받았고 그리고 일본기독교회와 연합하여 '일본기독교조선교단'을 만들려고 하였다.

브라운 목사에 의하면 전쟁 전 70만 명의 신자가 해방 시에 절반 정도만 남았다고 하였다(브라운, 한국선교, 8장 참조). 200개의 교회가 문을 닫았고, 이천 명 이상이 감옥에 갇혔으며, 모든 청년 사역은 금지되었고, 많은 지역에서 교회는 지하로 들어갔다.

해방 후 첫 대중 집회에서 국가의 기독교 지도자들을 더욱 효과적으로 돕기 위하여 연합되어 하나 된 교회를 계속하기를 결정하였지만, 일본과 협력한 자들이 들어와 있다는 것과 교단의 보수성을 도왔다는 사실로 그 연합은 곧 붕괴되었다. 언더우드 박사는 언급하기를 "거기에는 충분한 지도력이 없었고, 사회 종교적이거나 혹은 순전히 종교적으로 큰일을 하기에는 종종 계획이 잘못 되었었다." 감리교회와 장로교회의 분리도 곧 다시 시행되었다.

1946년 봄쯤에 남쪽의 대부분 장로교는 다시 재건되었고, 6월 12일 첫 장로교 총회가 개최되었다. 평양신학교의 운영이 더 이상 가능하지 않기에 본 총회는 조선신학교를 남한에서 인정받는 신학교로 승인할 것을 결정하였다. 이 신학교는 호주선교부에 대표를 보낼 것을 요청하였고, 커닝햄 목사가 교수요원으로 임명되었다.

1947년 남한과 북한의 통일에 대한 희망이 없는 것이 명백해지자, 대구에서 열린 총회는 북쪽의 노회 없이 한국만의 단독 총회를 공식적으로 재구성하였다. 많은 목회자와 교인들이 북쪽으로부터 난민으로 내려와 기존 한국의 교회에 넘쳐났고, 그러므로 새 교회당 건축이 시급하였다.

그리고 곧 불행하게도 일본이 요구한 신사참배에 순응한 교회들과 그것에 불응한 교회들 간의 분쟁 조짐이 드러나게 되었다. 그리고 스스로를 보수주의자, 극 보수주의자 그리고 진보주의자로 칭하는 사람들로 인하여 하나님의 말씀에 대한 다른 해석과 신학이 또 다른 분쟁의 요인이 되었는데, 이것에 대하여 앤더슨 목사는 다음과 같이 쓰고 있다. "불충분한 이해와 신조의 특별한 부분만 강조하는 것은 근본주의가 아니다." 이 결과로 장로교 총회는 분열하게 되었다.

1946년 9월 경상남도에서 분열된 하나의 그룹은 박윤선을 교장으로 고려신학교를 부산에 설립하였다. 조선신학교는 장로교회의 표준 신학에 반대되는 고등비평과 알미니안 신조를 가르친다고 그들이 느꼈기 때문이다.

국가의 혼란스러운 상황 그리고 새 환경에 적응하려는 긴장과 분열에도 불구하고, 1945년부터 1950년까지는 몇 개의 노회가 형성되는 전무한 성장과 복음의 열정이 있었던 시기였다.

1949년 교회와 선교연합회가 서울에 설립되었고, 그 목적은 "한국에서의 전도, 교육, 의료 그리고 복지에 대한 공동 계획과 기독교 사역 증진"이었다. 이 공의회에는 한국 총회에서 선출된 열 명의 위원과 열 명의 선교사, 즉 미북장로교회에서 3인, 미남장로교회 3인, 호주선교부 2인 그리고 캐나다연합교회 2인으로 구성될 것으로 제안되었다. 한국교회는 그들의 임기동안 해외에서 온 선교부도 한국교회의 중요한 부분을 담당해 줄 것을 요청하였다.

4. 북한의 교회 상황

공산주의 치하의 북한에서 교회는 점차로 압력과 박해를 받기 시작하였다. 1950년에 이르러 대부분의 교회 사역자는 남한으로 피신하였고, 아니면 지하로 숨어들었다. 북한이 남쪽으로 쳐들어 올 무렵 기독교인들에 대한 압력은 증대되었고, 북쪽의 교회들은 대부분 파괴되었다. 북쪽에 공습이 있을 시에 공산주의자들은 교회 건물을 점령하였고, 그 안이 더 안전하리라고 생각하였다. 1950년 9월 북한군은 더 북쪽으로 후퇴하면서 기독교인들을 대량 학살하였고, 교회에 불을 질렀다. 평양에서만 4,900명이 학살되었다고 전해지고 있다.

연합군에 의하여 평양이 해방되고 한국군이 도착하였을 때, 처음에는 한명의 기독교인도 찾을 수 없었다. 그러나 그 다음 주일에 남아있던 교회당에서 예배를 준비하고 있는데, 오후 환영예배에 3천명의 기독교인들이 모였다. 그들은 즉시 교회를 재건하려는 계획을 세웠지만, 어색한 평화 정착을 위한 삼팔선이 그어지면서 그 계획은 결코 성사될 수 없는 운명을 가졌다.

5. 항거의 대가

한국전쟁 발발 후 6개월 동안 교회의 손실은 너무나도 컸고, 북쪽은 형언할 수 없을 정도였다. 남한에서는 반 이상의 목회자를 잃었다. 교회 전체에서 508명의 목회자가 살해되거나 실종되었고, 1,373개의 교회당이 완전히 파괴되었고, 666개가 부분적으로 파괴되었다. 서울의 성서공회와 대한기독교청년회 건물은 화재로 소실되었고, 기독교서회와 세브란스병원 건물은 부분적으로 파괴되어, 서울의 80퍼센트가 폐허가 되었다.

그러나 이 전쟁으로 인하여 생겨난 사람들의 고통의 깊이는 아무 말로도 설명할 수 없다. 올리버는 '한국에 대한 판결'에 말하기를 남한에서 백만 명이 살해되었거나 병으로 죽었고, 또 다른 백만 명은 심각하게 부상당했거나 포로로 잡혔거나 아니면 실종되었다.

어린이 6십만 명에서 10만 명이 고아가되거나 실종되었다. 8백만 명이 그들의 집과 재산 전부를 잃었다. 농업과 공업을 위한 건물들이 크게 파괴되었고, 5천개의 마을과 도시 중 1,200개가 완전히 없어졌다.

전주의 폴 크레인은 말하기를 남한 사람들이 전주에서 후퇴할 때 3천명의 공산주의자들을 죽였다고 하였다. 그리고 그 후 공산주의자들이 들어와서 그들은 반공산주의자 2천명을 살해하였다고 한다. 이것은 1951년 3월 1일 선교사회의에서 아담스 목사 말을 인용한 것이다.

기독교세계봉사회는 고아들을 돌보았으며, 3십만 명의 과부들과 그들의 아이들 약 517,000명을 도왔다. 결핵과 천연두가 만연

하였으며, 콜레라도 발병 조짐을 보였고 부산지역에서 심각하게 나타났다.

1950년 7월초 모든 교단의 기독교 사역자들이 대구에 모여 구호 사역을 조직하였다. 마침내 '한국기독교구호협회'가 전국 30곳에서 정부의 '국방과 사회복지부'와 함께 협력하였다.

1951년 1월 북한이 다시 남쪽으로 밀고 들어올 때, 서울에서는 큰 혼란과 탈출이 있었다. 남아있던 선교사들은 기독교인들이 서울과 인천에서 피난을 떠나도록 도왔다. 어떤 사람들은 트럭으로 대구까지 갔고, 대부분의 사람들은 찢어지는 마음으로 도보로 남쪽으로 향하였다. 부산은 평상시 인구보다 3배가 많아졌으며, 판잣집과 가난과 그리고 더러움의 도시가 되었다. 한 신문은 "부산은 인간의 비극으로 상처가 터지고 있다."고 보도하고 있다. 정부에 의하여 2만 명 이상의 난민이 인천에서 통영 근처의 거제 섬으로, 혹은 남쪽 해안으로부터 50마일 떨어져있는 제주 섬으로 배로 운송되었다. 363명의 난민 기독교 목회자와 교회 신도들에 의하여 전도사역이 즉시 시작되었다. 제주에서 10개의 새 교회가 개척되었다. 미장로교 아담스 목사가 그 작은 거제의 몇 교회를 방문하였을 때 그곳 기독교인들의 신앙 수준으로 인하여 감명을 받았다고 하였다.

1951년 세브란스병원도 다른 기독교 난민들과 함께 서울에서 거제로 피난을 하였고, 난민들에게 의료 지원을 한 제주에 제칠일안식교병원 직원들이 들어갈 때까지 그곳에서 의료 사역을 하였다.

기독교인들은 그들의 나라를 삼킨 이 끔찍한 비극을 그들에게 닥친 가장 큰 도전으로 보았다. 한경직 박사는 다음과 같이 인용되었는바 "하나님은 우리에게 짧은 시간에 한국을 복음화하라는 놀라운 기회를 주셨다. 이 어려운 시기에 만약 우리 한국인들이 우리의 힘과 신앙과 방법을 하나로 모아 이 기회를 선용한다면, 한국은 5년 안에 복음화 될 것이다."

한국 기독교인들은 네 분야에서 대 부흥운동을 계획하고 있었는데 군인병원에 있는 수천 명의 부상자, 전쟁 포로, 군인 그리고 난민들이었다.

1953년 전쟁 포로를 북한으로 귀송시키라는 명령이 전달되었을 때 하나님이 부재한 공산국가로 보내지 말아달라고 많은 포로가 청원하였다. 이승만 대통령은 그 귀송의 명령에 불복하여 수용소 문을 열어 27,000명의 포로가 자유를 찾아 걸어 나갔고, 그들은 남쪽에 있던 교회의 신자 숫자를 크게 불어나게 하였다.

당시 한국인들이 당면하였던 이 상황을 교육부 장관이었던 조오지 백 박사는 다음과 같이 말하고 있다. "우리의 도시와 집과 공장은 다시 세워져야만 한다. 그것들은 우리 조국의 외향 방위이며, 우리에게 중요하고 가치 있는 것이다. 그러나 자유인으로 우리의 존재에 결정적인 것은 아니다. 우리가 모든 것을 바쳐 보호해야 하는 내부의 성은 우리 민족의 고결함이다."

6. 선교사들의 귀환 1941-1951

1945년 8월 처절한 전쟁이 일본의 항복으로 끝나자, 호주장로교선교회는 한국에 선교부를 재건하기 위한 준비를 위하여 대표를 파송하려는데, 즉각 승인이 나지는 않았다.

한국인 친구들에 관한 첫 소식은 1946년 1월 유엔의 난민구호협회에서 일하던 콘스턴트 던컨 양을 통하여 전하여 졌다. 던컨 양은 한국교회의 생명력을 언급하였고, 선교사들의 긴급한 귀환을 고대하고 있다고 전하였다.

그녀는 한국주재 미국군에 속하여 있는 간호협회 회장인 홍옥순 간호사가 한 일을 칭송하였다. 그녀는 전쟁 바로 전 멜본에서 대학원 공부를 하였는바, 던컨은 그녀에 대하여 다음과 같이 쓰고 있다. "선교부가 홍 간호사를 호주에 보낸 것보다 더 좋은 투자는 없었다." 던컨은 해방 후 처음으로 서울에서 제일 높은 남산에서 열린 부활절 예배에 대하여 말하였다. 수천 명의 한국인들이 전에 신사가 처음으로 세워졌던 자리에 이제 커다란 하얀색의 십자가를 세워 그 앞에 예배하고 감사하였다고 전하였다.

1946년 말 해외선교위원회 총무 앤더슨 목사와 레인 목사는 한국 방문을 승인 받았다. 그들은 다섯 개 호주선교부 소속의 건물들이 모두 점령되어 있는 것을 발견하였는데, 대부분 난민들에 의하여 사용되고 있었고, 그들은 주로 일본에서 귀환한 한국인들이었다. 가구와 재산들은 일본인들에 의하여 처분되었고, 그중 맥켄지의 금고도 포함되었으며, 후에 선교부의 모든 재산 증서가 보관되어 있던 부산의 트루딩거 집도 마찬가지였다.

선교부의 집들은 대부분 파손되어 있었다. 앤더슨과 레인은 그 지역의 상황을 조사할 동안 맥켄지 사택 이층에 있던 방 2개를 근거지로 사용할 수 있었다. 1950년 북한의 남침이 있었을 때 진주에 있던 배돈병원, 여학교와 성경학교, 5개의 사택은 거의 모두 폐허가 되었고, 거창과 통영에 있던 재산도 많은 부분 파괴되었다.

1947년 2월 앤더슨은 호주교회로 돌아와 한국교회 상황과 선교부의 재산 상태 그리고 선교사들이 다시 돌아가야 할 필요성을 보고하였다. 이에 따라 6월에는 커닝햄 목사가, 9월에는 위더스, 던 그리고 레게트가 돌아 갈 것을 결정하였다. 여성 선교사들은 전에 있던 '여성의 집'에 다시 거할 수 있었는데, 그곳을 차지하고 있던 가족들을 다른 곳으로 이사하도록 하였다. 전에 있던 어린이 고아원에 있던 김 씨는 이제 성공적인 건축가가 되었는데, 부산의 건물들을 재건하는 일에 미국 군인들과 더불어 적극적으로 도왔다.

1946년 6월 호주의 해외선교위원회와 장로교여선교연합회의 연합이 결정되었고, 총회에 의하여 승인되었다. 같은 해 7월 제한적인 책임만 갖고 있었던 호주 총회의 선교부는 호주 6개 주 교회의 모든 해외 선교를 책임 맡게 되었다. 그러나 11월에 빅토리아 해외선교위원회는 당분간 하던 일을 계속하도록 결정하여 한국에서의 선교를 재개하도록 하였고, 계속 총회 선교부에 그 상황을 보고하도록 하였다.

1948년 총회 선교부에 정책에 대한 안건을 올려 승인을 받았는데 다음과 같다.

1) 전쟁 후 한국에서 기독교 사역의 극히 중대함을 인식하고,

해외선교위원회는 한국의 다른 선교부들과 최대한 협력한다.

2) 모든 선교사역은 한국교회와 상의를 하거나 그 권위 아래 진행된다는 원칙을 확인한다.

3) 기독교 기관의 운영과 유지는 한국교회의 책임임을 기본적인 원칙으로 한다는 것을 확인한다.

4) 부산에 선교부를 재건하고 그리고 2개 이상의 지역에 선교부를 더 세우지 않는다.

5) 연수와 훈련을 위하여 선발된 한국인을 이따금 호주로 보내는 것에 대한 큰 가치를 확인한다.

레인 목사는 한국의 총회장으로부터 전에 있던 선교부의 재산은 호주선교부 소유임을 인정받고, 전쟁 중 관리자 김한수에 의하여 매각된 재산을 반환 받기 위한 과제를 시행할 권한을 이임 받았다. 그리고 일본정부에 의하여 재정된 법인설립을 교섭하는 것도 또 하나의 과제였다.

호주 총회 선교부는 한국에 있는 각 선교부의 상당한 재산은 신탁으로 여겨져야 한다는 의견을 피력하였고, 한국교회가 사용할 수 있도록 하거나 혹은 기독교 공동체가 기독교 사역을 위하여 생산적으로 쓰여야 한다고 하였다.

그러므로 1950년 철수 전에 적절한 단계를 밟아 거창과 통영의 대부분 선교재산 그리고 다른 3개 선교부의 재산 일정 부분을 처분하려 하였다. 그리고 1941년 전보다 훨씬 적은 수의 선교사가 한국에 주재할 것으로 구상되었다.

기관선교를 더 이상 진행하지 않는 것이 정책이었기에 부산의 여학교와 유치원 그리고 마산의 라이얼기념학교를 경상남도 노회에 이양하였다.

통영에서는 기독교여자청년회가 일찍부터 농업실수학교를 요청하였지만, 1957년에 가서야 비로소 그곳에 거주하고 있던 한국 난민 가정과, 이웃에 있던 정부학교의 기숙사 학생들 그리고 군사 병영으로 사용하는 것에서 부터 자유로워질 수 있었다. 1957년 말 정식으로 이 학교를 기독교여자청년회에 선물로 주었다.

진주에서는 한두 명 선교사들의 사택 건립을 위하여 충분한 대지를 남겨 두었다.

거창과 통영에는 한국식 집을 짓기 위한 작은 땅만 남겨 두었는데, 이것은 선교사들이 그 지역에 순회 전도를 하다가 머물 수 있도록 하기 위한 것이었다.

한국교회의 초청에 의하여 모든 선교사들은 돌아 왔고 한국교회 아래 봉사할 준비가 되었지만, 그들이 세운 기관을 다시 운영하거나 직원들을 유지하는 책임은 맡지 않았다. 한국교회도 자립을 원하였지만 해외 선교부의 기관들을 운영하기에는 큰 부담을 느끼고 있었고, 특히 교단의 분열로 더욱 어려워 점점 선교부의 도움을 구하기 시작하였다.

1949년 레인 목사는 가정을 데려 올 목적으로 호주에 돌아갔다. 그들은 1950년 초 율 목사와 그의 부인, 베나 맥납 그리고 새로운 선교사들과 한국으로 돌아갔다.

1949년 5월 부산의 보호받는 대지 위에 3채의 집을 건축하는 것이 결정되었다. 두 개의 옛 집은 허물고, 또 하나는 가능한 매매를 하여, 1950년 6월 새 집들을 완공하였는데, 이는 한국전쟁으로 인하여 모든 선교사들이 일본으로 피신하기 불과 2주 전이었다.

이 당시 커닝햄 목사는 휴가와 은퇴를 앞에 두고 있었다. 욜 가족도 사표를 내었고 그리고 호주로 돌아갔다. 레게트 선교사도 그해 1월 병환으로 인하여 이미 호주로 돌아갔고 그리고 후에 사직하였다.

1950년 10월 레인은 일본에서 부산으로 돌아 갈 승인을 받았고, 그의 가족은 1951년 6월 멜본으로 돌아갔다.

레인은 부산에서 다른 선교부로부터 온 사람들과 집을 함께 사용하였고, 또 다른 집은 유엔의 직원들이 사용하고 있었다. 레인 선교사만이 1950년 10월부터 1952년 2월까지 우리 선교부의 유일한 대표였다.

그리고 헬렌 맥켄지 박사와 캐서린 맥켄지 양이 의료 선교사로 승인되었다. 이 자매는 부산에서 병원을 시작할 적절한 건물과 의료 사역을 협상하면서, 이들은 거의 파괴된 서울의 세브란스병원 재건을 도왔고, 또한 신촌의 새로운 장소에 세운 이화기독교대학의 의과대학도 지원하였다.

위더스, 던, 맥납 그리고 왓킨스 선교사들은 1952년 중반 한국으로 돌아 올 승인을 받기까지 일본에 거주하는 한국인들을 위하여 봉사하는 보람된 사역을 하였다.

1948년 말 한국을 다시 방문한 해외선교위원회의 앤더슨 목사는 호주선교부 재산, 직원 임명, 한국교회와의 관계 그리고 선교부 미래의 문제점들을 협의하였다. 그는 1952년 3월 짧은 기간 한국에서 선교사로 다시 섬기기 위하여 해외선교위원회 총무직을 사임하였다.

레인은 같은 해 8월 휴가 차 호주로 돌아갔고, 그 후 사직하였다. 그는 1947년 초부터 약 1년 동안만 가족과 함께 하였고, 또한 1941년 일본이 전쟁을 선포할 시 한국에서 부인과 함께 감금되는 고초를 당하였고, 그러나 매우 어려운 시기에 빛나는 사역을 하였다.

앤더슨 목사는 1954년 선교사들이 보충될 때까지 한국에 있었다. 그리고 그는 은퇴하였는데, 먼저는 1922년부터 1934년까지 한국에서 가장 위대한 선교사 정치가로 귀한 사역을 하였고, 후에는 1939년부터 1952년까지 해외선교위원회 총무로 일하였고 그리고 호주장로교회 총회 선교부 회원으로도 재직하였다.

부록

호주교회의 특별한 대표와 손님들

1910   호주위원회 한국 방문 (중국과 일본 포함)
         해외선교위원회 총무 페톤 목사, 평신도 선교사 총무 길란더스 그리고 위원회의 발포어 목사, 앤더슨 씨, 해치슨 씨 이승만 박사와 이상재 선생 등 만남

1919   페톤 목사와 캠벨 양이 인도한 해외선교위원회와 장로교 여선교연합회 대표들

1924   아담 교수의 방문. 라이얼중학교 개교 목적

1928   해외선교위원회 총무 매튜 목사와 부인. 대한예수교장로회 17차 총회에서 인사

1934   빅토리아총회 총회장 매카울리 목사, 벨포어 씨 부부. 매카울리 총회장 경남노회에서 설교

1939   해외선교위원회 총무 앤더슨 목사, 존스 목사, 장로교여선

| 1946 | 교연합회 해외 총무 캠벨 양, 마틴 양, 존스 부인 한국선교공의회로 부터의 요청을 빅토리아총회가 승인한 방문 해외선교위원회 대표단 총무 앤더슨 목사, 레인 목사의 방문은 전쟁 후 한국 상황을 조사하고 한국교회의 필요를 알아보기 위한 목적 |

1941년 이전 호주를 방문한 한국인

1921-1922 김호열, 멜본 스코치대학에서 연수하다 병환으로 귀국
1926   양한나(양귀임), 스키너 양 휴가 시 동행
1934   심문태 목사, 연수를 마치고, 종교교육과 청년사역 특별 과정을 위하여 미국으로 보내짐. 1937년 한국으로 귀국
1935   이중철 의사 호주 방문
1936   이삼남, 클라크 양과 동행함
1937   이약신 목사, 빅토리아장로교 백주년 행사의 연사로 빅토리아총회 초청으로 방문
1937-1939 홍옥순과 이영복 간호사, 대학원 공부를 위함

한국의 호주 선교사 묘지

"주님의 품속에서 사망한 자는 복이 있나니"

헨리 데이비스 목사 1889년 8월 – 1890년 4월
매케이 부인　　　 1891년 12월 – 1892년 1월
아담슨 부인　　　 1894년 5월 – 1895년
라이트 부인(니븐) 1905년 – 1927년
알렌 목사　　　　 1913년 – 1932년
맥피 선교사　　　 1911년 – 1937년
네피어 선교사　　 1912년 – 1937년
테일러 박사　　　 1913년 – 1938년 (요코하마에 장사됨)
데이비드 켈리　　 1918년, 한 살 6개월
지미 맥켄지　　　 1922년, 2살
왓슨 쌍둥이　　　 1923년 출생 시
캐서린 매크레이　 1927년 2살 8개월

참고자료

1) 한국 호주장로회 선교, '협의회 회의록', 1909-1940.
2) '빅토리아 해외선교위원회 회의록', 1888-1915.
3) '빅토리아 장로교여선교연합회 보고서', 1891-1942.
4) 로데스, 미국장로교회 한국선교역사, 1884-1934.
5) 백낙준, 한국 개신교 선교사, 1929.
6) 오스굿, 한국인과 한국문화, 예일, 1951.
7) 브라운, 한국 선교, 1962.
8) 샬타우, 은둔의 나라 한국, 1932.
9) 클라크, 한국교회사, 1961.
10) 와손, 한국교회 성장, 1934.
11) 게일, 한국인의 역사, 1924-1927.
12) 홀탐, 일본의 신앙, 1938.
13) 캠벨, 그들은 신앙을 지켰다, 1940.
14) 페톤, 우리의 한국 선교, 해외선교위원회, 멜본.
15) 알렌과 캠벨, 한국의 각성.
16) '동쪽에서의 부름', 파 이스트 보고서, 1910.
17) '1939년 대표단 방문보고서', 해외선교위원회, 1939.
18) 화보 역사: 조선예수교장로회의 50년, 1934.
19) 클라크, 구한국의 종교, 1961.
20) '조선의 행정연례보고서', 조선총독부, 1936-1938.
21) 비숍, 한국과 그의 이웃들, 1905.
22) 매일신문 보고서, 1940년 11월 10일

23) 게이조일본신보 보고서, 1940년 12월 7일.
24) 공의회 기도력 통계, 장로교회, 1922, 1940.
25) '부산, 마산 그리고 진주선교부 보고서', 1911.
26) 소웰, 조선: 고요한 아침의 나라, 1885.
27) 로스, 꼬레아 역사, 1891.
28) 해외선교위원회 보고서, '총회 불루북 회의록', 1940-1952.
29) '한국으로 돌아간 선교사들의 편지'와 '해외선교위원회 총무의 편지', 1947-1952.
30) 김용순, 해방 후 한국교회의 10년.
31) '현 국제상황 보고서', 호주정부 외무부, 캔버라, 1946년 4월, 1950년 8월, 1951년 4월, 11월.
32) 한국인 마음의 그리스도
33) 모건, 한국-교회의 무엇인가, 1955.
34) 올리버, 한국: 오늘, 어제 그리고 내일, 한국태평양발행.
35) 버려진 땅, 호주장로교총회 해외선교부, 1950.

| 제2부

호주선교부와 한국교회

1장_ 한국 장로교회의 시작과 발전
2장_ 호주선교부의 시작과 발전
3장_ 순회 선교 - 그 이유와 발전
4장_ 성경학원의 시작과 발전
5장_ 졸업생들

1 장
한국 장로교회의 시작과 발전

　한국교회의 시작은 역사를 공부하는 학도들에게 흥미로운 대목이다. 장로교 선교사들이 한국 땅에 들어오기 훨씬 전에 예수 그리스도와 그의 구원의 메시지가 로마가톨릭교회를 통하여 이미 한국에 들어와 있었다. 기독교 신앙과의 처음 만남은 우리 교회가 현장에 들어오기 백 년 전으로 거슬러 올라가는 듯하다. 가톨릭교회 선교사가 아닌 선교사에 의한 세례는 1886년 서울에서 있었다. 우리 호주선교부와 관련해서 초기 부산의 호주 선교사들은 미국의 장로교와 감리교 선교사들과 함께 하였다. 우리 지역 선교부의 '첫 열매'는 세 사람으로 알려졌는데, 1894년 세례를 받은 남자 1명과 여자 2명으로 호주 선교사가 아닌 미국장로교회의 베어드 목사가 세례를 준 사람들이었다.
　처음 예배에 참석하여 신앙에 관하여 문의하고, 학습반에 참석하고 그리고 '신조를 공부하는' 과정이 일반적이었는데 점차로 그 숫자가 증가하였다. 남성들과 여성들이 성경에 관하여 공부를 하고 신앙이 자라나자, 곧 공식적인 장로교회 조직이 필요한 것이 명백하여졌다. 많은 교회에서 장로가 선출되고, 그 남성들은 교회 안에 지도자가 되도록 훈련되어졌다.

1904년 우리 지역에서 첫 장로가 안수를 받았다. 그의 이름은 심취명이었고, 후에 그는 우리 지역 첫 장로교회 목사가 된다. 이때 성찬 배수자는 94명이었다. 이 해에는 서양선교사로 인한 선교 20주년 축하행사가 계획되었지만, 러일전쟁으로 인하여 무산되었다. 이 당시 한국에 선교사가 약 200명이 있었는데, 장로교 총회를 조직하기 위한 확실한 단계를 위한 토론이 계속되었다. 그러나 실제 실행은 더 뒤로 미루어졌다. 한국과 매우 관계되는 전쟁이 진행 중이었고, 누가 승리하느냐에 따라, 그 해외 강국이 한국을 통치할 것이기 때문이었다. 1905년 일본이 한국의 외교를 통제하고, 많은 영향력을 행사하면서 한국인들은 곧 알게 된다. 2년 후 한국 황제의 강제 퇴위는 일본의 한국 통치 현실을 보여주는 상징이 되었다. 1910년 합방으로 인하여 한국은 일본의 한 지역이 되었음을 역사는 기록하고 있다.

이 어려운 시기에 놀랄만하게 교회가 성장하였음은 교회 역사의 한 사실이다. 기도와 성경공부, 헌신적으로 제공한 시간과 물질 그리고 전도에 대한 열정은 어디에서나 목도될 수 있었다. 이러한 상황에서 1907년 조선예수교장로회 독노회가 조직되므로 한국의 장로교회가 탄생하게 되었다. 당시 실행된 것 중 하나는 7명의 남성을 목사로 안수하는 것이었는데, 이것이 장로교 목회의 시작이었다.

초기 선교사들은 이때 그 권한을 한국교회에 위임하는 것을 망설였다는 사실이 때때로 언급되기도 한다. 한국인과 같은 인종도 목사가 되고 성찬을 집례할 자격이 있다는 현실이 될 때까지 23년을 기다렸다는 것은 분명히 오랜 시간이었던 것 같다. 다른 여러 기회에도 같은 질문이 주어졌지만 아직 완전히 응답되지는 않았다. 선교사들은 한국인의 신앙과 교회 안의 바른 질서와 올바른 방법으로 인하여 질투하기도 하였다. 그들은 자립과 자전을 강조하였고, 대부분 한국교회는 그 원칙을 받아들였다. 이것은 교회의 생명에 큰 가치를 주었고, 열정을 주는 이유 중의 하나였다.

1907년부터 교회는 계속하여 빠르게 성장하였다. 합병에 대한 충격에도 불구하고 그리고 기독교 국가들이 일본을 막지 않았다는 실망 속에서도 교회는 앞으로 전진하였다. 비록 낙오자는 있었지만 많은 기독교인들은 사람의 손으로 이루어지지 않는 하나님 나라의 복음을 더 깊이 생각하였고, 세상에 증거가 되는 한국 기독교인들에게 닥친 도전의 비전을 보았다. 1910년 빅토리아에서 온 대표들은 한국에서 직접 본 것에 대하여 흥분을 감추지 못하였고, 호주로 돌아와 전한 메시지는 큰 반향을 불러 일으켰고, 특별히 선택된 남녀 선교사들이 아침이 상쾌한 땅의 나라에서 평생을 봉사하게 되는 계기가 되었다. 에딘버러 선교사대회에서 큰 인상을 남긴 대표단 중의 한명은 한국인 윤치호였다. 그는 감리교인 이었지만, 한국에서 기독교 신앙의 놀라운 등장을 보여준 한 사람으로 말할 수 있다.

1912년에 와서 7개의 노회로 확장되었고, 이제는 조선예수교장로회 총회로 구성되는 역사적인 단계를 밟게 된다. 이 새로운 총회는 곧 세계장로교연맹에 가입하게 되고, 이때부터 주요한 위치에 서게 된다.

총회의 첫 결행 중의 하나는 선교사 프로그램을 시작하는 것이었다. 중국 산동성에 선교사를 보내어 중국기독교와 협력하여 1949년 공산주의가 들어올 때까지 열매 맺는 사역을 하는 것이었다. 뿐만 아니라 만주, 시베리아 그리고 일본에 거주하는 한국인들에게도 나아갔다. 최근에 이 총회는 태국에도 선교사를 파송하고 있다.

해외 선교사들의 영향은 여전히 놀라왔다. 첫 총회장들은 모두 선교사들이었다. 그러나 지금은 한국인들이 선출되어 총회가 운영되고 있다. 마지막으로 선교사가 총회장으로 일한 것은 마펫 박사가 1919년 회장이 된 때이다. 여기에는 특별한 이유가 있다. 그해 3월, 그 유명한 독립선언서가 선언되고, 전국적인 시위가 일어나 일본 정부를 놀라게 하였다. 그 독립선언에 기독교인들이 관련되었고, 그 결과 많은 교회 사람들이 심한 고난을 받았고, 모두 감시를 받게 되었다. 만약 한국인이 회장이 되었다면 대부분의 시간을 감옥에서 보낼 것이 분명하였기 때문이었다.

총회는 장로교인들의 마음에 매우 중요한 자리를 차지하고 있었고, 특히 노회들에게는 더욱 그러하였다. 그러므로 총회장이 된다는 것은 큰 영광이었다. 노회 회원들은 노회를 대표하여 총회에 참석하는 것을 큰 특권으로 생각하였다. 대표들이 총회에 참석하는 기간 동안에는 차비와 숙식이 제공된다는 것도 언급될 필요가 있다. 출석이 꼭 요구되며, 출석 확인도 있다. 호주총회 참석모습과 비교하면 그러나 좀 자유로운 모습이 있는 것 같다. 모든 선교사들은 초창기에 총회 회원이었고, 참석할 수 있었다. 그러나 얼마가 지 않아 노회가 대표를 선출할시 그들의 할당 인원에 선교사도 추천되었다. 선교사들은 발언권과 투표권을 모두 가지고 있었지만, 실제적으로는 마지막 결정이 있을 시 한국교회 대표들에게 위임하고는 하였다.

총회는 항상 모든 위원회의 사역에 선교사들을 적극 사용하였다. 또한 신학교에서는 교수요원으로 초청하였다. 1905년 첫 신학교가 평양에 설립되었을 시 선교사들에 의하여 지원되고 운영되었다. 1941년 전쟁이 발발할 무렵까지도 교수들 중 한국인이 거의 없었다. 한국 교회목회와 장로교회의 생각에 강한 보수신학이 깊은 영향을 미쳤다. 지금은 공식 장로교에 관한한 평양은 지도에서 없어졌다. 그러나 총회는 서울에 신학교를 세웠고, 많은 학생들이 등록하고 있다.

한국의 장로교회와 그 총회는 국가의 생명에도 중요한 위치를 차지하게 되었다. 장로교회가 가장 큰 기독교공동체이고 잘 조직되어 있으므로, 전쟁 전 '영적 동원' 캠페인 중에 정부의 눈에 쉽게 띨 수밖에 없었다. 지금은 알 수 있듯이 일본 황국과 속한 백성들은 나라에 대한 충성과 국가에 대한 집중적인 세뇌교육의 대상이었다. '교육'의 중심은 신사참배 요구에 순응하는 것과, 예식과 맞춤 봉사에 참여하는 것이었다. 교활한 논쟁과 참여유도, 명령 그리고 위협에도 불구하고 많은 기독교인들은 우상을 숭배하느니 차라리 구금되어 고난 받거나 더한 길을 택하였다. 목회자들, 노회들, 학교들 그리고 마지막으로 총회까지 강한 압박에 직면하였다. 여기서 언급되어야 할 것은 우리 선교부는 신사참배를 거부함으로 1939년에 이르러 모든 학교를 '잃었다'. 총회에는 강요된 안건이 억지로 제시되었고 그리고 통과되었다고 기록되고 있다. 이로 인하여 총회는 신사참배가 기독교 신앙에 위배되지 않고, 요청될 시 교인들은 자유롭게 참여하라는 선포를 하라고 요구받았다.

전쟁 중에는 총회가 그 기능을 수행할 수 없었다. '해방' 후 총회에는 많은 사람들이 참석할 수 없었는데, 삼팔선으로 남북이 나뉘어졌고, 북한에서 난민으로 내려온 대표들만이 남쪽의 형제들과 총회를 구성할 수 있었다. 불완전한 총대 수뿐만 아니라 교회 안과 밖의 오래된 영향이 긴장을 불러 일으켰고, 결국에는 분열되게 된다. 이 모든 원인들이 긴장을 고조시켰고, 결국에는 갈라지게 된 것이다. 이 당시의 여러 상황과 교회의 분열 이유는 또 다른 장의 내용이 될 수 있다. 여기에서 확실히 언급할 수 있는 것은 현재 한국에 3개의 장로교단이 존재한다는 사실이다. 1964년 9월 '앤카운터'지 9.2장에 실린 스터키 목사의 글은 여기에 관한 귀중한 정보를 제공하고 있다. 10쪽에 나오는 도표도 특별히 흥미롭다.

우리 선교부는 '원래'의 총회와 관계를 지속하고 있다. 우리는 이 총회의 태도나 결정에 항상 동의하지는 않지만, 그러나 다른 교파들과 함께함으로 일어나는 혼란에서 얻을 수 있는 것이 아무것도 없기 때문이다.

동시에 화해와 연합의 노력은 계속되지만 총회와 총회에 속한 노회들 그리고 교회들은 예배, 기독교 진리 가르침 그리고 한국인의 마음을 사로잡아야하는 기본적인 책임을 다하고 있다. 현재 1965년 대 부흥운동이 진행 중이다. 이것을 위하여 한국의 총회는 미국과 호주의 교회들에게 함께 참여하자고 호소하고 있다.

    이 장을 마치면서 적절하게 언급할 수 있는 것은 선한 의도를 가진 두 세대의 생각의 결과, 한국교회와 해외 선교사들 사이에 협력관계의 근거가 만들어 졌다고 할 수 있다. 현재 한국에서의 기독교 사역은 기본적으로 한국교회의 책임이라는 것을 서로 전반적으로 동의하고 있다. 그러므로 선교사 단체의 인적 자원을 복음전도가 진행 중인 나라의 교회에 위임할 때 가장 효과적으로 사용될 수 있다. 한국인 대표와 선교사 대표로 구성된 협력선교부는 해결해야 할 몇 가지 문제와 함께 큰 과제를 가지게 되었고, 협력이라는 단어는 올바른 개념이며, 하나님 나라를 위하여 성실하게 봉사하는 한국교회와 동역 한다는 것에 자부심을 가져야 한다.

2장
호주선교부의 시작과 발전

　호주 멜본의 선교사 사무실에 있는 오래된 지도에는 한국의 경상남도가 흥미롭게 나뉘어져 보이고 있다. 호주장로교 선교회 지역으로 알려진 이곳은 동쪽과 서쪽 사이에 다른 색의 선명한 경계로 두 부분이 구별되어져 있다. 그 이유는 이 지역에 호주 선교사들만 있는 것은 아니었기 때문이다. 미국에서 온 장로교인과 감리교인들이 있었으며, 또한 캐나다 기독교청년회가 파송한 한 사람도 있었다. 1914년에 와서야 이 지역은 한 선교부의 책임으로 여겨졌고, 바로 우리 호주선교회였다. 여기에 대하여 더 이상 말하기 전에 전체 한국 상황을 언급하는 것이 좋겠다.
　1884년 선교 역사 초기부터 감리교와 장로교 선교사들 사이에 진심어린 관계가 있었다. 심지어 한국 전체를 위하여 연합전도선교부를 형성할 비전까지 가지고 있었다. 이것은 실현되지 못하였지만 선교사들은 공동의 노력을 위하여 좋은 정신을 공유하고 있었다. 상호 토론과 공동의 선교를 목적으로 선교공의회를 창립하였다. 후에 1912년에는 이 조직은 연합공의회가 되었고, 선교사들 간의 깊은 친교뿐만이 아니라, 예를 들어 정부에 대표를 파송할 때나 연합행사를 진행할 때 일치된 행동을 할 수 있었던 도구였다.

이 연합활동의 이야기는 영감적인 것이다. 주요 선교회는 물론 장로교와 감리교였지만, 다른 교단의 선교사들도 많던 적던 참여하여 선교사들의 친목을 도모하였다. 심지어 영국성공회선교부도 성서공회의 사역에 참여를 하였고, 그 회원들은 한국의 왕립아세아학회에 가치 있는 글을 공헌하여, 한국인들의 사상, 종교 그리고 관습을 연구하는데 도움을 주었다.

선교사들이 주재하고 있던 서울과 다른 지역에서 선교사들 간의 연합예배가 있었는바, 이것은 영적인 재충전의 귀한 시간이었다. 서로 다른 신학과 실천을 가진 남녀 선교사들이 은혜의 보좌 앞에서 그들의 경험을 공유함으로 선교를 위하여 무엇을 해야 할지 함께 찾아갔다.

성서 번역과 그 후 성서 발행과 배포는, 신약을 한국에 소개하고자 한 만주의 로스 박사의 첫 시도를 제외하고는, 단독 선교부만의 일은 아니었다. 많은 해 동안 교파를 초월하여 선교사들이 영국과 해외 성서공회와 협력을 하였고, 그 결과 구약과 신약 모두 출판되었다.

그뿐만이 아니라 성서를 개정할 때에는 한국인 학자들도 그 일에 점점 참여하게 되었다. 전쟁 후에는 이 공회가 한국성서공회로 된 것을 알 수 있다. 미국과 영국에서 도움이 있어 왔다. 이것은 지금까지 계속되고 있고, 교파를 초월한 한국성서공회는 여러 곳에서 지원을 받으며 하나님의 말씀을 찾는 모두에게 인쇄된 성서를 제공하고 있다.

선교사들은 또한 연합으로 기독교서회를 창립하였다. 기독교서회를 운영하기 위하여 많은 지원이 초창기에 필요하였는데, 1890년에 시작하여 오랜 기간 동안 선교사들이 연합으로 운영하였다. 그 후 점점 한국 교회들이 참여하게 되고, 전쟁 후에는 본질적으로 한국기독교서회가 되었다. 해외의 지원이 여전히 필요하고, 몇 개의 해외 교회가 지원을 하는데 그중에 우리도 하나이다.

세브란스병원은 현재 한국인들에 의하여 운영되고 있지만 오랫동안 여러 개의 선교부에서 파송한 의사와 간호사에 의하여 지원받았다. 재정적인 큰 도움이 앞으로도 올 것이다. 현재는 선교병원은 아니지만 전쟁 후에도 선교사들이 의료 인력으로 있었고, 많은 재정적인 지원도 있었다. 15명으로 구성된 병원의 이사회에 몇 명은 선교부에서 임명을 하였다.

조선기독대학은 현재 연세대학교가 되었고, 더 이상 선교대학이 아니다. 이 학교는 연합대학으로 여러 곳에서 교수 요원과 지원을 받았다. 오늘날에도 이 학교는 지원을 요청하고 지원을 받기도 한다. 우리는 해외 교회에서 더 많은 지원이 있기를 희망한다. 세브란스병원과 의과 대학은 현재 연세대학교의 한 부분이 되었다.

이화여자대학교는 여학생들을 위한 감리교학교로 출발하였다. 이 학교는 1886년에 처음 설립되었다. 동시에 이 학교는 항상 다른 선교부에 협력을 요청하였고, 협력을 받아내기도 하였다. 현재는 한국에서 중요한 위치를 가지고 있으며, 지금도 전 세계의 기독교인들에게 관심과 협력을 요청하고 있다.

이와 같은 이야기들은 여러 선교부가 진정으로 협력한 증거들이다. 이제부터는 좀 더 구체적으로 선교부가 설립되는 내용을 살펴보자. 먼저 언급할 것은 한국의 모든 선교부가 선교지역 할당이나 선교지의 중복 그리고 선교 방법에 대한 획일화된 내용을 안배하고 동의하였다는 것은 아니다. 프랑스, 독일, 미국, 아일랜드 로마카토릭선교부와는 개인적으로 아무리 서로 가까워도 그런 협정을 맺을 수 없었다. 또한 성공회 선교부와도 그러한 상호 안배는 가능치 않았다. 이외에도 제7일 안식교회와 동방교 혹은 성결교 선교부와 그리고 구세군이 있었다. 우리 선교부와 구세군은 호주장로회선교부의 지원으로 소녀들을 위하여 서울에 구제의 집을 설립하여 지원하였고, 구세군에서 운영하였다.

선교부간의 교계예양은 미국의 북과 남선교부, 캐나다선교부 그리고 호주선교부를 포함한 4개의 장로교 선교부와 북미국와 남미국 2개의 감리교 선교부가 동의한 것이다. 1929년 캐나다에서 교회의 연합이 있었을 시 한국 선교는 캐나다연합교회 선교사들에게 위임되었으며, 캐나다장로교회 선교사들은 계속하여 일본에 거주하는 한국인을 사역하는 책임을 맡게 되었다.

처음부터 장로회 선교부들은 한국의 개척교회와 성장하는 교회는 자립을 원칙으로 하였다. 이것은 네비우스 방법으로 알려져 있다. 네비우스 박사는 중국의 선교사였는데, 새로 성장하는 교회에 외부에서 많은 지원을 한 결과 비극적인 결말을 가져오는 것을 그는 보았던 것이다. 그러므로 그는 그의 신념을 선언하기를 새 기독교인들이나 개척교회가 처음부터 스스로 설 수 있을 때 튼튼한 토착교회로서의 희망이 있다는 것이었다. 전반적으로 한국교회는 이 원칙을 수용하였다고 말할 수 있는데, 교회의 놀라운 성장과 힘 그리고 독립을 담보하는 중요한 공헌 중의 한 요인임은 분명하였다. 감리회 선교부도 전반적으로 이 방향으로 나아갔고, 튼튼한 교회들을 발전시켰다.

해외에서 온 이러한 6개의 선교부는 초창기 비가톨릭 선교사들의 사역 일부를 제외하고는 한국 전역에 언제든지 길이 열리거나 실험적인 선교의 기회가 있을 때마다 선교사들을 보냈다. 세기 초에 교인들의 숫자는 증가하였고, 1910년의 국제선교사대회의 표어는 "이 세대에서 세상을 복음화하라"였는데, 한국 주재 선교사들도 이것을 위하여 모든 자원을 활용하기를 욕망하였고, 새 신자들과 문의자들 마음에 혼란을 주기 원치 않았다. 그러므로 선교사들은 한국의 13개 지방에 선교지 분할을 하기로 동의하였다. 대부분의 지역이 장로교 선교부의 책임이 되었는바, 남동쪽 지역은 호주, 북동쪽 지역은 캐나다, 북쪽과 남쪽의 남은 지역은 미장로교에 그리고 한국 가운데 지역은 감리교에 할당되었다. 서울, 평양, 원산 등과 같은 큰 도시는 연합으로 일할 수 있도록 하였고, 기존에 존재하는 장로교회와 감리교회는 계속하도록 동의하였다. 한국 기독교인들은 그들의 지역에 어떤 선교부가 사역을 하던지 대체적으로 만족한다는 증거가 있었다.

첫 20년 동안 우리 호주선교부는 아주 작았다. 부산과 그 일대에 미국선교사들이 이미 열심히 사역하고 있었으며, 특히 중요한 밀양 지역에 그들의 선교지부도 존재하였다. 앞에 언급하였듯이 그들의 사역은 도움이 되었는데, 베어드 목사가 3명의 새 신자에게 첫 세례식을 베푼 것이 한 예이다. 또한 선교사 개인 간의 심각한 문제가 있었던 경우도 있었다. 그때는 미국 형제들의 요청으로 그들의 선교부 사무실 직원들을 통하여 문제를 완화시키기도 하였다. 두 선교부 간의 사역을 합치자는 제안도 수 번 있어 왔다. 우리 선교부의 몇은 이 제안이 지혜로운 것이라고 생각하기도 한 것 같다. 그러나 호주에서는 우리 선교부의 일을 종료하고 미국선교부가 전적으로 책임 맡는다는 제안을 지지하지 않았다.

호주선교부는 점차로 자라기 시작하였고, 부산, 마산 그리고 진주에 선교부를 세울 수 있었다. 1910년 빅토리아의 전진운동부터 성장의 비율은 급증하여, 경상남도 전체의 사역을 드디어 우리 선교사들이 돌볼 수 있는 힘을 가지게 되었다고 믿게 되었다. 미국선교사들과의 합의가 이루어졌고, 그래서 경남 지도에서 미선교부를 의미하는 다른 색은 없어지게 되었다. 우리는 우리보다 훨씬 큰 미국 선교부의 인적과 경제적 자원을 갖지는 못하였지만, 그럼에도 불구하고 우리는 우리의 사명을 감당하였고, 하나님의 인도하심에 따라 한국 땅에 무엇인가를 남기게 되었다.

기독교인들의 친교 속에서 선교지 분할은 지혜롭게 이루어졌고, 전쟁 전까지 선교사들은 그들의 자리를 신실하게 지켰다. 그리고 1941년 12월 세계 전쟁이 발발하였다.

전쟁 후의 이야기는 매우 다르다. 1945년 일본이 완전히 항복하고 한국에서 물러나자, 자유 할 수 있다는 생각의 큰 기쁨이 있었지만 엄청난 혼란도 있었던 것이 사실이다. 상황은 바뀌었지만 혼란은 계속되었다. 한동안 한국인들은 어디에 있던지 원하는 대로 할 수 있었지만, 그러나 그것은 오래가지 못하였다. 삼팔선이 상상 속의 경계선이 아니라는 것이 곧 분명하여졌고, 현실로 다가오기 시작하여, 결국 남한과 북한은 둘로 나뉘게 되었다. 첫 선교사들이 한국에 돌아 왔을 때 남한은 군사정권 하에 있었고, 기독교인들이 튼튼히 자리를 잡고 있던 북한은 금지된 땅이 되어 있었다. 많은 기독교 지도자와 교회 교인들은 북에서부터 탈출을 하였다. 남한에 훈련받은 많은 지도자들이 생기게 되었지만, 목양할 교회가 없었다. 교회 안에 혼란이 야기되었고, 초창기 선교지 분할 시에 이것은 예상되지 못한 것이었다. 이것에 대해서는 선교사들이 귀국한 후에도 아무조치도 취할 수 없었다.

1950년 6월 북에서의 도발은 재난이었다. 많은 기독교 지도자들이 사망하였고, 다른 이들은 전체 교인과 더불어 남쪽 끝으로 피난을 갔다. 그리고 전투의 밀물과 썰물은 건물과 기관들에 엄청난 파괴를 가져왔고 큰 혼란을 야기하였다.

그런데 여기에는 다른 요인도 있었다. 전쟁 전에는 직원이 많은 편이었어도 비교적 적은 숫자의 선교부가 운영되었는데, 그 이후에는 선교사들이 무리로 들어오고 있었다. 현재는 선교부가 모두 59개에 달한다. 어떤 선교부는 규모가 매우 작았지만, 어떤 선교부는 작지 않았다. 많은 단체가 적은 예산으로 운영되었지만, 또 다른 선교부들은 구제를 위한 것뿐만이 아니라 자신들의 사역을 홍보할 수 있는 적지 않은 재정이 있었다. 개척 교회에 큰 지원을 하는 것을 포함하여 그들의 사역방법은, 그들 스스로 전도사역을 진행하는 건강한 기독교 실천을 종종 무너뜨리기도 하였다.

전쟁 후인 1945년 이래 한국의 여러 제반 문제와 재앙은 해외로부터 엄청난 재정지원과 물품을 불러들이는 것으로 관측되고 있다. 호주와 뉴질랜드도 기쁨으로 실질적인 지원을 해왔다. 한국교회들은 사회 발전을 위한 그들의 구제 사업을 위하여 원조를 구하는 것을 게을리 하지 않았다. 그들 중의 몇은, 특히 몇 교회들은 그 일을 참 잘하였지만, 다른 나라 특히 북미의 나라에 하는 제안이나 요청은 매우 거대하였다.

선교지 활동에 관계하여 이러한 내용을 언급하는 것은 우리 이웃 지방에서 사역하는 미국장로교선교회를 다시 경상남도 사역에 초청하자는 제안이 있었고, 그것을 우리 호주선교부와 가깝게 협력하는 노회가 의견을 물어왔기 때문이었다. 이 제안이 나온 솔직한 이유는 미선교부의 재정이 우리 선교의 사역에 큰 도움이 될 수 있었기 때문이었다. 우리 이웃들에게 접근한 것은 사실 한국 노회였다.

새로운 협력의 기초가 세워지면 기대되기는 모든 교회와 선교기관들의 재정이 전체 교회를 위하여 사용된다는 것을 의미한다. 최소한 그것은 이상적인 제안이었다.

마지막으로 고려되어야 할 점은 선교사들이 아마 더 이상 많은 새 선교부를 시작하지 않을 것임과, 동시에 선교의 기회는 여전히 많을 것이다. 그럼에도 그들은 절대로 이 지역이나 저 지역을 독점적으로 통제하려고 하지 않을 것이다. 현재는 한국교회가 모든 결정을 책임지고 있기 때문이다. 그들이 어떤 결정과 행동을 집행하던 한국인들의 마음과 한국사회에 매우 진실 된 교회와 신앙이 형성되기 위하여 연합된 노력이 있기를 우리는 기도한다.

3장
순회 선교 — 그 이유와 발전

한국에서 개신교 선교 초기 북미에서 온 선교사들이 '한국에서는 새로운 정책을 펼 것'이라고 말하는 것을 우리가 들었는바, 그 이유는 '그들이 다른 나라 선교지에서 중앙 집중의 방법으로 많은 실패'를 하였기 때문이라 하였다. 이 의미는 '인구가 많은 큰 도시를 중심으로 하는 선교'는 지양하고, '복음 전도를 지방으로 확산하고 퍼트리는 방법'을 계획한다는 것이었다. 그러므로 전 지역에 선교부를 세우는 것이 그들의 의도였고, 중앙에서 선교사들이 좀 더 용이하게 모든 지역의 마을을 방문하고 관할할 수 있도록 하기 위함이었다.

1884년부터 처음의 감리교와 장로교 선교사들은 수도인 서울에 집중하였던 것을 기억하라. 그들의 첫 순회 선교는 탐구적인 성격이었다. 그들은 북쪽과 남쪽 모두를 여행하였다. 어떤 여정은 매우 길었다. 기차도 없었고, 지금 보는 고속도로 같은 길도 물론 없었다. 여행은 걷거나 아니면 말을 타고 다녔다. 짐도 가지고 다녀야 하였는데 이불, 음식, 약, 쪽 복음 책자, 그림 그리고 전도 책자 등이었다. 그리고 돈도 지니고 다녀야 하였는데, 당시의 구 화폐 '현찰'은 구리나 청동 동전으로 가운데 구멍이 있어 서로 꿸 수 있게 되었다. 당시에는 많은 동전이 요구되었기에 동전 '지갑'을 당나귀나 노새가 나르도록 하였다. 1920년대 말에나 가서야 이 원시 화폐 사용을 멈추었고, 그 화폐 가치를 말한다면 5원이 일본 돈 1엔의 100분의 1이고, 영국 돈 2실링 정도 되었다. 백 박사는 그의 개신교 선교사에 말하기를, 선교사들은 종종 무기를 가지고 있었고, 또 몇 명의 한국인 군인들이 그들을 엄호하기도 하였다고 한다. 나는 이 말을 증명해줄만한 선교사를 만나지는 못하였지만, 초기 선교사들의 순회 여행은 위험할 수 있었고, 분명히 잘못될 수도 있는 여정이었다.

우리의 개척적인 선교사 헨리 데이비스 목사는 1890년 3월 31일의 일기에 서울에서 부산까지의 여행 중 마지막 부분인 사천에서 생긴 일에 관하여 쓰고 있는데, 자칫 잘못하면 험악한 상황이 될 수도 있었던 사건이다.

초창기 선교사들과 그들의 조력자들은 길거리의 대화를 통하여 혹은 여관에서 혹은 시장에서 혹은 동정적인 사람들 집에서 복음을 전파하였다. 매우 점진적으로 신앙 공동체와 교회가 형성되기 시작하였고, 이것은 선교 지부나 다음의 전도 여행을 위한 근거지 역할을 하였다.

우리 호주선교부는 비록 규모는 작았으나 처음 단계부터 순회를 다녔다. 여성 선교사들은 초기에 근처의 마을을 방문하였다. 물론 당시에는 여성들이 시골지역을 여행하는 것은 불가능하였지만, 점차로 그들은 더 멀리 나갈 수 있었고, '많은 좋은 고을'에서 그들을 환영하였다. 남자 선교사 숫자는 더 적었다. 데이비스 선교사는 그의 긴 여행 마지막에 사망을 하였다. 매케이 선교사는 병환과 가정사에 시달렸다. 한국어에 능통한 아담슨 선교사는 '선교 여행'을 하였던 시골 마을들을 잘 알기 시작하였다. 1900년 엥겔 선교사가 도착을 하였을 시, 그 지역의 선교 사역에 전폭적으로 뛰어 들었다. 매서인과 교사들도 계속하여 일을 하였고, 선교사들은 주로 경상남도 동쪽 지역을 다녔고, 서쪽 지역은 중요한 항구가 있는 마산까지 닿을 수 있었다. 우리가 듣기로 엥겔은 장래가 촉망되는 학생들을 가르치는 일에 매우 바빴는데, 이것은 한국인 조사들이 복음을 전국으로 전하도록 준비시키는 사역이었다. 눈에 띄는 여행 중에 하나는, 커를 박사가 호주에서 한국에 막 도착하였을 시 엥겔 선교사는 그와 동행하여 그 지역의 중심지였던 진주를 방문하였고, 커를은 그곳에서 위대한 사역을 감당하게 되는 계기가 된다.

순회 선교의 정규적인 제도는 그 당시 초기부터 발전되었다. 선교사들의 숫자는 제한적이었으나, 그들은 그들의 역할을 다중화하여 나타나는 모든 기회를 잡으려고 노력하였다. 그리고 교회 설립이 점점 현실화 되고, 미조직 교회나 조직된 교회가 성장하게 되자, 순회 전도의 성격은 바뀌게 된다. 선교사들은 종종 교회의 당회장을 맡게 되었고, 교회의 목회자를 지원하는 역할도 하였기에 개인적 조력자나 매서인이나 혹은 다른 사람들과 동행하는 좀 더 계획적인 순회를 하여야 했다. 그러므로 조력자의 역할은 점점 중요해졌다. 교회가 성장하고 한국인 목회자 숫자가 충분하지 못하자, 선교사들이 종종 '교회를 돌보는' 무거운 짐을 지게 되었다. 선교사들은 순회를 하는 동안 최소 한 교회 이상을 매일 방문하였다. 그곳에서 그들은 교회 직원을 만나 교회에서 일어나는 여러 문제들을 상의하고 해결하였다. 교회 운영의 여러 가지 방법과 수단, 새 직분자 선출, 훈련 등의 문제를 상의하였고, 이것은 어려움에 빠지거나 격려가 필요한 교인들 심방으로 이어졌다. 그중에 교인이 되기를 원하는 남녀가 있었고, 또 세례를 받기 원하는 신자도 있었고, 결혼식도 있었고, 종종 어린이들에게 세례를 베풀기도 하였다. 교인들이 예배를 위하여 모였을 시, 새로운 찬송가 한 두곡을 배우는 찬양 시간이 있었고 그리고 말씀을 읽었고, 기도 순서가 뒤를 따랐으며 그러고 나서 보통 성찬식이 거행되었다. 아침에 선교사가 떠나기 전에 기도 시간이 있었는데 보통 새벽이나 아침 식사 후에 있었다. 한 가지 순회 선교의 모습을 소개하면 마을 주민들은 종종 멀리까지 나와 선교사를 맞았고, 떠날 시에는 다음 장소로 가는 길목까지 나와 배웅하였다.

선교사들이 언제나 환영하던 것은 초신자들을 만나는 기회나, 예수 그리스도의 구원을 받아들이는 남녀에게 설교를 하는 일이었다.

여성 선교사들은 신뢰하는 성경부인과 함께 순회 전도를 다녔는데, 그들은 매우 친밀하였다. 그들은 물론 집 안 여성의 방에 들어 갈 수 있었고, 그것은 그 가정의 마음까지 들어갈 수 있다는 것이었다. 그들은 종종 한곳에서 며칠씩 머무르며 방문, 상담, 성경반 등을 운영하였고, 남성들이 접근할 수 없는 문제들을 해결하였다. 그들의 일이 어려운 사역이었음은 말할 나위가 없었고, 그 일은 깊은 헌신이 요구되었다.

1941년 전 몇 해 동안에는 적은 숫자로 인하여 선교사들은 노회가 책임지지 못했던 모든 교회와 단체들을 돌볼 수가 없었다. 그래서 몇 년간 지속되었지만 잠정적인 방법으로 선교부가 한국인 목회자들의 봉급을 주기도 하였다. 진주와 거창에 각각 한명씩 있었다. 이 귀한 한국인 목회자들은 시골의 많은 구역을 돌보았고, 시골 사역이 지속되도록 하였다. 이와 비슷한 방법의 사역이 다른 곳에서도 존재하였다.

비슷한 사역을 하는 이러한 한국인 목회자들과 모든 선교사들은 이론적으로 노회에 의하여 지정된 지역과 구역에 임명되었다. 그러나 실제적으로 오랫동안 노회는 어떤 일이 일어나는지 모르고 있었는데, 점차로 책임감이 증가되기 시작하였다. 전쟁 전에 선교사들의 활동이 일본정부에 의하여 제한을 받게 되자, 그들이 오랫동안 해 왔던 사역을 한국교회가 더 책임을 질 수밖에 없었던 것이다.

세계 전쟁이 발발하였던 동안의 교회 이야기는 중요한 내용으로, 그 당시를 경험한 사람만이 충분하게 전할 수 있다. 많은 제한이 있었고, 많은 사람들이 고난을 받았다. 그러나 전쟁 후 1946년 호주 선교사가 처음으로 다시 한국을 방문하였을 시, 전에 알고 있던 구역들이 대부분 생존한 놀라운 사실을 목도하였고, 많은 지역의 교회에 목회자가 있었고, 교회는 새로운 발전을 기대하고 있었다.

이 새로운 시대에 선교사들의 위치는 무엇일까? 선교사들을 놀랍도록 따뜻하게 환영하는 사람들을 볼 때, 한국교회는 그들을 원하고 있었다. 한국교회는 그들에게 더 이상 교회를 돌보거나 책임지라고 하지는 않았지만, 선교사들은 계속하여 설교나 교육이나 방문에 초청 받았다. 우리 중의 몇 명은 말할 수 있는 것이, 전쟁 후에 오히려 한국 사람들의 마음속으로 들어 갈 수 있는 기회가 더 많이 있었으며, 그리스도를 위하여 그들과 함께 협력할 수 있었다는 것이다.

4 장
성경학원의 시작과 발전

본 장은 대부분 우리가 알고 있던 대로 1941년도 이전의 성경학원에 대한 내용이다.

초창기부터 교육은 복음 선포와 병행되었다. 교육이 얼마나 어려웠는지를 아는 것은 지금 와서 생각해 보면 쉽지 않은 일이다. 선교사들의 첫 어려움은 낯선 언어와의 씨름이었다. 도움은 거의 받을 수 없었지만 시작을 할 수 있었던 것은, 1893년 게일의 첫 번째 한영사전이 발행되어 있었기 때문이다. 두 번째 어려움은 성서 번역의 방법이 거의 없었던 것이다. 선교사들에게 오는 많은 사람들은 문맹자들이었고, 오래된 문화의 전통과 종교 속에 깊이 빠져 있는 사람들이었는데 이것은 선교사들이 선포하는 그리스도를 통한 구원의 말씀과는 너무 다른 것이었다. 그럼에도 선교사들은 할 수 있는 방법을 다 동원하여 가르쳤고, 초기 보고서에 보면 작은 반들이 형성되었다. 초창기에는 이 모든 가르침이 도표와 그림을 통한 수단으로만 되어졌다. 그러므로 많은 경우 먼저 글을 읽을 수 있도록 가르쳤다. 다행스럽게도 소리 나는 대로 읽을 수 있는 운문이 있었기에, 중국어를 배우는 것보다는 쉬웠다.

여성 선교사들은 성경공부를 위한 구역들을 조직하였다. 1894년까지 거슬러 올라가면 맥켄지 양과 무어 양이 정기적으로 운영하던 여성반이 있었다는 기록이 있고, 페리 양은 어린이 반을 운영하였다. 동시에 초등학교 과목을 가르치기도 하였고, 얼마 안가서 무어 양이 남학교를 운영하였다는 기록도 있다.

1894년부터, 아니면 더 일찍이 "부랑아들을 돌보았다"라는 기록을 읽을 수 있는데, 곧 고아원이 설립된다. 1895년에 가서는 13명의 고아들이 그곳에서 돌봄을 받았다. 초기 성경반 학생들 중에 이 어린이들의 수도 포함되었다.

현재는 소책자와 문서들이 있어서 체계적인 가르침이 좀 더 용이하여 졌다. 한국 기독교서회는 1890년에 시작되었다. 오랜 기간 동안 이곳은 문서 서회로 알려져 있었다. 설립자들은 선교사들이었다. 서회 사역의 결과로 전도와 성경 공부 자료들이 서서히 도움이 되기 시작하였다.

특히 성경연구에 관해서는 1887년 발행된 로스의 신약성서를 언급 안할 수 없다. 우리 지역의 사람들에 의하여 널리 읽혀졌다는 증거는 없지만, 그래도 한국어 성경이 존재하였고, 큰 가치를 가지고 있었다. 초창기부터 쉬운 한국어 운문을 사용하였다는 것이 매우 중요하였다. 많은 옛 학자들은 냉소적이었지만, 일반 사람들에게는 쉽게 배워 읽을 수 있는 성경이었다. 그래서 우리가 아는 기록에 "어떤 사람들은 복음을 읽을 수 있었다"라고 나와 있는 것이다.

우리는 1889년 "어린 교회가 지금은 매서인, 조사, 성경부인을 파송한다"라고 듣고 있었다. 영국과 해외성서공회는 매서인을 파송할 계획을 이미 실행하고 있었고 그리고 수정 번역본도 만들고 있었다. 우리 선교사들도 부산 '인근의 마을'에 나가고 있었다. 이 모든 활동은 성경 공부를 의미하는 것이었다. 서울에서 부산까지 육로로 여행한 첫 선교사 헨리 데이비스는, 그의 일기에 계속하여 '책'을 팔았다고 기록하고 있다. 이것은 마가복음, 중국어 복음서, 그림 그리고 여러 주제의 소책자 등을 포함하였던 것 같다. 세기가 바뀌면서 성경과 소책자의 판매가 '크게 증가'하였고, 뿐만 아니라 기회가 '여러 곳에 열리게 되었다.'

교회의 성장에서 오는 자연적인 결과는 좀 더 체계적인 성경공부 실천이었다. 1901년 엥겔 목사는 젊은 남성들을 위한 작은 반에서 영어로 강의하기 시작하였는데, 이것은 신학과 다른 과목의 준비 과정이었다. 두 명의 교사도 매주 토요일마다 엥겔과 성경을 해석하며 공부를 하였는데, 주일에 가르치기 위함이었다.

선교사들, 매서인들 그리고 조사들이 전국을 다니면서 하였던 기독교인들을 위한 여러 단계의 성경공부는 그들의 중요한 사역이 되었다. 당시 남자와 여자들이 새 신앙을 깊이 고민하며 질문하고 대답하였던 공부 자료를 우리가 지금 가지고 있으면 얼마나 좋을까. 좀 더 체계화 된 성경공부가 최우선적으로 요구되는 시간이 점점 다가 왔다.

1904년에는 미국 선교사의 인도 아래 열흘간의 성경공부반이 경상남도에서 열렸다. 엥겔 선교사도 참여하였다. 이 반은 2월 겨울에 열렸었다. 같은 해 8월에는 교리문답과 매서인들을 위한 훈련학교가 열렸는데 2주간 계속되었다.

초기 반부터 정규 학교로 발전되는 이야기는 '교육'이라는 전반적인 주제 아래 되어져왔다. 이 장에서 기술하고자 하는 것은 체계적이고 발전된 성경공부의 성장에 관한 것이다.

언제부터인지는 모르지만 초기에 특별 학습과 기도 시간을 안배하는 것이 관습이 되었고, 언제는 한 교회 안에서 종종 여러 구역이 며칠 동안 함께 모였다. 이것이 잘 알려진 일반적 순서로 발전되었는데 기도, 말씀 공부 그리고 복음 설교를 위한 특별 예배 그리고 신자들의 신앙을 새롭게 하기 위한 결단 순서였다. 여기에서 더 발전되어 확장된 것이 큰 도시에서 열리는 특별집회 즉 부흥사경회로 알려졌다. 이 집회에 먼 곳에서도 온 남성과 여성들 수백 명이 참석하였다. 이러한 모임과 노력이 전체 교회의 생활에 매우 중요한 부분을 계속하여 담당하였다.

교회가 성장함에 따라, 특히 1910년 바로 이전 몇 해간의 경이로운 부흥은 초신자를 돌보는 일과 일반적인 '교회 목회'에 훈련된 지도자들의 필요성을 알게 하여 주었다. 이런 단체들을 선교사들이 원한다 하여도 모두 충분히 돌볼 수 없었으며, 한국인 목사와 훈련된 전도원들의 수는 충분치 못하였다. 교회 안에 영수 혹은 지도자라는 직분이 생겨났는데, 집사들에 의하여 도움을 받으며 많은 지역의 특정한 교회들을 거의 전적으로 책임을 맡아야 하였다. 그러한 교회의 건강과 성장은 그 지도자의 인성과 성경 가르침의 능력 그리고 교인들을 얼마나 잘 격려하고 인도하는가에 크게 의

존을 하였다. 그들의 공헌은 참 귀한 것이다. 이 목회자들의 이야기는 거의 기록되지 않았지만, 한국에서 그리고 다른 곳에서 신실한 기독교인들로 알려져 있다.

이러한 목회자나 목회자 후보생들 그리고 성경을 더 잘 알기 원하는 사람들을 돕기 위하여, 우리 선교부는 성경공부 기관의 가치를 인정하여 남성과 여성들을 위한 성경학교 혹은 성경학원을 설립하기로 하였다.

1911년 1월 호주선교협의회는 각 선교부에 성경학원을 설립하기로 결정을 하였다. 그러나 그 당시에는 결정이 된다고 하여도 모두다 계획대로 실행되지는 못하였다. 위원회가 임명되고, 규정과 공부 안이 세워지고 그리고 마지막으로 조직된 반이 운영되게 된다. 1913년 11월 조력자 성서반이 16일 동안 진주에서 진행되었다. 네 명의 선교사들과 세 명의 한국인 지도자들이 교수요원으로 임명되었고 그리고 각 선교부들은 그들의 '직원'들이 참여 할 수 있는지 요청을 받았다.

같은 모임에서 '여자성경학교'를 위한 규정이 만들어졌고, 5년 동안의 강의 계획이 준비되었다. '여자성경학교'의 첫 학기는 1913년 5월과 6월 진주에서 열렸다. 15명의 여성이 참석을 하였다. 니븐 양, 엥겔 목사 그리고 맥켄지 부인이 교사였고, 그 다음해에는 부산진에서도 개강을 하였다.

1914년에 조력자들의 반은 부산진의 남자 성경학교와 1915년 12월 합치기로 결정하였다. 이 남자 성경학교가 이미 운영이 되고 있었던 것인지 아니면 계획 중에 있던 것인지는 분명치 않다.

1915년 9월 강의 계획서가 잠정적으로 인준되었고, 1915년 11월 부산진에서 학교를 개학하기로 결정되었다.

선교부는 앞으로 25년 동안 점차로 이 교육 사역을 교회의 생활 속에 심각하게 시행을 하게 된다. 많은 어려움과 좌절의 기복이 있었지만, 또한 보람된 일이었다. 이 모든 환경에도 불구하고 이 두 학교는 전쟁 전의 선교시기까지 효과적으로 운영되었다.

성경 반 운영을 위한 숙소는 오랫동안 주요 문제였다. 각 선교부에 성경학원을 설립하는 것은 가능치 않다는 것을 곧 깨닫게 되었다. 그러므로 비교적 많은 숫자의 남성과 여성들을 위한 공부반이 한 곳에서만 운영되게 되는데, 그들은 최소 한 달 혹은 대부분 두 달씩 머물러야 하였다. 교실과 숙소를 확보해야만 한 것이다. 초기에는 어쩔 수 없이 불편하게 진행되었지만, 1917년 부산의 넓은 한국인 집을 매입하므로 '좀 더 편안한 장소'를 확보하였다. 후에 유치원 건물이 들어서는 자리에 이 집이 있었고, 이 장소를 1952년부터 일신병원이 사용하게 된다. 부산진의 선교관이 비워짐으로 이 학교는 더욱 '진보'하게 되는데, 선교관을 교실로 사용할 수 있었기 때문이다. 그러나 이것이 임시적이었던 것은 지역 정부가 길을 내기 위하여 그 건물을 철거하기 원했기 때문이었다. 좀 더 영구적인 성경학원의 자리를 찾기 위하여 수년 동안 많은 토론이 진행되었다. 부산, 마산 그리고 진주 모두 토론의 대상이었다. 한동안은 마산을 적절한 장소로 생각하여, 부지를 확보하기 위하여 예산이 편성되기도 하였다. 후에 결국 진주에 학원이 자리를 잡았음에도, 마산이 최고의 장소라는 압력이 계속되기도 하였다. 진주에 성경학원이 자리를 잡게 되는 이유는 그곳에 남학교를 위한 건물이 있었고, 남학교가 없어지므로 건물을 사용할 수 있었기 때문이었다. 그리고 그곳에 기숙사가 세워지므로 마침내 좀 더 충분한 시설을 구비하고 학원을 운영할 수 있었다.

남자들을 위한 성경학원의 또 다른 문제점은 매년 충분한 교원을 확보하는 일이었다. 보통 여성 선교사들 몇 명이 이 일에 도움을 주었고, 또한 선교부에서 임명하는 성경부인들을 두 달 동안 중단 없이 성경학원을 위하여 봉사하도록 안배할 수 있었다. 그러나 남성 선교사들 중에는 필요한 이 사역을 위하여 시간을 낼 사람이 별로 없었고, 한국인 목사들의 '지원'도 종종 충분하지 않았고 항상 있는 것도 아니었다.

시간이 지남에 따라 비용도 점차로 문제가 되기 시작하였다. 처음에는 한국인 목사들이 성경학원에서 강의하고 매우 적은 강의료를 받았지만, 점차로 여비와 숙식을 지원해야 하는 필요성이 대두되었다. 물론 목회자가 성경학원을 위하여 교회를 한 달 비우는 것 자체가 큰 공헌이었다. 점차로 선교부에 좀 더 나은 안배의 필요성이 요청을 넘어 요구로 들어왔다. 예를 들자면 세 명의 전임 교원을 선교부가 제공하라는 제안이 들어오기도 하였다. 전임교원을 일 년 동안 고용하는 것을 말하는 것인지 아니면 성경공부 학기 동안만의 고용을 말하는 것인지 지금 나에게는 불분명하다. 우리 선교부는 한 명의 전임 교원을 두어 두 개의 성경학원에서 사역하도록 제안하였는바, 최소 네 달은 성경학원을 위하여 그리고 나머지 기간에는 전도활동을 하도록 하는 안이었다. 이것은 후에 시행되지는 못하였지만, 선교부는 한국인 교사 한 명이 강의하는 동안의 봉급을 지원하였고 그리고 노회도 한 명의 한국인 목사 봉급을 지원하였다.

이 문제에 관한 토론은 항상 우호적이지만은 않았다. 우리 선교부는 이따금 비난을 받았는데 소유한 건물들이 보잘 것 없었고, 또 직원들이 충분한 기관도 적었기 때문이다. 한국의 관문인 부산과 같은 큰 도시에 기독교 활동의 증거가 없다는 지적을 받기도 하였다. 노회를 통하여 많은 지원 요청이 들어오기도 하였고, 선교부가 성경학원을 인색하고 빈약하게 운영하는 것에 대하여 꾸중을 듣기도 하였다. 이제부터 노회가 성경학원을 맡아야한다고 노회장이 의견을 피력하기도 하였다. 이것이 선교부의 의견이도 하였지만, 상호간의 진심된 합의를 통하여 이루어져 진행되기를 바랐다. 그러나 노회가 어떤 행동을 취하지는 않았다. 사실 대부분의 회원은 호주선교부가 지금까지 해 온 일에 대하여 깊이 감사하고 있었고, 선교부의 자원이 제한적이라는 것을 이해하였다.

초기에 그리고 몇 년 동안은 우리 선교부가 성경학원의 모든 지출과 일을 진행하였다. 그러다가 자연스런 발전으로 안이 제기되고, 토론되고, 요청되기를 더 많은 부분에 한국인들이 참여를 하자는 것이었다.

선교부는 1920년 후반부터 노회가 전적으로 참여를 하는 것이 바람직하고, 1930년대 초부터 노회가 완전히 운영을 맡아한다는 생각이 있었다. 그러나 이것이 실현되지 못하자 남자 성경학원을 위한 운영위원회를 임명하였는데 각 기관에서 대표 3인을 파송하였다. 여자 성경학원을 위해서도 한국인들이 대표로 위원회에 임명되었고, 얼마 후에 노회가 인준한 2인의 성경부인과 2인의 선교사 그리고 교장으로 구성된 5인 위원회가 출범하였다. 전쟁 전 우리 선교부의 사역 기간에 한국인 심문태가 남자 성경학원에 교장으로 임명되었다.

여자 성경학원은 15명의 학생으로 시작되었다. 남자 성경학원에 등록된 학생 수는 분명치 않다. 초기에는 많은 숫자는 아니었다. 전체 숫자는 점진적으로 증가하였지만, 여러 가지 이유로 기복이 있었던 것이다.

언급되어야 할 시기들이 있다. 1919년 요동치던 해에 "위원회는 조심스러운 토론 후에 결정하기를 현재의 불안정한 환경으로 인하여 여자 성경학원 봄 학기는 개강하지 않도록 한다"라고 보고된 내용을 읽을 수 있다. 남자 성경학원은 그럼에도 한 달 동안 운영되었다. 이것은 불안정안 분위기를 조성한 사건이 일어나기 전이었다.

1919년은 33인의 애국자들에 의하여 유명한 독립선언서가 선언되고, 전국에 독립운동이 일어났던 해이다. 강국 대표들에 의하여 만들어진 선언서로 인하여 사람들은 용기를 얻었는데, 특히 작은 나라들의 권리를 외친 미국의 윌슨 대통령의 선언도 포함되었다. 그러나 한국인들의 희망은 이루어지지 못하였다. 전국적인 시위와 일본의 무자비한 진압의 분명한 기록에도 주변 국가들은 한국을 위하여 아무것도 하지 않았다. 기독교인들이 선동하고 있다고 일본 정부는 의심하고 있었으며, 실제로 많은 기독교인들이 애국적인 일에 적극적이었다. 이 결과 교인들의 모임은 면밀히 감시 되었고, 모든 집회는 정부에 의하여 제한을 받았다.

1927년 남자 성경학원은 발전적인 기록을 남기고 있는데 가장 많이 등록할 시 학생 수는 46명이었다. 1930년의 또 다른 기록은 이 당시 평균보다 적은 숫자의 학생들이 등록을 하였는데, 이 해 추수가 흉작이었고 곤궁한 시기였기 때문으로 짐작된다. 1930년의 28명이 1931년에 46명이 되었고, 1932년에는 55명으로 늘어났다. 여자 성경학원에는 1930년에 44명이라는 많은 학생들이 공부를 하고 있었다. 그 이유는 진주에서 특히 많은 학생들이 참여를 하였기 때문이다. 아마도 진주에서 새로 성경학원이 열리자 이 지역의 학생들이 그 기회를 살려 더 많이 참석을 한 것으로 생각할 수 있다.

1930년대에는 두 성경학원 모두 성장을 하였다. 남자들은 1938년에 가장 많은 숫자를 기록 하였다. 여자들의 수가 남자들의 수를 계속하여 압도하였다. 일본정부가 점차적으로 신사참배를 압박하고 있었지만 학원은 그들의 일을 계속하였다. 진주의 학원 시설은 좋았고, 학생들은 매우 열심을 내었다. 이러한 학원에는 일본 정부가 교육 기관에 등록된 미션 스쿨처럼 압박을 가하지 않았지만, 이 사역에도 위기가 다가오고 있다는 것을 느끼기 시작하였다. 1936년에 발생한 태풍으로 인하여 기숙사가 파괴되었고, 이것은 어쩌면 장차 선교부와 교회에 불어 닥칠 변화의 바람을 미리 맛본 셈이었다.

노회는 이제 성경학원에 좀 더 큰 관심을 가지게 되었다. 1937

년 남자성경학원에 한국인 심문태 목사를 교장으로 임명할 수 있었다. 그 다음 해 기록된 남학생들의 수는 미래를 위하여 긍정적인 것으로 사료되었다. 그러나 환경은 빠르게 바뀌고 있었다.

1939년 1월 선교공의회 특별 회의는 올해의 복잡한 상황으로 인하여 더 이상 학기를 개강하지 않을 것을 성경학원위원회에 제안하였다. 그러나 두 위원회는 숙고 끝에 봄 학기 개강을 결정하였다. 남학교는 적은 수가 등록을 하였고, 여학교도 "적은 수였으나 그러나 좋았다"라고 기록하고 있다.

1940년에는 남학교에서 보고서를 내지 않았다. 여학교는 "평탄치 않은 길"이었다고 보고하였다. 노회가 여자 성경학원을 인계받는 안은 받아들여지지 않았다. 1940년 3월 28일 학원을 개강하였고, 학생들은 경찰에 의하여 4월 9일 강제 해산되었다.

5 장
졸업생들

　어떤 학교든 진짜 시험은 졸업생들의 활동이다. 1917년 다섯 명의 여학생이 5년간의 과정을 모두 마쳤다. 6월 27일 부산진교회에서 열린 졸업식에서 이들은 수료증을 받았다. 이 교회가 있었던 곳은 지금 일신병원의 간호사와 직원들의 숙소가 되었다. 같은 해 졸업한 세 명의 첫 남학생들도 졸업증서를 받았다.

　1921년에는 70세의 여성이 모든 과정을 완수하였다. 때때로 나이 있는 여성들이 등록을 하여 공부를 하였는데 그들 자신을 위하여 성경을 공부하고자 하는 솔직한 욕망의 표시였고, 또한 그들의 마을에서 좀 더 적절하게 봉사할 수 있는 모습이었다.

　1936년의 기록에 따르면 여자 성경학원의 졸업생은 이제 79명에 달하였다. 평균 나이는 25세였으며, 몇 년 동안 교육 수준에 관한 언급이 있었다. 학생들은 질문이 더 많아졌고, 좀 더 수준 있는 고등성경학교를 설립할 것을 선교부에 강력하게 제안하기도 하였다. 학생들과 다른 이들이 적지 않은 기금을 제공할 것을 약속하기도 하였다. 그러나 선교부는 이 압박에 응답할 수 없었다. 대신에 공부를 더 하기 원하는 학생들은 다른 기관에서 운영하는 성경학교에 진학하는 것을 도왔다. 1939년 선교부는 여자고등성경학교를 시작하기 위한 안건을 '다음 협의회'에 제안할 것을 확실히 하였다. 그러나 그 제안에 관한 더 이상의 기록은 없다.

전쟁 전의 해에는 사건들이 빠르게 지나고 있었다. 우리 선교부는 오랫동안 해 왔던 일들을 더 이상 계획하고 통제할 수 없었다.

여성 졸업생들 중 몇몇은 성경부인이 되어 선교부나 교회에서 예배를 인도하였고, 또한 몇몇은 공부를 계속하는 길을 찾았다. 그들은 교회의 목회에 큰 공헌을 하였고, 여자 성경학원은 30년 가까이 존재하면서 의심할여지 없이 교회의 생활에 매우 큰 의미를 차지하게 되었다.

이 글에 또 하나의 적절한 기록은 맥켄지 부인이 운영한 특별반인데, 한국인 목회자 부인들을 위하여 진행되었다. 이것도 크게 가치 있는 공헌이었다.

남자 성경학원은 남자들의 단순하고 정직한 신앙과 지식을 견고히 하는데 실제적으로 일을 감당하였고, 그들은 종종 큰 대가를 치루며 성경 반에 참석하였다. 여자 성경학원이 그랬듯이 학생들 평균 연령은 점차로 낮아졌다. 젊은 남성들이 한국에서는 정통이라 여겨지는 오래되고 전통적인 문자적인 신앙을 수용하지 못할 때 믿음에 대한 많은 질문을 하는 시기가 있었다. 이것이 때로 학생과 교사 사이에 동기유발이 되기도 하였지만, 그러나 나이 많은 목회자들과 분쟁이 일어날 수 있었고, 실제로 몇 번 징계의 경우도

발생하였다. 이것은 성경학원이 지향하는 바는 아니었지만, 학생들 입장에서는 강한 개인적인 관심이 있었기 때문이다.

성경학원이 견고히 자리를 잡게 되자 학생들의 태도는 바뀌기 시작하였다. 학생들 평균 나이가 줄어든 것뿐만 아니라, 이 성서과정이 신학교 입학을 위한 준비 과정이나, 최소한 가정 사역을 위한 자격 과정으로 여겨지기 시작된 것이다. 어떤 사람들은 교인으로서 자신의 교회를 섬기는데 좋은 채비를 해주는 과정으로 만족하였지만, 대부분은 목사 훈련을 위한 교단의 신학교에 입학하기 위하여 자격증을 얻기 위한 의도로 학원에 왔다.

우리 선교부가 사반세기 동안 진행한 이 사역의 궁극적인 평가는 한국 기독교인의 생활과 증거에 관한 전체 이야기가 말하여질 때 가능하며 그리고 오직 하나님만 아실 것이다. 아마도 가장 좋은 것은 이 사역을 위하여 봉사한 많은 신실한 남성과 여성들로 인하여 하나님께 감사하며, 이 학교들에 큰 빚을 지었다는 것을 아는 것이다. 그리고 한국의 교회가 이 사역을 매우 가치 있게 보았고, 스스로 책임을 맡아 주었다는 것을 기억하고 감사하여야 한다.

우리는 이것으로 인하여 기뻐하고, 또한 우리의 형제들과 함께 일할 수 있는 특권을 가지게 되어 감사한다.

| 제3부

호주 선교사 연표

호주 선교사 연표

1880년대

1887	중국 기독교인들이 두 명의 중국인 사역자를 부산에 보냄. 울프 감독이 한국에 선교사를 파송할 것을 호주교회에 호소
1888	여성선교후원회 창립의 목적으로 멜본의 해외선교위원회가 교회 여성들의 모임을 주선
1889	6월. 네비우스 목사가 중국에서 한국을 방문. 성경반 훈련제도와 교회의 자립을 제안.『선교적 교회의 개척과 발전』을 출간
1889	10월 2일. 데이비스 목사와 메리 데이비스 양이 호주 멜본에서 한국 부산을 거쳐 서울 도착
1889	10월. 조선성교서회가 서울에 창립됨
1889	10월. 호주와 미국선교부의 선교 협력이 안건으로 떠오르고, 연합된 공의회 설립이 결정됨. 헤론 목사 회장, 데이비스 목사 총무

1890년대

1890	언더우드 목사 한영사전과 『한국어 입문』을 출판
1890	4월 5일. 데이비스 목사 부산에서 사망. 메리 양은 호주로 귀국

1890	9월. 코페 감독이 성공회 선교부를 서울에 창립
1890	9월. 장로교여선교연합회가 멜본에 창립됨. 첫 모임은 1890년 7월 하퍼 여사의 집에서 열렸고, 선교지원 지역은 정하여지지 않음
1891	12월. 매케이 목사는 부인과 맨지스 양, 포세트 양, 페리 양과 함께 부산에 도착. 호주장로교선교회를 개원함
1891	게일 목사는 한영사전을 준비하기 시작하였고, 1897년 일본에서 출판
1892	3월. 메케이 부인 사망
1892	8월. 무어 양 부산에 도착
1892	호주장로교 초량선교부 개원
1893	1월 28일. 선교사공의회 조직. 호주장로회, 미북장로회, 미남장로회 참여
1893	부산진선교부 개원. 해외선교위원회에 의하여 '선교부 건물' 세워짐
1893	병환으로 인하여 매케이와 포세트 부부 사임
1894	4월. 서울에서 독립적인 고아원 운영을 위하여 페리 양 사임
1894	5월. 아담슨 목사 부부 도착. 초량에 거주함
1894	4월. 여성선교사들에 의하여 한국 남자 한명과 여자 두 명이 고용됨. 베어드 목사에 의하여 세례 받음. 첫 개종자들. 남자의 성은 심이었고, 2년 동안 맨지스 양의 한국어 교사로 있었음. 그 후 얼마 안 되어 사망
1895	아담슨 부인 사망
1895	10월. 부산에 여학생들을 위한 일신학교 개교
1895	10월. 남감리교 선교부가 한국에 개원
1895	12월. 브라운 양 부산진에 도착

1895-1896	비숍 부인이 한국을 두 번 방문함.『한국과 그의 이웃들』출판
1896	페인 양은 아담슨과의 결혼을 위하여 한국에 도착
1896	부산 밖에서 첫 번째 기독교 공동체가 조직됨. 김해.
1898	캐나다장로교 선교부는 함경남북도에 선교부를 개원함
1898	호주의 장로교여선교연합회와 남청년친교연합회는 해외선교위원회와 상의하여 미국선교부에 속하는 가능성을 타진함. 그 안건은 미선교부에 의하여 거절됨.
1899	장로교여선교연합회와 남청년친교연합회는 철수하지 않고, 오히려 한국에 선교사를 더 충원하기로 함
1899	클라크 박사 부부에 의하여 한국기독교면려회가 창립됨
1899	첫 남감리교 선교부가 고양읍에 조직
1899	러시아교회 선교회도 한국에 도착

1900년대

1900	5월. 신약성서가 언더우드, 게일 그리고 레이먼드에 의하여 완성됨. 2판 2,700권이 출판됨
1900	엥겔 목사 부부가 장로교여선교연합회의 사역을 감독하기 위하여 도착. 부산진교회 부임
1900	박 에스더 박사 미국에서 한국 귀국. 첫 한국인 여성 의사
1900	언더우드 박사는 12월에 외국인을 향하여 소요를 일으킬 비밀스런 명령이 있었다는 것을 발견. 미국 목사들에게 그 사실을 알렸고, 계획은 차질을 빚게 됨
1901	2월. 엥겔 목사 41명의 성인과 27명의 아동에게 세례를 베풂. 성찬식 명단에는 58명의 성인과 26명의 세례지원자가

	기록됨
1901	4월. 엥겔 목사 목회후보자들 훈련 준비를 위하여 신학과 성경공부 과목을 개설
1901	12월. 부산지역의 교회 발전을 도울 목적으로 두 명의 '장로' 대행 그리고 한명의 '디컨'이 사역함
1901	평양에서 두 명의 학생과 함께 신학교육이 시작됨
1901	휴 커를 박사 부부가 부산에 도착
1902	여성선교사들을 위한 사택이 부산진에 건축됨
1902	경상남도에서 미국선교부와 선교지 분할이 제기됨. 1904년 제기된 안건이 합의됨
1903	선교동아리가 멜본에서 조직됨. 후에 맥켄지를 지원함.
1903	기독교청년회가 서울에 조직됨
1903	첫 장로로 심취명이 경상남도에서 안수 받음(장로교여선교연합회 회의록 14장, 1903/4).
1904	세브란스병원이 헌납됨
1904	제칠일안식교회가 순안에 선교부를 개원함
1904	9월. 두 번째 교회가 영도(사슴섬)에 창립됨
1904	심취명 장로가 목회자 후보생으로 받아들여짐. 학비는 해외선교위원회와 장로교여선교연합회에서 공동으로 내기로 함
1904	다가오는 정치적 상황으로 인하여 한국인들 하와이로 이주 쇄도
1905	5월. 페톤 부인 사망. 진주의 병원을 그녀의 이름을 따 배돈병원으로 하여 그녀를 기념함
1905	9월. 6개 선교회를 대표하는 150명의 선교사에 의하여 한국에 복음선교공의회가 창립됨. 목적은 상호 협력과 연합

	을 위함. 1912년에는 전국 공의회가 되었고, 한 교회가 되려는 목적은 포기됨
1905	10월. 커를 박사 부부 진주선교부 개원
1905	멜본의 디커니스와 선교사훈련학교를 처음으로 졸업한 켈리 양과 니븐 양 도착. 해외 사역을 위함
1906	'더 미셔너리 크로니클' 첫 호가 장로교여선교연합회에 의하여 발행됨
1906	1월. 마산의 한국인 한명의 너그러운 후원으로 독서숙, 후에 창신학교가 설립됨. 또한 멜본의 한 여성도 후원함.
1906	대 부흥 운동이 한국교회에 시작됨
1906	4월. 엥겔 부인이 집으로 가는 도중 시드니에서 사망
1906	커를 부부가 진주에 초등학교를 설립함. 후에 광림(남)학교와 시원(여)학교로 명명됨
1906	장로교여선교연합회는 진주에 '마가렛 화이트크로스 페톤 기념병원'을 세울 기금이 준비되었다고 보고함
1907	엥겔 목사 브라운 양과 결혼
1907	커를 부부의 친구 스콜스 양이 그들을 돕기 위하여 진주에 도착
1907	커를 목사 안동학교 정숙학교 설립
1907	한국인들이 진주에 첫 교회를 창립. 해외선교위원회의 지원을 받음
1907	동양선교사협회가 한국에서 일을 시작. 서울에 성경훈련학교를 설립
1907	9월 조선교회 최초의 치리회 독노회 설립. 왕길지 목사 개회 설교, 노회장 마펫 목사. 33명의 선교사와 36명의 한국인 장로가 참석

1907	첫 신학교 졸업생 일곱 명이 안수를 받음. 그 중 이기풍 목사는 첫 선교사로 제주도로 파송
1907	한국의료협회 조직
1908	한국간호사협회 조직
1908	세계주일학교협회 한국지부 창회. 윤치호 회장(1913년 세계주일학교 대회가 15,000명이 참석한 가운데 서울에 열림)
1908	평양신학교 건물의 모퉁이 돌이 세워짐. 1922년 더 큰 건물로 대체. 둘 다 미국의 한 여성이 기증함
1908	세브란스의과대학에서 일곱 명의 의사와 다섯 명의 한국인 간호사 첫 졸업
1908	평양의 유니온기독대학에서 첫 졸업생 배출
1908	구세군이 한국에서 일을 시작함
1908	장로교여선교연합회 어린이동아리가 멜본에 창회. 부산의 고아원 지원을 도움
1908	연합에 대한 안건을 장로교여선교연합회와 상의하기 위하여 해외선교위원회에 소위원회를 임명. 여성선교사에게 투표권을 허락하고, 선교공의회에 참석하며, 선교부 회의에도 참석하도록 추천함(이전에는 여성에 관한 안건만 자문하는 권리만 있었음)
1909	4월. 라이얼 목사 부부 진주에 도착. 8월에 사택이 건축됨
1909	부산에 새 학교 건물이 완성됨. 맨지스 양이 교장직에서 사임하고 니븐 양이 임명됨
1909	5월. 신학생 존 플린 한국에 자원. 문학과를 졸업할 때까지 보류됨.
1909	8월. 아담슨 목사에 의하여 마산포에 세 번째 선교부 개회. 1911년부터 거주

1909	8월 19일. 마산 창신초등과 설립. 설립자 아담슨 선교사
1909	9월. 한국의 수공예품 판매를 위하여 장로교여선교연합회 멜본에 산업상점을 시작
1909	9월. 서울에서 선교 사반세기 축하 컨퍼런스 개최
1909	9월. 미국과 호주장로교 사이에 경상남도 선교 분할이 합의됨. 1914년에는 이 지역 전부를 호주 선교사들이 관할하게 됨
1909	10월. 가톨릭 교인 안중근에 의하여 이토 히로부미 암살됨
1909-1910	'그리스도를 위한 백만인 구령' 운동
1909	10월. 챕맨과 알렉산더가 부흥사경회를 개회
1909	빅토리아교회는 한국에 5명의 남성 선교사를 충원하기로 함

1910년대

1910	빅토리아교회는 '백만 구령' 부흥회를 승인. 빅토리아 주 달레스포드에서 열린 학생 집회에서 선교에 대한 헌신이 쇄도함
1910	2월. 맥켄지 목사 부산에 도착
1910	3월. 클라크 양 진주 수간호사로 임명됨
1910	진주에 여성선교사 사택을 세우기로 결정함. 후에 해외선교위원회는 독신 남자선교사 사택으로 사용
1910	부산의 구 고아원을 대체하여 '무에라고아원' 세움
1910	맥켄지 목사 울릉도 방문. 교회 순회 목회와 교회 창립
1910	3월. 초량교회는 호주장로교선교부에서 미장로교선교부로 이관됨
1910	3월. 장로교여선교연합회의 비용으로 진주에 '여성의 집'을 건립하기로 결정

1910	4월. 1866년 시작된 구약성서 번역 완성
1910	6월. 일본 기독교청년회 서울에 조직
1910	6월. 서울에 감리회신학교가 공식적으로 탄생
1910	10월. 진주에 배돈기념병원 건축 시작
1910	11월. 데이비스 양과 매크레이 목사 한국에 도착
1910	11월. 해외선교위원회 해외서기 페톤 목사가 인도하는 대표단 한국 방문. 발포어 목사, 길란더스 씨, 앤더슨 씨, 허친슨 씨, 데이비스 부인 그리고 퀠살 양 동행
1910	미선교부에 의하여 부산에 첫 나환자의 집 개원. 엥겔과 맥켄지 목사는 재정적 책임은 지지 않고 돌보기로 동의함
1910	12월. 왓슨 목사 한국 도착
1911	2월. 알렉산더 양 한국 도착
1911	7월. 초량선교부 문 닫음. 아담슨 목사는 마산으로 이전. 왓슨도 마산에 임명. 마산선교부 설립
1911	9월. 선교협의회는 호주의 해외선교위원회에 전보함. "전진하라! 교회는 따르려는가?" 답장이 오기를 "하나님의 은혜로, 우리는 따를 것이다."
1911	10월. 맥라렌 부부 진주에 도착
1911	10월. 맥피 양 도착. 1912년 마산으로 발령
1911	11월. 왓슨 부인 도착
1911	12월. 캠벨 양 도착
1912	1월 6일. 첫 경상노회 개회 임시노회장 엥겔 목사
1912	2월. 한국선교공의회에 의하여 첫 연례보고서 발간. 일본 정부 서면으로 된 설명서 요구
1912	2월. 맥켄지 목사 퀠리 양과 결혼
1912	3월. 진주병원이 화재로 인하여 큰 피해를 입음

1912	4월. 맥피 양의 지도하에 여학생을 위한 의신초등학교가 마산에 개교. 전에는 남학교에서 공부함
1912	해외선교위원회는 부산에 있던 장로교여선교연합회 소유 집을 이전 받음. 여성들은 맥켄지의 집으로 이사하고, 맥켄지 가족은 새 이층집으로 들어 감
1912	9월 1일. 예수교장로회 조선총회 창립총회. 아담슨과 엥겔 목사 참석
1912	9월. 한국인 '음모 사건', 데라우치 총독 암살을 모의 하였다는 죄로 125명이 구속됨. 그 중 98명이 기독교인. 6명을 제외한 전원 석방
1912	10월. 켈리 목사 부부 도착. 1913년 새 거창선교부 매크레이 목사와 합류
1912	라이트 목사 도착. 부산선교부에 정착
1912	네피어 간호사 도착. 마산선교부에 정착
1912	멜본에 시니어여성선교사유니온 창립. 클라크 양 지원
1913	2월. 알렌과 커닝햄 목사 진주에 도착
1913	4월. 테일러 박사와 퀸즈랜드의 레잉 양 도착
1913	왓슨 목사 부부와 무어 양에 의하여 통영선교부 개원
1913	4월. 통영 건강관리소 설치
1913	6월. 매크레이 목사에 의하여 거창선교부 개원. 후에 켈리 부부 합류. 맥라렌 부인이 한국에서 처음으로 진주에 진명유치원 개원. 진명야학교 설립
1913	9월. 첫 한국인 목사 안수 및 마산포교회 취임. 아담슨 목사와 협력
1913	9월. 엥겔 목사 평양에서 개회된 총회 제2대 총회장으로 선출됨

1913	11월. 진주병원 공식 개원
1913	11월. 경남남도에서 23년 사역한 미선교부 선교지 호주선교부로 이양
1913	12월. 테일러 박사 엘리스 매인 양과 결혼
1913	통영에 진명야학교 설립. 마산에 의신여학교 설립
1913	로마스 씨 마산에 도착. '헨리 데이비스 기념학교'로 불릴 남중학교 설립을 위함
1913	해외 의사 상호 등록제도. 영국 자격증은 인정되나 호주자격증은 추가 시험 없이는 인정 안 됨
1914	2월. 아담슨 목사 부부 은퇴
1914	7월. 마산의 남학교에서 중등학교 반 시작
1914	1월. 거창에 켈리의 사택 완공. 매크레이를 위한 해외선교 위원회 두 번째 집 완공
1914	세계 1차 대전 발발
1914	장로교여선교연합회 선교사들을 위한 사택 거창에 완공
1914	9월. 스키너 양과 애버리 양 거창에 도착
1914	세브란스의과대학 특수교육을 위하여 맥라렌 박사를 기간제로 구별할 것을 요청. 전쟁으로 인하여 지연됨
1915	1월. 매크레이 목사 일본에서 마가렛 홀 양과 결혼
1915	거창에 비정부 초등학교 개교
1915	서울에 공식적으로 조선신학교 조직과 개교
1915	2월. 거창에 명덕강습소 설립
1915	6월. 10년 안에 종교와 문화의 분리를 위한 일본정부의 칙령 발표. 새 학교는 즉시 시행
1915	9월. 라이트 목사 니븐 양과 결혼
1915	11월. 커를 박사 부부 은퇴

1916	평양신학교 교회역사부 회장 엥겔 목사 영구직이 됨
1916	2월. 학교에 관한 일본정부의 새 법규로 로마스 씨 사임
1916	3월. 호킹 양, 스콧 양, 토마스 목사 부부 도착
1916	7월. 호주 재산위원회가 한국선교부 재산 감정. 해외선교위원회의 대지와 건물 12,387파운드 및 장로교여선교연합회 재산 3,560파운드
1916	9월 20일. 경남노회 설립. 초대 노회장 엥겔 목사
1916	통영에 여선교사 사택과 학교 건축. 학교 등록 거절당함. 1917년 비정부 학교로 개교
1917	부산과 중국 만주와 러시아를 잇는 1,000마일의 철도 건설 완공
1917	맥라렌 박사 프랑스의 중국인 노동자 대대 의료장교로 참전. 1920년 한국으로 귀국
1917	한국교회 총회에 의하여 경상노회가 남과 북으로 분리됨. 총회장, 부총회장 그리고 서기 모두 한국인이 됨
1917	호주선교부 운영 성경학교 남 3명, 여 5명 첫 졸업
1917	2월. 마산포교회가 지도자 교회로 부상. 처음에는 경상남도. 한석진 목사 1917년 총회 총회장 됨
1917	11월. 커닝햄 목사 일본에서 트리쉬만 양과 결혼
1918	1월. 데이비스 박사와 위더스 양 한국에 도착
1918	왓슨 부인에 의하여 통영의 소녀들을 위한 실업 사역 시작
1918	9월. 매카그 양 부산 도착
1918	2월. 교회협의회가 40개의 회원으로 서울에 조직. 1924년 9월 한국교회와 선교협의회로 재조직됨
1918	한국에서 26년 동안의 사역을 마치고 무어 양 은퇴
1919	1월. 박성애 진주교회 조사 목사 안수. 경상남도지방 첫 한

	국인 목사
1919	3월 1일. '독립운동' 발발
1919	3월 일신여학교와 부산진교회를 중심으로 만세운동 시작
1919	3월 마산 문창교회 중심으로 만세 운동 시작
1919	3월 통영 진명여학교 세 명의 교사 만세운동 주도
1919	4월. 스콜스 양 사망. 애버리 양 사임
1919	8월. 켈리 목사 부부 사임
1919	10월. 테잇 양 거창 도착. 캠벨 양 한국 방문
1919	호주 장로교여선교연합회 선구자기금 설립
1919	라이얼 목사 미래의 마산 남중학교 교장으로 임명. 1920년 사임. 1921년 사망
1919	9월. 엥겔 목사 부부 평양에 거주하며 평양신학교 강의
1919	9월. 무어 양 은퇴. 1892-1918
1919	9월. 통영에 심각한 콜레라 발병. 성경부인과 교사들이 주사를 놓도록 함. 위생당국은 개화된 기독교인들만이 이 일을 할 수 있다고 함
1919	해외선교위원회와 장로교여선교연합회 대표단 방문. 페톤 목사와 캠벨 양이 인도

1920년대

1920	데이비스, 클라크, 레잉 양 동경에서 열린 세계주일학교 대회에 참석. 32개 국가에서 총 이천 명 참석
1920	모든 선교부에서 확대 주일학교 개학
1920	중등학교 조직을 계속하기 위한 잠정적 결정
1921	10월. 커 양 진주에 도착

1921	김호열 호주 멜본 유학
1922	1월. 트루딩거 목사 부부 마산에 도착
1922	4월. 캠벨 양 병환으로 호주 귀국. 1924년 사임. 1930년 사망
1922	9월. 앤더슨 목사 부부, 진, 딕슨 양 도착
1922	기독교여자청년회 출범. 젊은 한국여성 그룹에 의하여 서울에 창회
1923	4월. 맥라렌 박사 부부 세브란스의과대학으로 영구히 이전
1923	테일러 박사 진주병원 원장으로 임명
1923	4월. 정부는 '인가'와 동등한 '지정'을 선언하고, 사립중등학교 자격이 허락되도록 함
1923	10월. 중등학교 설립의 확실한 결정. 마산의 남학교와 부산의 여학교
1923	9월. 진주에서 새 여자초등학교(시원) 개교
1923	9월. 던 양 한국에 도착
1923	장로교여선교연합회에 의하여 산업상점 멜본에 개점
1924	11월. 라이얼중학교 개교를 위하여 아담 교수 방문
1924	맨지스 선교사 은퇴(1891-1924). 1935년 사망
1924	9월. 프란시스 양 도착. 두 번째 퀸즈랜드 주 임명. 결혼을 위하여 1930년 사임
1924	12월. 동래 하퍼기념학교 주춧돌 놓음. 장로교여선교연합회에서 34년 동안 회장직을 수행한 여성 이름을 딴것임. 1924년 7월 사망
1924	12월. 창신학교 2층 붉은 벽돌 회원동 완공. 호주빅토리아 정부 학교 사진을 담은 우편엽서 발행
1924	서울 구세군의 대지 위에 구제의 집 건립. 호주선교부에서

	일정부분 재정 지원
1925	4월. 사이토 총독 한국의 교육가를 위하여 일본 교육기관 연수 조직. 커 선교사 참가
1925	5월. 김호열 호주로 유학. 라이얼학교 교장직을 위한 학문적 훈련. 병환으로 귀국하여 사망
1925	6월. 동래에 하퍼기념학교 개교
1925	전체 한국장로교회를 위한 여성선교사유니온 설립
1925	8월. 부산진 일신학교 개교 30주년 기념
1925	부산지부 기독교여자청년회 개회. 지도자 양귀임
1925	9월. 엘리스 양 한국 거창에 도착
1925	매튜 목사 멜본의 해외선교위원회 총무로 임명
1926	기독교여자청년회 하퍼기념학교에 시작
1926	양한나 호주빅토리아교회 방문
1927	12월. 라이트 부인 서울에서 사망. 한국에서 21년 봉사
1928	왓슨 목사 부부 은퇴. 왓슨 부인 1935년 사망. 왓슨 1942년 사망
1928	7월. 해외선교위원회 매튜 목사 부부 한국 방문
1928	9월. 레게트 양 한국에 도착. 길레스피 양 한국 방문
1928	한국 장로교여선교연합회 설립
1928	양한나 양에 의하여 기독교여자청년회 부산에 설립
1928	엘리스 양 마산지역 유치원교사 훈련 시작
1929	하퍼기념학교 '지정'을 위하여 신청서 제출. 1933년 승인
1929	하퍼기념학교 교장 사택을 동래에 건축
1929	진주남학교(광림) 폐교. 건물은 성경학원에 기증
1929	9월. 보어랜드 목사 부부 진주 도착
1929	서울에 조선기독교연합공의회 설립. 국제선교협의회 회장

	모트 박사 참석
1929	부산의 사회봉사 계획 안건 제안. 1934년 지역 한국 목사들에 의하여 다시 촉구됨. 1936년 송 박사를 임명하므로 시행

1930년대

1930	11월. 미국감리회와 남감리회의 연합으로 기독교조선감리회 창립총회. 초대총리사로 양주삼 목사
1930	마산에서 경상남도 주일학교 대회 개최
1931	3월. 라이얼기념학교 잠정 폐쇄
1931	9월. 에드거 양 도착
1931	커닝햄 목사 서울 성서번역위원회 임명
1931	기독교서회 새 건물 서울에 개원
1931	진주병원에 엑스레이 설비 장착
1931	정부 지시로 통영의 두 번째 유치원 폐교
1931	통영의 농업실수학교 여자산업학교에서 실습 시작
1931	한국 장로교여선교연합회가 처음으로 중국 산동에 성경부인 파송
1931	해외선교위원회 한국의 호주선교부 직원 감축 요청
1932	7월. 알렌 목사 마산에서 사망 1913-1932
1932	빅토리아교회 장로교여선교연합회 저녁 지부 설립
1932	5월. 레잉 양 은퇴. 한국에서 19년 봉사. 1967년 사망
1933	하퍼기념학교 '지정' 승인. 한국에서 두 번째
1933	4월. 라이얼기념학교 폐교
1933	9월. 코트렐 목사 부부 도착. 1939년 사임

1933	12월. 빅토리아총회 총회장 매카울리 목사 방한
1934	1월. 총회장과 특별협의회로 모임
1934	1월. 동래에 여성들을 위한 농업실수학교 자리를 찾도록 결정
1934	4월. 라이얼기념학교 건물에 복음농업학교 개원
1934	6월. 선교사 아내들도 스스로의 권리로 선교사로 인정됨. 협의회에서 투표
1934	6월. 진주여학교의 교장대행으로 정석록 임명. 한국인으로 첫임명. 1936년 교장 취임
1934	9월. 뉴 목사 부부 한국 도착. 마산에 임명
1934	마산 복음농업실수학교 설립
1934	한국 개신교선교 설립 50주년 기념 축하
1934	심문태 목사 호주 멜본 연수
1935	정부는 학교에 신사참배 참석을 지시
1935	1월. 레인 목사 부부 한국 통영 도착
1935	3월. 스터키 목사 부부 한국 진주 도착
1935	3월. 이중철 의사 호주 방문. 동아일보에 호주여행기 연재
1935	4월. 동래에 여자농업실수학교 개교
1935	통영 스키너 양의 모터보트 정치적인 이유로 등록 거절됨. 1937년 매각
1935	부산의 사회와 복음 사역을 위하여 송창근 박사 임명
1935	엥겔 부인 한국의 40년 사역 완성 1895-1935. 1954년 사망. 엥겔 박사는 35년 사역 1900-1935. 1935년 은퇴. 1939년 사망
1936	2월. 호주선교회 신사참배를 반대하는 선언문 발표
1936	이삼남 호주 멜본 방문

1936	4월. 클라크 양 사임. 1956년 호주에서 사망
1936	5월. 부산진의 새 초등학교 완공
1936	김성만 교사 부산의 거지 소년들을 위한 사역 시작
1936	6월. 협의회는 신사참배 안건 논의 금지됨. 모임에 형사들 참관
1936	김만일 한국인 목사 동래의 하퍼기념학교 교실 확충을 위하여 8,500엔 모금
1936	맥라렌 부인 이화대학교 위원회에 임명
1936	농업실수학교를 위하여 동래의 논 5에이커 매입. 멜본의 농업학교 친구들이 비용 지불
1937	3월. 리체 양 마산에 도착
1937	이약신 목사 빅토리아장로교 백주년 행사의 연사로 빅토리아총회 초청 방문
1937	4월. 맥피 양 마산에서 사망
1937	9월 1일. 라이트 선교사 기념 예배당 완공(해운대교회)
1937	간호사 송옥순과 이영복 호주의 대학원 공부를 위하여 호주 연수. 1939년 5월 귀국. 송 간호사는 세브란스병원. 이 간호사는 진주병원으로 임명됨
1937	빅토리아장로교회 백주년 기념. 이약신 목사 한국교회 대표로 참석
1937	통영에 새 학교 건립을 결정
1937	데이비스 박사 비엔나의 대학원 세미나 참석
1937	구세군 부산 항구에 여행자 도움처 설립
1937	성경학교의 첫 한국인 교장으로 심문태 목사
1937	미장로교 신사참배 문제로 미션스쿨 폐교
1938	평양신학교 191명의 학생으로 봄 학기 종강. 그 후 개강 불

	허됨
1938	3월. 아우만 양 도착
1938	9월. 거창에 새 학교 건립 및 개교
1938	복음농업학교 구포로 이사. 대지
1938	9월. 테일러 박사 요코하마에서 사망. 한국에서 25년 봉사. 10월에 테일러 부인 호주로 은퇴
1938	10월. 마산여학교 비어 있던 라이얼기념학교 한 건물로 이전
1938	이약신 목사 부산에 의료 사역 계획 제안. 1940년에 구금됨
1938	통영선교부 설립 25주년 기념
1938	조선기독교연합공의회 해체
1938	조선기독교청년회와 기독교여자청년회 국내위원회 강제 종료. 동경의 청년회와 병합
1938	8월. 신사참배 문제로 진주교회 문 닫음. 후에 찬성하는 목사와 함께 다시 문을 열다
1939	1월. 호주선교회 신사참배를 반대하는 입장 재확인
1939	2월. 진주교회 '일본'교회로 형성하기로 선언. 신사참배 찬성
1939	3월. 거창여학교 폐교. 그 후 지역교회에 의하여 인수
1939	5월. 보어랜드 목사 부부 사임
1939	5월 7일. 충무교회 스키너 선교사 선교 25주년 기념 비석 건립
1939	매튜 목사 사임. 앤더슨 목사 멜본의 해외선교위원회 총무로 임명
1939	6월. 맥켄지 목사 부부 은퇴. 맥켄지 부인 1905-1939. 맥켄지 목사 1910-1939
1939	6월. 진주여학교 폐교. 지역교회에 의하여 인수. 그 후 정부가 인계함

1939	7월. 부산진과 마산의 여학교 폐교 명령. 마산남학교 정부 교육기관에 의하여 인수. 하퍼기념학교 폐교 명령과 인수를 위한 협의. 1940년 4월까지 선교부가 운영하도록 승낙. 다른 학교들은 건물과 설비를 2년 동안 선교부가 사용하도록 정부 승인 동래의 농업실수학교의 위상은 '구제기관'으로 바뀜
1939	7월. 세계 2차 대전 발발
1939	8월. 호주장로교 한국선교 50주년 기념. 한국교회에서 축하 행사 가능치 않음. 한 시대의 마감
1939	9월. 전체 호주교회의 연합을 위한 총회의 첫 발걸음. 각 주의 대표들로 구성된 소위원회 임명. 해외선교 사역을 위한 하나의 기구 설립 가능성 조사
1939	9월-11월. 호주 총회에 의하여 특별대표단 한국 방문. 해외선교위원회 총무 앤더슨 목사. 존스 목사. 캠벨 양. 존스 부인. 마틴 양
1939	10월. 대표단과 특별협의회 모임. 미션스쿨에 영향을 미치는 신사참배 문제 토론. 그 지역의 기독교인 부지사 마수다 씨 참석
1939	맥라렌 박사 진주병원 원장 대리. 데이비스 원장 휴가

1940년대

1940	1월. 동래의 학교를 학부모협회에 이양하는 문제로 대표들과 특별 임원회 개회. 학교 건물과 설비를 학부모협회에 매매 결정. 장로교여선교연합회의 승인을 전보 받음
1940	1월 1일. 테잇 선교사 사택에서 한상동, 이일재, 최덕지 등

	신사불참운동 실천사항 결의
1940	통영의 학교 학교로서는 폐교. 그러나 '자선 단체'로 계속 활동
1940	3월. 성경학원 진주에서의 개원 거절됨
1940	4월. 나병원 폐교 명령됨. 그 장소는 군대의 주둔으로 요청. 트루딩거 목사 휴가 1941년 4월로 연기. 1940년 말 환자 이송으로 영향 받음
1940	4월. 심문태 목사 주일학교 담당 사임. 노회에 의하여 복음농업학교 교장으로 임명
1940	4월. 디커니스 왓킨스 한국 도착. 통영에 임명
1940	4월. 맥켄지 목사 빅토리아장로교회 총회 총회장 피선
1940	4월. 부산에서 연례 선교협의회 모임. 형사들이 모든 회의에 참관. 청년사역자로 레인 목사 외 리체 양 과 함께 이일래 임명
1940	4월. 리체 양 마산의 여학교 교장 등록신청이 거절됨. 한국인이 요청됨
1940	4월. 멜본의 장로교여선교연합회 진주병원의 한국인과 선교사 모든 여직원 봉급을 책임지기로 동의
1940	6월 4일. 신사참배에 협조 안한다는 이유로 레인 선교사 경남노회로부터 시찰권 및 당회권 파면 당함
1940	8월 30일. 멜본 투락교회에서 희년 모임 열림. 1890년 7월 장로교여선교연합회 창립을 위한 예비모임 장소
1940	9월. 데이비스 의사 휴가 후 진주병원 원장직 재개. 맥라렌 의사 자문관으로 남음. 직원들 구금됨
1940	9월. 스터키 목사 부부 휴가 떠남
1940	9월. 중심축 동력으로 일본정렬. 신사참배에 반대하는 모

	든 교회 지도자들 제지당함
1940	영국과 미국 시민권자들 한국을 떠날 것을 관계 영사관을 통해 통보. 11월에 '마리포사'호로 219명의 미국인 출국
1940	10월. 감리회 정 감독 교회를 위한 개혁 계획을 발표
1940	10월. 조선예수교장로회 총회 헌법 개정안 통과. 안건에 대한 투표는 허용 안 됨
1940	10월 25일. 라이트 목사 매카그 양과 서울에서 결혼
1940	11월. 던 양 트루딩거 딸들 호주로 동행
1940	11월 28일. '조선장로교회'의 개혁 선언 서울에서 발표
1940	12월. 스코트 양과 맥켄지 양 한국으로 가는 도중에 고베에서 돌아 감
1941	2월. 맥라렌과 레첼 부인, 호킹 양, 데이비스 박사 호주로 귀국. 호킹 양과 스코트 양 25년 한국 사역 마감. 데이비스 박사 23년. 맥라렌 부인 30년
1941	4월 1일. '세계를 위한 기도' 공모의 구실로 15명의 여성과 몇 남성 선교사들 체포 조사되고 가택 수색됨.
1941	4월 16일. 장로교여선교연합회 선교사들 전보를 통하여 소환됨. 알렉산더와 테잇 양 경찰에 의하여 8월까지 구금됨. 그 후 추방 명령
1941	4월 20일. 트루딩거 목사 부부 19년 사역 후 휴가 떠남. 커 양은 20년 사역
1941	4월 27일. 딕슨, 레게트, 리체, 에드가, 아우만, 왓킨스 양 다음 배로 출국. 선교부에 남은 사람은 진주의 맥라렌 박사, 부산의 라이트 목사 부부, 통영의 레인 목사 부부임. 알렉산더와 테잇 양은 8월까지 구금. 알렉산더 양은 30년, 테잇 양은 22년 사역

1941	12월. 진주만 공격. 맥라렌은 진주에 11주 구금됨. 그 후 라이트 부부와 레인 부부와 함께 부산에 억류됨. 1942년 6월 일본으로 피신. 로렌조 마키스로는 8월. 1942년 11월 멜본 도착
1941	일본 세계 2차 대전 참여
1942	마지막 호주 선교사들 호주로 귀국
1945	8월 15일. 일본의 무조건 항복. 포츠담선언에 러시아와 3대 강국 조인
1946	1월. 던컨 양 유엔 구호 및 재건 기구 직원으로 한국 입국. 한국에 1년 거주
1946	해외선교위원회 대표단 총무 앤더슨 목사, 레인 목사 한국 방문. 전쟁 후 한국 상황을 조사하고 한국교회의 필요를 알아보기 위한 목적
1946	6월. 해외선교위원회와 장로교여선교연합회 연합함. 빅토리아총회가 승인
1946	7월. 호주장로교 총회 해외선교부 호주 6개 주 교회의 모든 해외 선교를 책임 맡음
1946	6월. 커닝햄 목사 한국 방문 승인 받음
1947	9월. 위더스, 던, 레게트 양 부산 입국
1947	기독교여자청년회 부산에 다시 시작. 양한나 회장
1949	앤더슨 목사 2번째 한국 방문
1949	레인 목사 가족 동행위하여 호주 귀국

1950년대

1950	1월. 레게트 양 병환으로 호주 귀국. 16년의 사역 후 은퇴

1950	3월. 레인 목사 부부와 두 자녀, 율 목사 부부, 맥납 양 인천 도착
1950	4월. 연수 목적으로 의과 대학원에 이봉은, 신학부에 조민하, 경제학과에 허증수 멜본에 도착
1950	6월 25일. 북한군 남한 침공. 유엔 북한공산당에 철수를 요구. 유엔 회원국 한국 지원. 50개국 지원 자원함. 16개국 적극적으로 참여. 호주인들 유엔군에 의하여 일본 예비수로 철수. 커닝햄과 율 부부 호주로 귀국
1950	10월. 레인 목사 한국 귀국 허락 받음. 레인 부인과 아이들은 10월 21일 호주로 귀국
1950	12월. 서울의 기독교인들 대구, 부산, 제주, 거제 등으로 피난
1950	12월. 뉴 목사 한국 방문
1951	홍 양 대학원 연수를 위하여 호주로 감. 빅토리아간호사협회로부터 수료증 받음. 1953년 서울 세브란스병원 수간호사로 한국으로 귀국
1952	2월. 헬렌 맥켄지 박사와 캐서린 맥켄지 양 의료사역자로 한국 입국 승인. 왓킨 양 일본에 호주직원 합류
1952	3월. 앤더슨 목사 해외선교위원회 사임. 2년 임기로 한국으로 귀국
1952	레인 목사 호주로 귀국하여 사임
1952	8월. 위더스, 던, 맥납 그리고 왓킨스 양 일본에서 한국으로 귀국 승인
1952	2월 캐서린과 헬렌 맥켄지 자매 부산 도착. 부산일신병원 설립
1953	에디스 골트 부산 도착. 일신병원에서 근무
1953	찰스 케넌 목사 부부 부산항 도착. 경남노회와 동역

1954	애슬리 콜빈 도착. 뉴사우스웨일즈주에서 온 첫 선교사
1955	캐서린 다이크 일신병원 근무. 다음해 사고로 사망
1955	4월 16일 프레드 터비 부산 도착. 농촌마을 발전을 위하여 헌신
1957	12월 7일 알란 스튜아트 목사 부부 부산 도착. 마산과 부산에서 사역. 부산장신 교장
1957	제임스 스튜아트 목사 부부 도착. 부산과 진주에서 사역
1957	아그네스 와렌 의사 입국. 일신병원 대리원장 사역
1958	3월. 제임스 크로프트 목사 부부 도착. 기독학생 활동 참여. 마산대학 강의
1958	호주장로교회 세계선교부 맥라렌 선교사에 관한 『한국의 한 의사』(A Doctor in Korea) 영문 출간
1959	4월 브리즈번의 조이슨 앤더슨 목사 부산 도착. 선교회의 비즈니스 매니저와 회계

1960년대

1960	조안 잉글랜드 디커니스 도착. 진주에서 사역
1960	7월. 도로시 언더우드 도착. 장로회신학대학과 이화여자대학에서 교회음악 교수. 명예 서울시민
1960	7월. 데스몬드 닐 목사 도착. 진주, 서울, 대전에서 사역. 장로교연합공의회 회계. 예장 총회 협력
1962	마저리 하포드 디커니스 도착. 후에 닐 목사와 결혼
1960	존 브라운 목사 부부 한국 도착. 마산과 서울. 장신대에서 히브리어와 구약학 강의. 호주로 돌아가 호주장로교회와 호주연합교회 총회 선교부 총무 재직. 부인 노마는 후에 목

	사가 되어 교회 목회
1964	바바라 마틴 의사 부산 도착. 부산일신병원 사역. 부산 명예시민
1964	5월 23일. 호주장로교회는 대한예수교장로회, 미국연합장로교회, 미국남장로교회와 더불어 서울에 '협동사업부' 설립을 위한 상호협정서 체결
1964	7월. 리차드 우튼 목사 부부 한국 도착. 서울 영등포산업선교회 근무
1964	윌리엄 포드 부부 한국 도착. 선교회 비즈니스 매니저. 일신병원 재정과 행정 감독
1965	베리 로우 목사 부부 한국 도착. 서울과 울산
1963	릴리안 매튜스 도착. 일신병원에서 간호사로 근무
1968	도로시 나이트 도착. 일신병원과 전주 예수병원 근무
1968	11월 5일. 베리 로우 선교사 장애우들을 위한 양지훈련재활원 설립

1970년대

1970	호주장로교회 총회 *The Australian Presbyterian Mission in Korea(1889-1941)* 영문 출간
1971	피터 램 부부 도착. 김천. 호주의 양을 수입하여 농장을 경영
1972	레이몬드 스터만 도착. 부산과 거제도에서 사역
1972	호주장로교회와 후에 호주연합교회 영등포산업선교회 총무 봉급 13년 간 지원
1973	호주 멜본에 첫 한인교회 창립. 알란 스튜아트 전 한국 선교사가 주도

1975	엘리자베스 니콜슨 의사 부산 도착. 일신병원 근무
1976	6월 7일. 스티븐 라벤더 서울 도착. 영등포산업선교회 근무. 노동운동 참여로 비자 갱신 거절됨
1977	6월 22일. 호주연합교회 탄생. 한국선교관계 호주장로교회에서 호주연합교회로 이관
1978	캐서린 맥켄지 한국 최초로『간호 조산학』한국어로 출판
1979	앤서니 도슨 한국 도착. 영등포산업선교회 근무

1980년대

1982	크리스챤 모스테드 목사 부부 도착. 장신대에서 조직신학 교수
1986	임경란 서울 도착. 호주교회 파송 첫 한인선교사. 영등포산업선교회 에서 근무
1989	김진엽 부산 도착. 일신기독병원 치과의사로 근무. 임수경 방북 편의 제공 혐의로 구속되기도 함

1990년대

1990	데비 카슨 서울 도착. 영등포산업선교회 근무. 영어 소식지 발행
1992	데브라 굿서 서울 도착. 아시아여성정보센터 근무
1994	엘렌 그린버그 서울 도착. 영등포산업선교회 근무
1999	10월 31일. 한호선교 110주년 기념예배 멜본한인교회에서 열림

2000년대

2000	5월 31일. 로한 잉글랜드 서울 도착. 영등포산업선교회 근무. 도시농촌선교 훈련과정 수행. 안산 외국인노동자센터 근무
2001	1월 14일. 부산진교회 데이비스 선교사 기념비 복원
2001	4월 14일. 일신기독병원 맥켄지 선교사 기념비 복원 제막식
2002	9월 17일. 일신기독병원 50주년 기념 맥켄지 역사관 개관
2003	5월 2일. 부산광역시 부산진 일신여학교 건물 기념물 제55호 지정
2005	12월. 호주연합교회 총회, 멜본한인교회와 예장통합 총회 공동으로 북한 라선 지역에 보육원 완공
2006	헬렌 맥켄지 '호주 선교사 맥켄지의 발자취' 출간
2007	『호주장로회 선교사들의 신학사상과 한국선교 1889-1942』 정병준 교수 출간
2007	8월 26일. 부산진교회 엥겔 선교사 기념관 입당예배
2008	4월 5일. 충무교회 호주선교 100주년 기념탑 세움
2009	7월. 데이비스와 엥겔 선교사 일기 크리스찬 리뷰사 번역 출판.
2009	9월 19일. 경남성시화운동본부 순직호주 선교사묘역 마산에 제막
2009	9월. 한호선교 120주년기념 '은혜의 증인들' 한글과 영문으로 출간
2009	9월 23일. 예장 통합 총회와 호주연합교회 총회 '한호선교 120주년 기념 선교선언문' 선포. 선교 120주년 기념행사와 상호방문 한국과 호주에서 거행

2010년대

2010	2월 21일 해운대교회 예원배(알버트 라이트) 선교사 기념관 개관
2010	4월 2일. 부산진 일신여학교 역사기념관 개관
2010	9월 1일. 양명득 목사 서울 도착. 예장 총회와 제10차 세계교회협의회 준비위원회 사역. 후에 영등포산업선교회 국제협력부 부임
2010	10월 7일. '호주 선교사들이 뿌린 복음의 열매' 크리스찬 리뷰지 출판
2011	한호수교 50주년 기념행사 및 기념우표 발행
2011	6월 25일. 진주교회 커를 메모리얼 비전센터 개관
2012	4월. 일신기독병원 총동문회 '맥켄지가의 딸들' 출간
2012	예장 통합총회 100주년 기념도서 '한국교회와 호주교회 이야기' 출간
2012	7월. 호주연합교회 13차 총회에서 일신기독병원 인명진 이사장 헬렌 맥켄지 선교사가 수상한 대한민국 무궁화장 소개
2013	한호선교 125주년 기념 '호주 선교사 존 브라운' 한호기독교선교회에서 출간
2013	『말씀이 육신이 되어: 맥라렌 교수의 생애와 사상』을 연세대학교에서 출판. 맥라덴 교수는 한국 최초의 신경정신과 전문의
2013	1월 24일. 진주시와 진주교회 배돈병원과 광림학교 100주년 기념비 제막식
2013	11월 2일. 제10차 세계교회협의회 부산총회 주말프로그

	램 '호주 선교사 유적지 방문'
2014	11월 9일. 한호선교 125주년 기념예배 부산진교회에서 열림
2016	『호주선교 한국선교』호주 찰스스터트대학교에서 출간
2016	9월 1일. 일신기독병원과 경기대학교박물관 주관 '호주 매씨 가족의 한국소풍 이야기' 10개월 간 사진전시회 개최
2017	『왕길지의 한국선교』고신대 이상규 교수 출간
2017	8월 28일『호주장로교 한국 선교 역사 1889-1941』출판. 영등포산업선교회 60주년 기념으로 데이비스선교회와 공동으로 편역 출간

| 제4부

주요 문서 및 자료 모음

1. 데이비스 선교사의 죽음을 여동생에게 알리는 편지
2. 호주빅토리아장로교 총회 한국 선교 전진정책
3. 김호열의 첫 호주 유학
4. 양한나의 첫 여성 호주 유학
5. 양한나의 호주 빅토리아장로교회 방문기
6. 거창의 매카그 양으로부터 온 편지
7. 통영의 수공예반은 가치가 있는가?
8. 진주에서의 교육의 어려움
9. 부산진의 선교사역 편지
10. 마산의 선교사로부터 온 편지
11. 호주선교회의 신사참배 거부 선언문
12. 진주교회가 보내는 선언문
13. 호주선교회의 신사참배 거부와
    학교폐쇄 정책에 경남노회가 낸 성명서
14. 호주선교회의 신사참배 거부를 비난하는 통지문

1. 데이비스 선교사의 죽음을 여동생에게 알리는 편지

데이비스 양에게

당신에게 가장 소중한 이의 병환과 죽음에 관하여 직접 소상히 듣기를 원한다는 것을 알기에 나에게는 가장 슬픈 작업이지만 이 편지를 씁니다. 비가 억수로 쏟아졌던 그제께 누가 우리 집 문을 두드려서 나가보았습니다. 한 한국인이 서있었는데 말하기를 데이비스 씨가 지금 도착하여 얼마 떨어져 있는 한 호텔에 있는데 많이 아프다고 하였습니다. 나는 황급히 그와 함께 1마일 정도 거리에 있는 일본인 호텔로 갔습니다. 거기에서 당신의 오빠와 나는 처음으로 만났습니다. 그는 햇빛으로 인해 많이 그을려 있었으며, 나는 그가 많이 아프다고 생각하지는 못했습니다. 나는 그를 기다리고 있었다고 말하였고, 아픈 모습으로 지금 만나게 되어 매우 미안하다고 하였습니다.

"오, 당신이 와 주어서 매우 감사합니다"라고 데이비스는 대답하였습니다. 그리고 그는 나의 팔을 붙잡고 "즉시 갑시다"라고 하였습니다. 그러나 나는 "당신은 지금 멀리 걸을 수 없습니다"라고 하였습니다. "오 아니요, 당신에 기대어 나는 걸을 수 있습니다"라고 그는 대답하였습니다.

그래서 나는 그를 나의 방으로 데리고 왔고, 기타무라 일본인 의사를 불렀습니다(그는 독일 교수 밑에서 모든 훈련을 받은 기술 있는 의사였습니다). 의사가 도착하기 전 나는 그에게 차와 토스트를 주었습니다. 그는 조금 먹었고 쉬고 나면 괜찮을 것이라고 하였습니다. 나는 그의 여행에 관하여 물었고, 그는 대답하기를 첫 두 주는 좋은 여정이었으나 그 후부터는 어려웠다고 하였습니다. 한 동네에서는 그곳 관리들에 의하여 무례하게 취급받았으나, 이것을 제외하고 그의 여정은 '넘치는 축복'이었다고 하였습니다.

지난 열흘 동안 비록 그의 건강은 좋은 편이 아니었지만, 크게 불평할 일도 없었다고 하였습니다. 그때 의사가 도착하였고 그를 검진하였습니다. 의사는 즉시 천연두라고 하였고, 그가 이곳에 있을지 아니면 병원으로 갈지를 물었습니다. 당신의 오빠는 병원으로 가겠다고 하였고, 병원이 가까웠던 고로 금방 그곳으로 이동하였습니다. 비록 나는 간호사는 아니었지만 그가 편할 수 있도록 최선을 다하였습니다. 그는 더 쉬기를 원하였고, 자기를 원하였습니다. 그때 나는 집으로 돌아왔습니다. 6시 정도였고, 한 시간 후에 그가 필요로 할 것 같은 어떤 것을 가지고 다시 갔습니다. 내가 없었을 때 의사가 다시 왔었다고 하였습니다. 나는 늦게까지 그곳에 있었습니다. 그는 이야기하기에는 너무 지쳐 있었고, 그래서 우리는 함께 기도하기를 건강하거나 약하거나, 살거나 죽거나 하나님의 영광을 위함이며 그 구원자에게 맡긴다고 기도하였습니다.

지난 이틀을 되돌아 보건데 모든 것이 나에게는 꿈만 같은 시간이었습니다. 만약 이것이 우리 주님 예수를 위한 것이 아니라면 정말 어두운 이틀이었을 것입니다. 그러나 이 순간에 읽기를 "지금 그리스도께서 살아나셨다"이며 그리고 우리도 다시 살 것입니다. 나는 나의 가장 신실한 한국어 교사를 보내어 그날 밤 그를 돌보게 하였고, 만약 더 악화되면 나에게 연락하도록 하였습니다. 나는 다음 날 아침 7시에 다시 가 보았습니다. 그는 유쾌하게 말하기를 지난 밤 조금 잘 수 있었다고 하였고, 그러나 목이 붓고 아프다고 하였습니다.

데이비스는 먼저 "지난 밤 당신의 교사는 나에게 참 친절하게 하였습니다"라고 하였습니다. 그러나 의사는 그가 피를 토하는 사실을 매우 심각하게 생각하고 있었습니다. 의사는 말하기를 여행 중에 감기가 폐렴으로 진행되었고, 회복할 기미가 없다고 하였습니다. 일본인 의사가 매우 염려하므로 그가 가지고 있는 것을 잃어버리면 안 되었기에 나는 그의 것들을 점검하였고, 이것을 헤론 박사의 편지에 남기겠습니다. 그가 먹을 것을 가지고 오기 위하여 나는 9시쯤에 떠났습니다. 10시에서 11시 사이에 돌아가 보았고, 또 잠시 떠나야 했습니다. 그때 의사의 사환이 나에게 와 빨리 와 달라고 하였습니다. 다시 가보니 의사는 "그는 곧 사망할 것입니다"라고 하였습니다. 그는 아직 의식이 있었고, 그는 나에게 죽을 것 같다고 하였습니다. 그는 1시경에 예수에 관하여 무엇이라 혼잣말을 하면서 참 평화롭게 사망하였습니다. 오후에는 일본 영사와 직원들이 모두 참석하였고, 거주지의 법에 따라 그러나 매우 친절하고 예의바르게 장례를 준비하였습니다.

오늘 아침 항구가 내려다보이는 산기슭의 작은 외국인 무덤 구역에 그의 시신이 안치되었는데, 그는 우리 주 구원자 예수 그리스도가 다시 오실 때까지 잠든 것입니다.

내가 말하기 원하는 것을 잘 표현하지 못하였으나, 그러나 하나님은 내가 얼마나 당신의 이 슬픔을 깊게 애도하는지 아실 것입니다. 그는 내가 그토록 만나기 원했던 나의 형제였습니다.

더 이상 쓸 수가 없군요.

1890년 4월 6일 부산,
그리스도 안에서 형제 된
제임스 게일

2. 호주빅토리아장로교 총회 한국 선교 전진정책

한국 선교 전진정책

1) 전도정책

가. 한국에서 급증하는 새로운 신자들을 관리, 교육하고 각 지역 교회 지도자를 양성하고 필요한 경건 문서 등을 간행하기 위해서는 목사 선교사가 필요하므로 목사 선교사를 증원한다.

나. 효과적인 선교활동을 위해서 부산, 진주에 이어 마산, 거창 등지에도 선교지부가 설치되어야 하며, 해당지역에 목사 선교사를 배속하여 선교사업을 주관하도록 해야 한다.

다. 각 지역에서 효과적인 사역을 위하여 적어도 부산진지부에 3명, 마산지부에 4명, 진주지부에 5명, 거창지부에 1명 정도의 목사 선교사가 있어야 하며, 이럴 경우 한 사람의 목사 선교사는 약 7만 명의 한국인을 책임 맡게 된다.

2) 의료정책

가. 의료사업은 우선 병원이 건립 중에 있는 진주에 집중적으로 지원하여야 하며,
나. 커를 의사에 이어 두 번째 의료 선교사가 파송되어야 하고, 이 선교사는 서울 세브란스의전에서 한국인 의학생 양성에 협조하도록 하여야 한다.
다. 잘 훈련된 간호 선교사가 또한 시급히 파송되어야 한다.

3) 교육정책

(1) 초등학교
가. 남학생을 위한 학교 교육은 선교 현지 (한국인) 교회에 의해 실시하도록 권장하되 필요한 경우 잠정적으로 해당 지역 선교지부가 재정적으로 후원한다.
나. 선교사가 거주하는 각각의 선교지부에서는 여학생을 위한 학교가 건립되어야 하며, 여 선교사가 이 교육 사업을 주관하여야 한다.
다. 각 학교는 적어도 40명 정도를 수용할 수 있는 기숙사를 가져야 하며, 학교와 기숙사 비품비가 350파운드를 넘지 않도록 하여야 한다.
라. 기숙사 이용 학생들은 기숙사 사용료를 부담하도록 하여야 한다.

(2) 중등교육

가. 호주선교부는 남자학교 하나, 여자학교 하나 등 두개의 학교를 건립하여 유지하여야 한다.

나. 현재의 교육선교사 외에 한사람의 남자 교사 선교사와 두 사람의 여자 교사 선교사가 파견되어야 한다.

다. 이 학교는 진주에 건립되어야 한다.

(3) 유치원

일본에서의 경우 유치원 교육은 선교의 효과적인 영역임이 밝혀졌으므로 교육사업의 일환으로 유치원 교육이 강화되고 각 학교는 부설하여 운영하여야 한다.

(4) 신학교육

가. 호주선교부는 평양에 위치한 장로교 신학교 교육과 운영에 동참하고, 한국인 목회자 양성에 기여하여야 한다.

나. 호주선교부는 평양장로교신학교 학생들을 위한 기숙사를 건립 유지하도록 하여야 한다.

(5) 일반적 원칙

가. 선교부가 운영하는 학교는 일차적으로 신자들을 위한 학교로 운영되어야 하며, 여석이 있을 경우 제한된 숫자의 불신 학생을 입학시킬 수 있다.

나. 모든 학교는 그 운영에 있어서 가능한 자급하도록 하여야 한다.

다. 학교 건물 신축에 있어서 재정과 시간을 단축하기 위하여 현지 건축 감독을 가능한 확보하도록 노력하는 것이 바람직하다.

4) 재정

상기한 정책을 시행하기 위해서는 적어도 8명의 목사 선교사, 1명의 의료 선교사, 1명의 남자교사 선교사, 6명의 여자 선교사의 증파가 요청되므로 연간 3,500파운드 이상의 경상비가 확보되어야 하고, 이를 위해서는 호주빅토리아장로교회의 세례교인 1인당 1파운드 이상의 선교 후원금을 부담하여야 한다.

(특별선교협의회, 부산. 1911년 1월 9~12일.
본 자료는 고신대 이상규 교수가 제공하였습니다.)

3. 김호열의 첫 호주 유학

"호주류학의 김호열씨 래일오일경에출발 호쥬류학은처음일"

래일오일경에출발
호쥬류학은처음일
 야자의그늘이짓튼호주로류학을하는이가 잇다그는당년이십삼세의김호열씨이니 일즉히미국에서대학을마치고 리학사의 명예학위를엇어가지고도라온김호연씨의 아우라 씨는일즉히경성연희전문학교수리과를우등한성적으로마초고 계속하야경상남도마산에잇는 창신학교의 초빙을바다 전후삼년동안의 세월을 자제교육에전력하더니 본시그학교는 호주사람의 경영하는 학교이엿슴으로자연 씨의뛰어나는텬재는말다른 호주사람에게까지 감동을주게되야 여러가지로 교섭이잇슨후 씨는금월십오일에신호를떠나 멀니남양호주로가서 그곳대학교에 입학을하야 업을닥게되얏는대그의 학비는전부우리와빗이다르며말이다른 호주사람 교회에서 부담할터인대우선조선에서 려비문뎨에곤란을밧고 지금씨는 평양에잇서서백방으로 주선중이라 하니반갑고도딱한일이라하겟다더라".

(동아일보, 1921년 8월 6일, 3면.
철자법과 띄어쓰기 그대로 인용함)

4. 양한나의 첫 여성 호주 유학

"량한라씨외국류학

　시내뎡동 리화유치원에서오래동안보모로잇던 량한라씨는 작 십칠일에 '오스트랄리'로류학의길을 떠낫는데 조선녀자로 오스트 랄리에 류학하기는 이분으로써 처음이라하겟슴니다"

(동아일보, 1926년 8월 18일, 3면.
철자법과 띄어쓰기 그대로 인용함.)

5. 양한나의 호주 빅토리아장로교회 방문기

교회 방문

한국을 떠나기 전 나는 사진에서 서양교회 건물들을 많이 보았다. 우리가 아름다운 멜본 항에 도착하였을 때 내가 갑판에서 본 처음 건물 중에 교회당을 알아볼 수 있었다. 우리가 도착한 날은 일요일이었고, 그날 저녁 한 교회에 갔었다. 예배 중에 한국교회를 위한 특별 기도도 포함되어 있었는데, 그 기도의 소리로 비록 서로 멀리 떠나 있지만 우리와 한국교회가 여기에서 연합되는 것을 느꼈다. 나는 또 하나의 교회를 방문하였는데 내가 받은 환영을 통하여 우리 믿는 자들은 정말 한 가족이라는 것을 느낄 수 있었다. 그곳에서 나의 이름을 부르는 한 여성이 있었는데 그녀는 나를 위하여 몇 해를 기도하였다고 하는데, 하나님의 은혜와 그리스도의 사랑이 우리가 측량할 수 없을 만큼 크다는 것을 알았다.

이후 나는 그곳의 많은 교회를 방문하였다. 먼저 나에게 다가오는 것은 교회 건물이었다. 교회당의 안과 밖은 예술적이었으며, 의자들은 충분하였으며, 강단은 아름다웠고, 예배에 늦게 온 사람의 발자국 소리도 들지 않도록 모두 장식되어 있었다. 이런 교회당을 볼 때 우리 한국에도 곧 이러한 교회당이 세워져야 한다고 생각하였다.

지도자들 – 국내와 국외

내가 빅토리아에서 목사들과 교회 임원들을 볼 때 이들은 영적인 외모와 실질적인 지식과 교육을 겸비하고 있었고, 젊은 사람들이 과학적으로 신앙에 관하여 문의를 할 때 그들은 확신을 가지고 답하여 그들이 실족하지 않도록 인도하고 있었다. 한국을 생각할 때 나는 슬펐다. 한국교회 지도자들 대부분뿐만 아니라 해외선교사들도 그곳의 상황에서 정의를 행하는데 실패하고 있다. 한국교회가 현대 한국 사회의 빛과 소금의 역할을 하여야 하는데, 그곳에는 광야의 짐승들 사이에 방황하는 많은 사람들과 상처받은 사람들이 있기 때문이다. 무관심한 사회는 그들에게 아무런 메시지도 주지 못하고, 교회도 그들을 구원할 충분한 준비가 되어 있지 않다. 사회는 말의 속도같이 진보되고 있는데 교회는 소와 같은 발걸음이다. 빅토리아교회가 여러 방면으로 보여주고 있는 풍요함은 대단히 인상적이다. 다른 이들을 도와주는 빅토리아 홈이나 해외선교회는 그들의 사람들에게도 큰 번영을 가져오고 있었다.

성가대 활동

그러나 내가 방문한 빅토리아교회의 성가대는 가장 인상적이었다. 아름다운 멜로디로 죄인들의 영혼을 하나님께로 인도하는 성가대는 한국교회를 생각하게 만들었다. 이곳의 성가대는 4부로 부르거나 대원들이 많을 시는 8부로도 부르는데, 한국에는 음악전문가가 있어도 각 멜로디를 구분하지 못하여 100명의 교인이 예배를 드리면 100개의 다른 음정이 나오기 때문이다. 그러나 내 생각에는 가사의 의미만 생각하면서 높거나 낮거나 자연스럽게 찬송을 부른다면 그것도 존경스러울만한 일이다.

한 한국 여학생이 그녀의 교회에 찬송가를 좀 더 잘 부르자고 제안을 하였었다. 돌아온 대답은 "우리가 음악을 공부하기에는 너무 늦었다. 우리를 가르쳐줄 사람도 없다. 우리도 올바른 음정을 따르려고 하지만, 그렇게 하면 찬송을 기쁨으로 부를 수 없었다. 웃지 마라. 아이들이 그들의 마음에서 기쁨으로 부른다면, 그들은 하나님의 마음을 기쁘시게 하는 것이다."

한국에는 예배 장소도 많고 성가대도 있지만, 찬송을 인도할 수 있는 사람도 없고, 오르간의 음악 소리도 없다. 빅토리아교회의 교인들은 성가대에 왜 많이 참여하지 않는지 궁금하다. 말씀의 영적인 의미를 찾느라 바쁜 이유인지, 그들의 목소리가 좋지 않아서인지, 아니면 참석하지 않아도 상관없다고 생각해서인지 말이다. 한국에서 온 내가 이곳에서 예배 중에 화음을 넣어 목소리를 높이면 누가 웃는 것은 아닌지 어떤 때는 불편하기도 하다.

큰 교회 – 작은 교회

어떤 교회에는 교인이 거의 없어 아쉬웠다. 인구에 비하여 교회와 교단이 너무 많다는 생각이 들었다. 그럼에도 어느 교회를 가던지 주일학생의 수와 상관없이 별도의 주일학교 건물이 있다. 한국에서는 주일학교를 교회당에서 운영하는 어려움이 있고, 성인예배가 시작되기 전에 빨리 끝나야 한다. 만약 한국이 호주와 가깝다면 호주교회에 한국 여성들과 어린이들을 초청하여 빅토리아의 교회에서 예배를 드리게 하고 싶고, 혹은 한두 교회당을 한국으로 가지고 가고 싶기까지 하다.

어떤 빅토리아의 교회는 서로 안부를 묻지 않는 것 같다. 예배 후 인사 없이 헤어지기도 하는데, 친한 사람들끼리만 인사하는 것 같다. 한국의 무지한 교인들의 관습은 정반대이다. 백 명이 모이면 모든 사람이 언제든지 서로 안부를 묻고 서로의 사정을 대부분 잘 안다.

예배당 맨 앞줄 의자들

내가 본 한 가지 관습은 너무도 이상하여 언급하지 않을 수 없다. 한 주일날 우리는 교회당에 일찍 도착을 하였고, 목사님의 말을 잘 알아듣지 못하므로 나는 "오늘 우리는 맨 앞에 앉아 예배를 드립시다"라고 말하였다. 그러나 우리가 어디에 앉아야 할지 안내되기까지 기다려야 한다는 것이었다. 나는 그것에 대하여 더 물어보았고, 대답은 나에게 생소하였다. 교회당은 하나님의 자녀들이 그분을 만나 예배하는 장소이다. 교인들의 돈으로 건축되었고, 만약 수리가 필요하면 모든 교인들의 열심과 상황에 따라 될 것이다. 그러므로 먼저 온 사람은 어디에 앉아 예배를 드릴지 그가 선택할 수 있어야 한다. 그러나 가장 편안한 자리에 특정인의 이름을 붙이고 콘서트의 공연장처럼 자리에 등급이 있다면 좋은 생각은 아닐 것이다. 더군다나 이름이 붙은 앞자리는 종종 비어있고, 다른 사람들은 모두 예약되지 않은 자리에 흩어져 앉게 된다. 목회자가 보기에 이것은 불편한 모습일 수 있고, 말씀을 듣기에도 불편하다. 이 모습이 방문자에게 호기심으로 다가 왔다.

멜본 남부 방문

멜본 남부의 YMBC 선교회와 하루를 보냈는데, 이때 나는 한국을 가장 많이 생각하게 되었다. 이 선교회 회원들은 주중에는 각자의 일을 하고, 주일에는 주일학교 일에 자신을 헌신하고 그리고 도시의 가난한 지역에서 전도하였다. 나는 이들과 함께하면서 집에 온 것 같은 느낌이 들었다. 우리는 함께 기도하였고, 길거리에서 예배를 드렸다. 빅토리아에 있든 한국에 있든 열정적인 젊은 남녀들과 믿음 속에서 함께하면서 우리 교회의 힘과 희망이 느껴졌다.

(*The Missionary Chronicle*, 멜본, 1927년 4월 1일, 19-20)

6. 거창의 매카그 양으로부터 온 편지

여름은 지나가고 아름다운 가을이 다시 한번 우리와 함께 하고 있어, 시골지역 순회를 즐겁게 만들고 있다.

뜨거운 열기와 나른함을 극복하려는 여름은 단순한 '외국인'에게는 천천히 일하는 계절인데, 한국인 친구들은 종종 새 에너지로 충전한 모습으로 우리에게 나타난다.

몇 달 전 주일학교협의회 대표는 거창을 방문하여 더위에 무력하기보다 에너지를 사용하여 어린이들을 가르치는 여름방학학교의 중요성을 강조하였다. 거창에서 여름방학학교를 여는 것이 좋은 생각이 아니었던 것은 심문태 임시교장만 제외하고는 교사 대부분이 휴가를 떠날 계획이었기 때문이었다. 그러나 훈련받은 교사는 아니지만 몇 사람의 도움으로 성공적인 학교를 진행할 수 있었다. 두 주 동안 참석한 평균 인원은 120명이었으며, 8살에서 15살까지의 어린이들이 출석을 하였다. 찬송, 성경, 위생, 구호 암송, 게임 그리고 수공예 등을 가르쳤고, 공부 시간은 아침 8시부터 낮 12시였다. 개강일 저녁에는 학교를 홍보하기 위한 등불 축제를 하였고, 많은 사람이 참석을 하였다. 학기가 반 정도 지나 두 개의 대회가 있었는데 성경 이야기 암송과 어린이들의 콘서트였다. 아이들의 부모들과 다른 구경꾼들로 교회당은 넘쳐났다.

처음 며칠을 제외하고 나와 스코트 양은 떠나있었으므로 심 교장이 대부분의 책임을 맡았고, 그는 많은 어린이들이 도움을 받는 것을 보고 즐거워하였다.

몇 주 전에는 거창의 청년회와 소방관 그리고 일본 시민권자들이 힘을 합하여 거창을 방문하는 비행기 맞을 준비를 하였다. 전국에 홍보가 되었고, 이것을 보기위하여 가깝고 먼 곳에서 사람들이 왔다. 강변을 비행기의 착륙 장소로 정하였고, 비행기가 도착하는 날 그곳에는 수천 명의 사람들이 모였다. 그들은 아침 일찍 나와 자리를 잡고 온종일 기다렸으나, 겨우 들은 말은 비행기 '엔진이 병이나' 도착이 연장되었다는 것이었다. 실망한 사람들은 집으로 돌아갔으나 대부분의 사람들은 남았고, 이틀 후에 새로운 열정으로 계획이 잡혔다. 우리 학교의 학생들과 거창과 주변 공립학교에서 온 수백 명의 학생들은 교사들과 함께 모여 뜨거운 태양 아래 일찍부터 강변에 자리를 잡았다. 거리에는 구경꾼들을 위한 노점들도 생겼고, 저녁이 가까워 왔다.

실망 속에 사람들이 집으로 가려고 할 무렵, 갑자기 작은 무엇인가 멀리 하늘에 보이기 시작하였다. 격한 소리를 내며 사람들은 환영을 하기 시작하였다. 비행기가 착륙하고 털옷을 입은 조종사가 모습을 드러냈는데 뜨거운 열기 속에 기다리던 사람들에게 그 모습은 기이한 광경이었다. 다음 날 전시와 시범이 약속되었고, 인내심 있는 군중들은 또 하루를 강변에서 보내었다. 오후 5시 비행기가 출발하여 공중으로 이륙하고, 한 바퀴 돌고 그리고 공중제비를 한 후 산 너머 사라지자 사람들의 마음속에는 경외감과 놀라움으로 가득 찼다.

어떤 사람은 그 모습에 충격을 받고 두려워하며 조종사가 불쌍하다고 말하기도 하였다. 나이 많은 한 아주머니는 조종 훈련은 엄마가 없는 소년만이 받을 것이라고 하였고, 어떤 엄마도 자기 자식이 저런 위험한 일을 하도록 허락하지 않을 것이라 하였다. 세 살 난 한 아이는 비행기가 점점 멀어져 작아지는 것을 보고 "비행기 새끼다"라고 소리를 지르기도 하였다.

엘리스 양은 친절하게도 거창에서의 2주 봉사 요청을 받아들였는데, 유치원 교사 훈련이었다. 교사들은 이 기회를 매우 감사하게 생각하였고, 교육기간이 너무 짧다고 하였다. 올해 도시에서나 시골에서의 사역 계획이 제도적이고 세밀하게 준비되고 있다. 이번 주 우리는 캐럴 양을 우리 선교부에 환영하는 기쁨이 있었고, 그녀는 짧은 기간 거하지만 최선을 다하고 있다. 마을을 순회하고 있는데 주중 교회학교가 시작되는 것을 보았다.

올해도 축복으로 가득한 사역을 할 수 있도록 우리와 함께 기도하기를 바란다.

(*The Missionary Chronicle*, 멜본, 1927년 1월 1일, 10-11)

제인 매카그

7. 통영의 수공예반은 가치가 있는가?

통영의 수공예반에서 일하는 20명의 소녀들, 그들은 어디에 살고 있는가?

아름다운 마을과 항구가 보이는 언덕의 높은 곳에 있는 우리 학교에 세 채의 작은 한국식 가옥이 있다. 각 10피트스퀘어 방이 두 개 있는 집과 그 중간에 부엌이 있는 구조이다. 각 방에 4명씩 8명이 한 집에 사는데 그곳에서 자고 먹는다. 언덕 바로 아래 또 다른 장소가 있는데 보통 기숙사로 불리고 사감이 있다. 8피트스퀘어의 방에 4명의 아이들이 살고 있다. 그 집에 4명의 교사가 비슷한 크기의 두 개의 방을 쓰고 있다. 좀 더 아래에 또 다른 작은 방이 있는데 그곳에는 4명의 소녀들이 산다.

각 소녀들은 그곳에 살 수 있게 되어 행운이라고 생각하고 있다. 작은 집이고 검소하게 살지만 소녀들은 행복한 모습이고, 불만은 거의 들을 수 없었다. 우리의 기숙사가 제한된 관계로 다른 소녀들은 알아서 밖에 거주지를 찾아야 했다.

이 소녀들은 하루 종일 무엇을 하는가? 학교는 9시에 기도로 시작하여 성경공부를 하고, 보통 초등학교 1학년에서 4학년까지의 과목을 공부한다. 오후 2시부터 4시까지 그들은 실업반에 모여 작업을 하는데, 감독하는 교사가 있어 완성된 공예 상품을 거두고, 또 새로운 일을 주기도 한다. 밤에도 그들은 등잔불 곁에 둘러 앉아 수공예 작업을 하는데 보통 10시 반이나 11시까지 한다.

주일이 오면 소녀들은 주일학교에 가 가르치거나 배우고, 예배에 참석한다. 오후에는 우리와 1년 이상 함께 있었거나, 아니면 충분한 성경지식이 있는 소녀들은 우리와 함께 마을의 주일학교에 나가 가르친다. 주일저녁과 수요일저녁 예배에도 성실하게 참석을 한다.

이 소녀들은 이곳에 왜 왔을까?

한 소녀는 춤으로 먹고 살고 있었는데 기독교인이 되고 나서 그 악마 같은 직업을 떠났지만 갈 곳도 살 곳도 없었다. 그녀는 이곳 공예 반에서 일하고 공부하도록 보내어졌고, 진주선교부에서는 3월에 이 소녀를 다시 돌려받아 마을학교 교사로 일하기를 희망하였다.

또 한 여성의 남편은 몇 년 전에 있었던 폭동으로 인하여 도망을 가야 했는데, 두 어린 자녀와 홀로 남았고, 먹고 살 방법이 없었다. 이곳에 4년 동안 우리와 함께 하였는데 장차 그녀는 마을학교의 좋은 교사가 될 것이다.

이곳에서 현재 문제를 일으키는 딱 한명의 여인은 전에 첩이었는데, 그 집에서 도망을 나왔다. 그녀는 이곳의 바쁜 일과가 짐이라고 느끼고 있고, 돈이 떨어 질 때면 과거의 집으로 돌아가 도움을 요청하였다. 우리는 희망하기를 그녀가 이곳을 떠나기 전에 진실한 삶이 무엇인지 배우기를 원한다.

약 3년 전에 다리를 절뚝이는 한 소녀가 주변의 한 섬에서 우리 선교부로 오게 되었고, 우리는 치료를 위하여 진주로 보냈다. 그녀는 곧 목다리를 의지하며 돌아 왔고, 또 얼마안가서는 지팡이를 사용하였는데, 지금은 약간은 절지만 스스로 돌아다닐 수 있게 되었다. 비기독교 사회에서 절름발이로 사는 것은 비참한 존재인데, 고침을 받는다는 것은 그녀 인생의 전부였고, 공부도 할 수 있었다. 우리 실업반이 그것이 가능하도록 도와주었다.

우리 실업반에서 일을 하지 못하는 한 소녀를 우리 선교사 한명이 오랫동안 지원하고 있다. 그녀도 절름발이인데 우리가 구출하지 못하였으면, 그녀는 부모에 의하여 팔렸을 것이다.

이러한 절박한 환경에 있는 소녀들을 우리가 어떻게 그냥 지나칠 수 있을까? 우리는 그들에게 그들 스스로를 도울 수 있는 기회를 제공하고, 우리 실업반은 실제적인 재활의 기회를 제공한다. 이 사역이 귀하다는 것을 여러분도 동의하리라 나는 확신한다.

(*The Missionary Chronicle*, 멜본, 1927년 4월 1일, 4-5)
에이미 프란시스

8. 진주에서의 교육의 어려움

지금 우리에게 걱정을 주는 사안이 하나 있는데 바로 우리 학교들에 관한 것이다. 우리는 이 분야의 문제가 이미 지나간 것으로 생각하고 있었는데, 규정이 바뀜에 따라 다시 어려움에 봉착하게 되었다. 최근에 현대식 교육에 관하여 한국인들의 태도가 완전히 바뀌었는데, 이것이 어려움에 보태지는 한 이유이기도 하다. 내가 한국에 온 초기만 해도 남학생들이 한국어와 한자만 잘하여도 충분한 것으로 여겨졌고, 여학생들의 교육은 완전히 방치되어 있었다. 그러므로 우리 선교부는 다른 선교부와 함께 여학생 교육을 최우선 과제로 하였었다. 지금은 모든 가정이 교육을 외치고 있고, 양성 모두 고등교육을 원하고 있다. 많은 가정이 현대식 교육을 위하여 큰 빚을 지기도 한다.

기독교 초등학교는 정부학교와 다른데 성경을 가르친다는 것이다. 정부의 감독 하에 교과 과정도 같은데, 우리가 종교교육만 포기한다면 정부학교와 똑같은 신분과 특권을 유지할 수 있을 것이다. 정부학교를 졸업한 학생들은 바로 상급학교에 진학할 수 있지만, 미션스쿨을 졸업한 학생들은 시험을 통과해야만 한다. 이것으로 우리학교는 낮은 신분을 가진 것으로 생각되고, 정부학교보다

열등한 것으로 여겨지고 있다.

우리의 중등학교도 사정은 마찬가지지만, 특별한 등록을 받을 수 있는 특별한 규정이 있다. 그러나 이것은 매우 어려운 것으로 오직 한 학교만 승인을 받고 있다. 신청을 하기 전에 교장은 학교 건물과 운동장이 충분하다는 것을 확인시켜야 하고, 좋은 시설들이 있어야 하는바, 이것들은 큰 비용을 전제로 하는 것이다. 학교의 선생들은 우수해야 하고 봉급도 높은 수준이 요구되었다. 이런 조건을 다 구비하고 신청을 하여도 성공적인지 아닌지 몇 달을 기다려야 한다. 선교공의회의 대표가 총독을 한동안 기다려 들은 것은 그 사안이 동정적으로 고려되고 있으며, 모든 내용을 고려하고 있다는 대답이었다.

현재 한국의 학교들에서는 연중 체육회가 열리고 있다. 몇 주 전 우리 옆에 있는 정부 학교는 체육행사를 성공적으로 치렀고, 작년과 달리 주일이 아닌 토요일에 하여 우리에게도 다행이었다. 우리 기독교인들과 선교사들도 그 행사에 참석할 수 있었는데, 한 가지 기뻤던 일은 그들의 바쁜 일정 속에도 우리 기독교인들이 달리기를 할 수 있도록 배려를 해주었다는 것이다.

우리 여학교의 운동회 날에는 남학교와 유치원 학생들도 초청되었는데, 진주교회와 함께한 가장 성공적인 행사로 여겨졌다. 운동장은 잘 준비되었고, 진행자들은 일에 따라 가슴에 명패를 달았다. 텐트가 세워졌고, 특히 페톤기념병원에서 적십자 인원도 나와 있었다. 모든 소녀들은 흰색 상의와 파란색 치마를 입었고, 어떤 이들은 빨간 허리띠나 파란색 띠를 착용하였다. 그들의 정갈하고 깨끗한 모습은 완전한 그림과 같았다. 일상적인 달리기 경주가 있었지만 특별하였던 것은 아무런 사고 없이 운동선수 같은 기량으로 시합이 잘 끝나, 구경꾼들은 내년에도 그 경주를 계속 보기를 원한다는 것이다.

우리 학교는 정부학교가 보인 친절함과 같이 다른 학교 학생들의 프로그램도 포함하였다. 운동회가 마칠 무렵 재미있는 일이 있었는데, 참가자가 목표를 향하여 달려가 그곳에 있는 종이를 집어 읽어, 도착지점으로 가기 전에 다음 행동이 무엇인지를 찾아 가야 하는 경주였다. 한 참가자는 불 켜진 초를 들고 뛰어야 하였고, 또 다른 참가자는 숟가락 위에 달걀을 얹고 뛰어야 하였고, 다른 이는 염소를 데리고 도착지점까지 달려야 하였다. 구경꾼들의 웃음소리가 운동장에 울려 퍼지었다. … 또한 외국인들과 손을 잡고 뛰는 경주도 있었는데 이것은 서로에게 친밀감을 주는 기회였다. 운동회의 경비는 부모들과 교사들의 친구들이 부담을 하였고, 운동복은 클라크 선교사의 지도 하에 자원자들이 준비한 것이었다. 클라크 양과 교사들은 한두 주 열심히 준비하는 고생을 하였지만, 좋은 결과로 인하여 큰 보람이 되었다.

운동회 동안 나는 정부 관원들, 비기독교 한국인들, 한국인 목사와 장로 그리고 우리 교인들에 의하여 둘러싸여 이야기를 나누었다. 나는 그곳에 앉아 깊은 생각에 빠지기도 하였다. 많은 한국인이 참석한 운동회였지만, 기독교인은 소수였다. 그리고 이 운동회는 그들에게 기독교인의 깨달음, 행복 그리고 깨끗한 삶을 보여주고 있었다. 또한 진주에서 기독교 공동체의 튼튼한 위치와 힘을 보여주기도 하였다.

나의 생각은 초기 스콜스 선교사와 그녀의 교사들에게까지 미치게 되었다. 그녀가 지금 우리와 함께 있다면 이 모습을 보고 그녀가 시작한 일이 어떻게 발전되었는지 놀랄 것이기 때문이다. 또한 나는 예전에 커를 박사가 이곳의 한 언덕에 서서 하나님 나라의 사역을 위하여 어떤 일을 시작할 것인지를 고민하던 모습을 기억한다. 그의 발아래에는 오래된 불교와 미신 숭배를 오랫동안 해온 사악한 도시가 있었다. 이런 도시에서 복음의 전도자에게 어떤 기회가 있을까? 커를은 그의 사역이 거대한 것을 느꼈을 것이다.

그때와 비교하면 지금은 한국인들에 의하여 건축된 교회당에 한국인 목사가 목회를 하고, 그들이 교회를 운영하고 그리고 성경부인과 큰 여학교, 또한 남학교, 유치원 그리고 잘 갖추어진 병원이 있다. 뿐만 아니라 진주 주변에는 60개의 작은 교회들이 있어 주변에 기독교 영향의 중심지 역할을 하고 있다.

이것은 진주선교부에만 국한된 이야기가 아니라 모든 선교부는 그 처음의 작은 시작이 있었고, 점차적으로 모두 자리를 잡아가는 역사가 있다. 모든 과정이 순조로운 것은 아니었고, 퇴짜를 당하거나 가슴이 무너지거나 염려로 가득 찬 날들도 있었다. 이러한 환경 속에서 그들의 협력과 함께 사역은 발전하였고, 교회는 성숙하여져 갔다. 과거는 미래를 위한 용기를 준다. 다른 선교부는 우리보다 수와 기관도 많지만, 우리가 하고 있는 일과 한 일들을 보면 '고요한 아침의 땅'이 그리스도의 나라로 점차적으로 바뀌고 있는 것을 분명히 느낄 수 있다.

(*The Missionary Chronicle*, 1927년 4월 1일, 17-18)

월리암 테일러

9. 부산진의 선교사역 편지

친애하는 후원자 여러분께

올해 여러분의 선교동아리 사역이 시작될 때, 여러분의 한국 선교사들이 어떤 일을 하고 있는지 소식을 전해 드립니다. 그래서 여러분이 계속 우리와 우리 일에 관심을 가져줄 뿐만 아니라, 실제로 우리가 하는 일은 여러분이 하는 일이기 때문입니다.

이곳 우리의 삶의 환경은 빅토리아에 사는 여러분의 환경과 많이 다릅니다. 그곳은 매우 더운 날씨지만, 우리는 매우 추운 날씨 속에 있습니다. 어제 우리 집 욕실의 큰 병에 있는 얼음의 두께를 재어 보았는데, 9인치나 되었습니다. 밤에 종종 침실에서 배수관의 얼음이 갈라지는 소리를 들을 수 있는 정도이고, 밖의 연못이나 호수도 얼어붙었고, 항구의 가장자리도 얼었습니다. 우리는 곧 봄을 맞이할 것이지만 여러분들은 그곳에서 가을을 맞이할 것이고, 우리가 여름을 맞이하면 그곳은 겨울일 것입니다.

이곳은 태양과 달이 남쪽 하늘로 지나가고 있고, 그곳은 여러분이 있는 곳에서 북쪽으로 지나갈 것입니다.

호주 하늘에서 본 친숙한 별들 중 몇 개만 이곳에서 볼 수 있는데 그것들은 모두 우리 남쪽에 있는 것이고, 여러분들이 볼 수 없는 많은 별들을 이곳의 하늘에 나타나 있는데 특히 곰자리와 북극성은 항상 그 자리에 있는 것 같습니다.

한국인들의 관습도 빅토리아의 여러분의 것과는 많이 다릅니다. 남자들은 교회당 안에서 모자를 계속 쓰고 있고, 의자에 앉기보다 바닥에 앉습니다. 여자들은 모자를 쓰지 않고, 교회당의 남자들과 다른 곳에 앉습니다.

장례식 때에는 여성이나 남성이나 우리의 검은 옷과는 달리 흰색 옷을 입습니다. 밭을 갈 때나 마차에는 말보다는 소나 황소를 사용합니다. 그들은 말을 타기위해 부리는데, 말 탄 사람이 말을 움직이는 것이 아니라 말을 끄는 사람이 따로 있습니다.

한국 사람은 음력으로 날짜를 표기하고, 그래서 매달 28일만이 있으므로 어떤 때는 일 년에 13번째 달이 있습니다.

새해를 맞이한 수대로 그들은 그들의 나이를 세는데, 그들이 태어난 해가 1살이라, 12월 31일에 태어나서 그 다음 날 새해를 맞으면 벌써 2살이 됩니다. 우리에게는 이틀밖에 안 된 아기인데 말입니다. 어제는 한국의 구정이었고, 새해를 맞으며 모두 새 옷을 입습니다. 이날은 서로를 방문하는 날입니다. 어린이들의 아름다운 색동옷으로 거리는 빛이나며, 그들은 밝은 빨간색과 초록색을 좋아합니다.

현재 우리 나환자의 집에 방을 구하지 못한 가난한 나환자들은 서리와 눈 속에서 가장 끔직한 시간을 맞이합니다. 곧 우리는 돈을 모금하여 그들을 위한 숙소를 더 지을 계획에 있습니다.

내가 전에 휴가로 호주에 갔을 때 우리 나환자들을 위한 새 교회 건축을 위하여 좋은 기금을 제공 받았었습니다. 지금은 교회가 완공되었는데, 매우 자랑스럽게도 나의 감독 하에 나환자 자신들이 교회를 건축하였습니다. 헌당식에 지사와 시장이 참석하였으며 많은 사람들이 참석을 하였는데, 그들은 지금 나환자들에게 관심을 갖게 되었습니다. 그런 사람들을 먼저 돌보아야 한다는 것을 우리 선교사들이 가르쳤다고 그들은 알고 있고, 지금 그들은 우리를 도와 나환자들을 돕도록 하고 있습니다.

나의 아내와 넬리와 캐시, 루시 그리고 쉴라 모두 선교동아리의 모든 분들에게 우리의 사랑을 보냅니다.

(*The Missionary Chronicle*, 1927년 5월 2일, 8-9)

노블 맥켄지

10. 마산의 선교사로부터 온 편지

거의 14개월 동안의 휴가 후에 마산으로 다시 돌아 온지 이제 5주 되었습니다만, 나는 마산을 떠나 있었다는 느낌은 전혀 없습니다. 다시 돌아왔을 때 가장 크게 나에게 다가 온 것은 이곳 사람들의 가난이었습니다. 떠나가기 전보다 상황이 더 나빠진 것이지 아니면 풍요로운 호주에 있다가 와서 그렇게 느끼는 것인지는 모르겠지만, 이 사람들이 어떻게 하루하루를 살아갈까 종종 의아심을 가지게 됩니다. 호주에 있을 때 어떤 사람들은 "왜 한국의 사람들은 스스로 학교를 세우거나 자신들이 운영하지 않습니까?"라고 묻기도 하는데, 이곳의 사정을 조금이라도 안다면 그 이유를 알 것입니다. 어제 나는 교사 한명과 가정 방문 중에 있었습니다. 우리는 학교의 모든 여학생들의 집을 방문하기를 원하며, 먼저 비기독교인 학생 집 방문을 시작하였습니다. 여덟 가정을 방문하였는데 한 가정은 정말 빈곤하였습니다.

그 가정에 우리의 우등 학생이 있었는데 열이 나고 매우 아팠습니다. 그러나 너무 가난하여 의사를 방문할 수 없었습니다. 그 어린이는 방치되어 더러운 모습으로 누워 있었고, 어머니도 방 모서리에 앉아 같은 증상에 시달리고 있었습니다. 방이 매우 작은데 그곳에서 부모와 아이 그리고 할머니까지 먹고 잡니다.

우리가 방문한 또 다른 집은 우리의 상급반 학생이 사는 곳이었습니다. 그녀는 졸업하기도 전에 결혼을 하였고, 지난 주 나에게 와 일을 할 수 있는지 부탁을 하였습니다. 그녀의 남편은 이성적이지 못하였고, 그녀의 불륜을 의심하고 있었습니다. 어떤 때는 목에 칼을 대며 죄를 자백하라고 위협하기도 하였는데, 지금은 나아졌지만 아직 의심을 하고 있으며, 그로인하여 그는 가정을 위하여 아무 일도 하지 않고 있습니다.

지금 그녀에게 우리가 줄 수 있는 일은 없었는데, 또 아이를 가졌다는 말이 돌았고, 다섯 번째 아이입니다. 그녀는 현재 나이 많은 부모와 살고 있는데, 그녀 어머니가 물고기를 팔아 버는 수입으로 생활을 하고 있습니다.

다행히도 호주의 친절한 친구들이 제공한 기금으로 그런 필요한 가정을 도울 수 있고, 미션 박스에 기증된 옷도 줄 수 있었습니다. 그 학생은 "내가 만약 하나님을 몰랐다면 살지 못했을 것입니다. 약을 먹거나 물에 뛰어 들었을 것입니다"라고 말하였습니다. 이런 상황을 마주칠 때 마다 희망이 보이지 않는 것 같지만, 우리가 전하는 메시지로 인하여 그들은 위안을 받고 힘을 얻는 것을 볼 때 참으로 기쁩니다. 한국의 여성들은 참 비참한 환경에 있습니다.

또 다른 여성으로부터 편지가 왔는데 그녀는 두 아이를 가진 버려진 아내였고, 늙은 어머니까지 부양하고 있습니다. 그녀의 부모는 전에 너무 가난하여 그녀가 15살 된 해부터 일본의 한 공장에 노동을 보냈는데, "우리가 어떻게 살아가지?"라는 같은 질문을 하였습니다. 그 소녀는 "우리는 언제 다시 하나님의 사람들을 만나 함께 예배할 수 있을까요? 여기에서는 허락하지 않아 주일은 나에게 슬픈 날입니다"라고 말하였습니다.

나는 그들에게 현실적인 방법으로 성경을 말해주기를 원하였고 그리고 후에 그들이 그 성경이야기를 다시 말하는 것을 듣는 것을 좋아합니다. 비기독교인의 가정에서 우리의 기독교 학교에 입학하여 우리가 말씀을 가르칠 수 있는 좋은 기회를 가졌는데, 그 말씀이 후에 그들에게 "주의 말씀은 내 발에 등이요 내 길에 빛이니이다"가 될 수 있을 것입니다.

이곳 유치원에도 좋은 사역이 진행되고 있는데, 멜본 북부의 칼톤 성경반 회원들이 제공한 그라마폰을 가지고 어린이들은 놀기도 하며 춤추고 피곤에 빠져 잠자기까지 하고 있습니다.

지금 우리에게 상급반은 없지만 학교의 나이 있는 학생들이 어린 이주일학교를 크게 돕고 있습니다… 이 달의 큰 행사 중의 하나는 진주를 방문하는 일이었습니다. 두 개 반 56명의 학생들 중 41명은 나와 네 명의 교사와 동행하여 그곳의 우리 친구들을 방문하였습니다. 우리는 정오 기차로 마산을 출발하여 토요일 저녁에 돌아왔습니다. 진주의 아름다운 학교와 큰 운동장으로 인하여 질투도 났지만, 그들의 친절함으로 인하여 깊은 감사함을 가지고 돌아 올 수 있었다.

가난과 그것으로부터 오는 문제점에도 불구하고 격려되고 기쁜 일들이 많이 있으며, 다른 곳에 있는 것보다 우리를 필요로 하는 이곳에서 일하는 것이 큰 특권입니다. 필요한 것을 채워주시는 하나님이 계시기에 우리는 심부름만 할 뿐입니다.

(*The Missionary Chronicle*, 1927년 2월 1일, 5-6)

이다 맥피

11. 호주선교회의 신사참배 거부 선언문

"호주선교부는 황제폐하를 향한 존경과 충성을 느끼며… 모든 국가적 행사에 참여하기를 원하고… 복종과 충성의 덕목을 진흥하기 위한 의무를 인식하며… 그러나 우리는 유일한 하나님만 예배하므로… 신사나 다른 영령들에게 참배하라는 요구는 종종 예배의식을 포함하고 있고, 그것은 하나님의 명령에 위반되므로, 우리는 그러므로 우리 자신이 신사참배를 할 수 없고, 혹은 참배를 하라고 우리 학교를 지도할 수도 없다."

(호주선교협의회, 1936년 2월)

"1936년의 선교정책 발전에 의하여 우리는 이제 재 결의하기를 신사참배로부터 우리 자신을 분리할 것이다. 이것은 우리 신앙의 신념으로 기독교인으로서 증인 되라는 우리의 우선적 의무와 배치되는 것이고, 신사 앞에서 절을 하는 것은 하나님의 진리와 반대되는 것이다. 우리는 교육을 통하여 우리의 기독교 증거를 계속하기를 원하며, 일본과의 호의와 도움의 노력으로 학교를 계속하기 원한다."

(호주 특별선교협의회, 1939년 1월)

12. 진주교회가 보내는 선언문

"오 사랑하는 형제자매들이여! 우리 교회는 우리의 지친 영혼들에게 휴식을 주기 위하여 희생을 통해 이룩된 긴 역사와 교인 1,000명을 얻은 업적을 이룬 경남에서 가장 교인이 많은 것으로 알려져 있습니다. 2-3년 전만해도 우리들은 신사참배 문제로 몇몇 형제들이 구식인 교활한 책동에 따라 이 동양의식을 이해 못하고 우리 교회를 쇠퇴하게 하여 우리의 안식처소의 문을 닫는 사태로 몰아갔습니다. … 우리는 이 반도의 영예로운 일본 신민으로서 사명에 따라 하나님의 왕국을 설립하는 책임을 맡고 앞으로 나아갑시다. … 우리들은 조국을 위하여 일본 국가를 위하여 또 동양의 영원한 평화를 위하여 일본인의 신하로서 일본인의 올바른 태도로 방향을 바꿉시다. 그리고 신사참배에 기꺼이 동의합시다. … 형제자매들이여! 우리 동양인들을 그의 아들 예수 그리스도로 말미암아 구원시키려고 동양인으로 도성인신하게 하신 하나님은 지상에 하나님의 왕국을 설립하게 하신 과업의 짐을 우리 동양인의 양 어깨에 걸머지도록 하셨음을 기억합시다. … 이후로 우리들은 일본인이 아닌 외국인의 지도나 원조를 물심양면에서 완전히 배척해야 하겠습니다. 우리는 앞으로 일본국가 활동에 발맞추어 일본 교회를 설립하기를 원합니다. 이런 결과가 빨리 성취 되도록 우리와 같이 기도하기를 우리들은 기도드립니다."

1939년 2월

(이 글은 저자가 한국어 선언문을 영어로 번역하여 책에 실은 내용의 일부입니다.)

13. 호주선교회의 신사참배 거부와 학교폐쇄 정책에 경남노회가 낸 성명서

경남노회 관하(管下)에 와서 선교하는 호주선교회는 과거 40년 간 우리노회와 피차 협조적 정신 하에 순조롭게 지내왔으나 근래는 그 이해와 인식이 상이하여 유감이던 중 작년 1월에 선교회는 정식으로 결의하여 '해(該) 선교회의 방침에 반대되는 기관은 금후 유지-원조-협동하지 아니하기로' 성명하고 교육사업부터 인퇴하게 된지라. 노회로서는 백방으로 운용하여 종래의 반의적(反誼的) 연락을 지속코자 하였으나 효과를 얻지 못하였을 뿐 아니라 폐교의 비운에 처한 동래 일신여학교는 노회가 매수하여 여전히 선교학교로 경영하고자 함에도 불응하고, 노회와 상의도 없이 교회 외의 재단에 매도하여 버리고 하등의 반성도 없으며 현하 교회에 건덕상 방해되는 일도 없지 않으니 노회로는 금후에 단연코 노회 기정 방침대로 매진하기로 자(玆)에 성명하노라.

소화 15년(1940) 2월 20일
경남노회 전권위원 일동

(본 자료는 고신대 이상규 교수가 제공하였습니다.)

14. 호주선교회의 신사참배 거부를 비난하는 통지문

부(附) '선교회와 노회간의 알력 되는 원인을 술하여 교우의 각성을 촉함'

　재작년 시국문제가 일어나자 본 노회는 태도를 정하지 못하여 주저하던 중 총회로부터 '신사참배는 국가의식이니 신도는 려행하라'는 의미의 성명을 발표하자 본 노회도 역시 성명 그대로 방침을 세우고 교회를 지도하여 복음을 전하기로 하였다. 그러나 선교회는 노회 방침을 전연 반대하고 교육기관을 노회가 양도받을 의사가 있음에도 불구하고 사회단체에 양도할 뿐 아니라 노회에서 사업 진행을 암암리에 방해하고 있으므로 노회는 저들의 태도를 좀 더 선명케 하려는 의미 하에 성명서를 발표하였다(「장로회보」 제13호, p.6 참조). 이는 본 노회가 기정방침대로 매진하겠사오니 선교사 중에 노회 방침을 반대하고자 하는 자는 자진 퇴거하라는 의미이다(선교사 중 노회 방침을 찬성하는 자도 있음). 그러나 저들이 퇴거치 않고 노회 안에 회원으로 있으면서 노회를 방해하려는 방침을 가지고 참석하여 왔다. 금번 임시노회 석상에서 우리는 노회 방침을 변경하도록 노회 안에서 일하겠다. 만약 노회가 이 방침을 고치지 아니하면 교회는 어지러울 것이라고 폭언을 발하고 있음으로 우리 노회는 오늘 선교사가 본 노회 구내에 있으면서 무슨 일을 하고 있는지 선교사란 미명하에 현 교회를 방해하는 것으로 저들의 임무로 아는 자 많으니 호주 선교 본부가 진실로 조선교회를 사랑할진대 하루바삐 이 쓸데없는 선교사를 소환할 것이다. 여선교사 중 데미시 같은 이는 부하 여전도인을 시켜 촌 교회를 순회케 하여 (노회에서 정지당한 전도인) 노회를 반대하라, 상회비를 내지 말라는 등 선동을 하고 있으며 또 금년 3월경 진주에서 개최되었던 경남여성경학원은 노회측 이사 2인과 선교사측 이사 3인으로 조직함인데 이사회 결의는 선교사 전도인 중 교회를 어지럽게 하는 몇몇 사람을 빼고서 그 대신으로 노회원을 교사로 채용하였는데 원장 된 선교사는 노회측 이사의 의견을 무시하고 교회를 어지럽게 할 인물을 자기 임의로 등용하여 성경학원을 개최하였다. 개학을 하자 소위 교사란 이들은 노회, 교회 목사 반대 비난 운동을 목적하고 조석으로 집회를 하며 학생을 감금하고 예배당에 못 가게하며 현 교회는 불신성하니 학교에서 예배함이 좋다고 하였다. 또 이 성경학원은 당국에서 허가를 맡아서 하라는 명령을 불복하고 개최하였을 뿐 아니라 여러 번 해산하라는 명령도 거역하고 진행하다가 결국 강제해산을 당하게 됨에 순진한 촌교인은 경찰의 호송으로 소속 경찰서에 가서 검속되는 등 번번이 곤란을 당하였으나 선교사는 무책임하게 방관하고 있었으니 어찌 분개치 아니하랴. 금번 진주교회 분요도 역시 이 계획에서 나온 것이 아니라고 할 수 없으니 노회측 목사와 노회를 반대하는 자는 대체로 선교사와 관련된 자들이다. 그들은 선교사를 지지하고 노회의 방침을 암암리에 반대하는 자들이며 진주교회를 선교사 의사를 지지하는 자의 손에 넣으려고 노회를 지도하는 목사를 축출할 계획을 한 것이다. 오늘 이 운동은 도처에 부절히 일어나고 있다. 될 수 있는 대로 노회 지도 목사를 사면시키고 교역자를 보지 않게 하며 또는 교회가 폐쇄가 되는 경우에 이른다 하여도 이를 승리로 알고 있으니 소위 지하교회 운동이란 이것을 이름이다. 각교회 지도자 및 교우들은 이 모든 것을 참작하여 선교사 운동에 맹종치 말고 교회를 건전히 보전하여 노회의 제반 처리에 대하여 널리 양해하시기를 바라는 바이다.

추, 경남 각 교회에 보내는 통지문

경남노회 구내에서 발송하는 통지문 중에 노회장 이름으로나 시찰장의 이름으로 보내지 아니하는 것은 신용치 마시고 그런 집회에는 교인을 보내지 마시기를 바라나이다.

소화 15년(1940) 6월 4일
경남노회장 심문태 백
서기 김영환(인)

(본 자료는 고신대 이상규 교수가 제공하였습니다.)

영등포산업선교회 60주년 기념도서 3
호주장로교 한국 선교 역사 1889-1941

2017년 8월 21일 초판 1쇄 인쇄
2017년 8월 28일 초판 1쇄 발행

저　자 | 에디스 커, 조지 앤더슨
발간처 | 데이비스선교회, 영등포산업선교회
발간인 | 이종삼, 진방주
편역자 | 양명득

펴낸곳 | 도서출판 동연
등　록 | 제1-1383호(1992. 6. 12)
주　소 | 서울시 마포구 월드컵로 163-3
전　화 | (02)335-2630
전　송 | (02)335-2640
이메일 | yh4321@gmail.com

The Australian Presbyterian Mission in Korea 1889-1941
Publisher: Australian Presbyterian Board of Mission, 1970
Author: Edith A Kerr & George Anderson

Korean Publication
Yeong Deung Po Urban Industrial Mission
The 60th Anniversary Publication Series 3
Publisher: Jong Sam Lee, Bang Joo Chin
Editor & Translator: Myong Duk Yang

Published by Dong-yeon Press, Seoul
Printed in Korea

한국어판 저작권 ⓒ 영등포산업선교회, 2017

ISBN 978-89-6447-372-6　93200